TRAITÉ DES OPÉRATIONS

DE

CHANGE = BOURSE = BANQUE

THÉORIE - PRATIQUE - COMPTABILITÉ

PAR

Louis FRANÇOIS

Expert-Comptable
Ancien Professeur aux Cours Supérieurs de Sciences Commerciales
de la Ville de Liège
et à la Chambre Belge des Comptables

SIXIÈME ÉDITION
Mise à jour et considérablement modifiée
avec la collaboration
de

N. HENRY

Sous-directeur de la Banque Agricole de Belgique
Professeur à la Chambre Belge des Comptables

*Ouvrage recommandé par le Gouvernement et adopté par la
Ville de Liège pour ses Cours Supérieurs de Sciences Commerciales.*

PARIS (VI)
DUNOD, ÉDITEUR
92, RUE BONAPARTE

LIÈGE
Georges THONE, ÉDITEUR
12, RUE DE LA COMMUNE

1929

Imprimé en Belgique

TRAITÉ DES OPÉRATIONS

DE

CHANGE - BOURSE - BANQUE

THÉORIE - PRATIQUE - COMPTABILITÉ

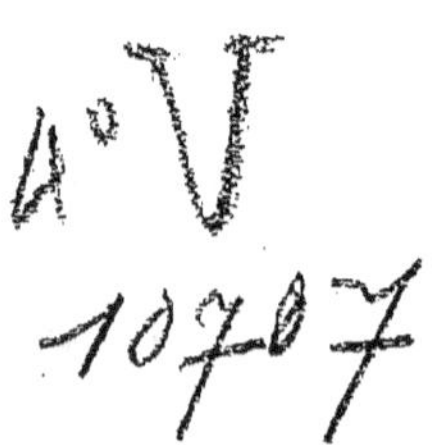

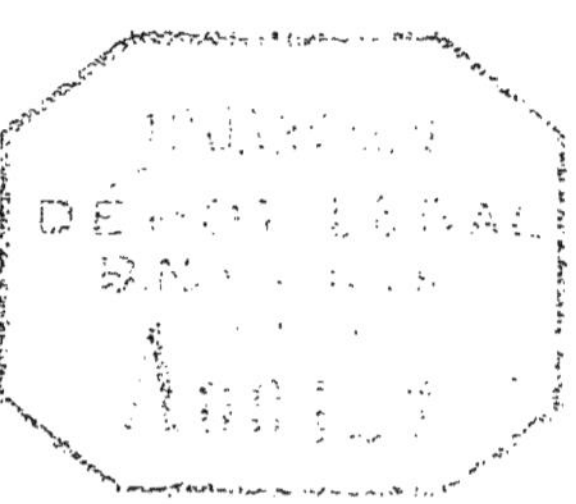

TRAITÉ DES OPÉRATIONS

DE

CHANGE = BOURSE = BANQUE

THÉORIE - PRATIQUE - COMPTABILITÉ

PAR

Louis FRANÇOIS

Expert-Comptable

Ancien Professeur aux Cours Supérieurs de Sciences Commerciales
de la Ville de Liège
et à la Chambre Belge des Comptables,

SIXIÈME ÉDITION

Mise à jour et considérablement modifiée

avec la collaboration

DE

N. HENRY

Sous-directeur de la Banque Agricole de Belgique,
Professeur à la Chambre Belge des Comptables.

Ouvrage recommandé par le Gouvernement et adopté par la
Ville de Liège pour ses Cours Supérieurs de Sciences Commerciales.

PARIS (VI)	LIÈGE
DUNOD, Editeur	Georges THONE, Editeur
92, Rue Bonaparte	19, Rue de la Commune

1929

Avant-Propos

L'accueil flatteur qui a été réservé aux cinq premières éditions de cet ouvrage, nous a incités à en publier une sixième complètement revue et mise à jour.

Depuis 1924, date de la sortie de presse de l'édition précédente, notre Gouvernement est parvenu à enrayer la dépréciation inquiétante du franc et à stabiliser la monnaie à un taux qui accuse malheureusement les funestes conséquences de la guerre mondiale pour notre pays, mais qui, néanmoins, a été accepté vaillamment par la population. L'Italie, la France, d'autres pays encore, ont également stabilisé leur monnaie.

La première partie de notre ouvrage a dû, de ce fait, être modifiée, et nous nous sommes attachés surtout à expliquer les mesures qui ont précédé l'apparition du belga.

Mais où l'édition nouvelle a subi la transformation la plus profonde, c'est dans l'exposé de la comptabilité de banque. Alors que jusqu'à présent nous nous étions contentés de donner les grandes lignes de la comptabilité originaire et synthétique pour chacun des services, nous avons estimé faire œuvre plus utile en puisant dans la pratique des exemples concrets et en exposant toutes les écritures auxquelles ils donnent lieu dans les livres auxiliaires et centralisateurs.

Arrivant enfin au service de la comptabilité générale, nous avons pu, de cette façon, montrer l'aboutissement de toutes ces écritures dans une « balance carrée », méthode si employée de nos jours dans la comptabilité bancaire.

Pour cette partie de l'ouvrage, tout particulièrement, nous

nous sommes assurés la collaboration de M. N. Henry, sous-directeur de la Banque Agricole de Belgique et professeur à la Chambre belge des Comptables.

Nous espérons que sous cette forme nouvelle, notre ouvrage rencontrera auprès des professeurs et des élèves des cours de sciences commerciales, ainsi que chez toutes les personnes qu'intéresse le domaine de la finance, un accueil bienveillant qui nous payera largement de nos efforts.

Nous les en remercions d'avance et les informons que nous recevrons toujours avec plaisir leurs réflexions et suggestions dont nous ferons grand profit si nous devons un jour publier une édition nouvelle.

L. FRANÇOIS.

TRAITÉ DES OPÉRATIONS
DE
CHANGE - BOURSE = BANQUE

PRÉLIMINAIRES

Avant d'aborder l'étude des opérations qui font l'objet de notre ouvrage, nous croyons utile de rappeler ici quelques notions d'arithmétique commerciale d'un usage fréquent dans les calculs de change surtout, ainsi que la théorie des comptes courants et d'intérêts à cause de son importance en comptabilité de banque.

MONNAIES ANGLAISES

L'unité monétaire anglaise est la *livre sterling* (£), qui vaut 20 *shillings* (sh.) divisés chacun en 12 *pence* (d.) (au singulier *penny*). Le penny ou *denier* se divise en 4 *farthings*.

Dans les calculs de change, il est souvent nécessaire de réduire des *shillings* et des *pence* en fractions décimales de £.

a) Réduction des *shillings*.

Un shilling = 1/20 ou 5/100 ou 0,05 de £.

Donc, *pour réduire des shillings en centièmes de livre*, on les multiplie par 5.

Ex. :   7 sh. = £ 0,35.

    £ 15.12 = £ 15,60.
    £ 15.01 = £ 15,05.

b) Réduction des *pence*.

Un sh. ou 12 d. = £ 0,05.

    3 d. = £ 0,0125.

    1 d. = £ 0,004166 soit environ 0,004 de £.

Donc, *en multipliant les pence par 4, on obtient des millièmes de livre* [1].

Ex.: £ 23 – 9 – 7 = £ 23,478.

Inversement, pour réduire en shillings et pence, une fraction décimale de livre, on divise les centièmes par 5 pour obtenir des shillings; les centièmes restant sont ajoutés aux millièmes et on divise le nombre obtenu par 4 pour obtenir des pence.

Ex.: £ 3,417 = £ 3 – 8 – 4.

Les opérations sur ces nombres complexes n'offrent guère de difficultés lorsqu'on en a quelque peu l'habitude; elles peuvent se faire *avec* ou *sans* réduction préalable des sh. et d. en fractions décimales de livre.

A titre d'indication, voici un exemple de multiplication par la méthode des parties aliquotes.

$$£ 17 - 17 - 7$$
$$\times 29$$

$$£\ 17 \times 29 \begin{cases} 153 \\ 340 \end{cases}$$

multipl. par 10 sh. = 1/2 de 29 £ ou		14 – 10
» » 5 » = 1/2 du précédent		7 – 5
» » 2 » = 1/5 du premier		2 – 18
» » 6 d. = 1/4 du précédent		14 – 6
» » 1 » = 1/6 du précédent		2 – 5

Résultat: £ 518 – 9 – 11

SYSTÈME DE POIDS USITÉ EN ANGLETERRE POUR LES MÉTAUX PRÉCIEUX

Dans le trafic des métaux précieux, on se sert du système Troy.

---

[1] Cette règle donne une approximation qui suffit amplement dans la plupart des cas.

Toutefois il est préférable d'utiliser la fraction exacte pour les parties aliquotes de 12 et de prendre pour les autres nombres ces mêmes fractions augmentées ou diminuées de 0,004. — Nous obtiendrons ainsi :

1 d. = 0,004			
2 d. = 0,0085	5 d. = 0,021	8 d. = 0,0335	11 d. = 0,046
3 d. = 0,0125	6 d. = 0,025	9 d. = 0,0375	12 d. = 0,05
4 d. = 0,0165	7 d. = 0,029	10 d. = 0,0415	

La livre Troy (lb)   = 12 onces (oz)
        1 oz   = 20 pennyweights (dwt)
        1 dwt   = 24 grains

La livre Troy vaut 373,242 grammes.

L'once Troy vaut 31,1035 grammes. Souvent on se contente de l'évaluer à 31,1 gr.

RÈGLE DE 3 — 10 — 10

En Angleterre, l'année commerciale est comptée à 365 jours. Il s'ensuit que seuls, les taux de 5 % et de 2,5 % correspondent à des diviseurs fixes exacts (7300 et 14600). Aussi, quel que soit le taux à appliquer, on commence par calculer l'intérêt à 5 % et on procède ensuite par parties aliquotes pour obtenir l'intérêt au taux réel.

Mais, pour trouver l'intérêt à 5 %, on ne divise pas le nombre théorique par 7300; on additionne les quatre postes suivants:

a) le nombre théorique
b) le 1/3 de ce nombre
c) le 1/30 du nombre ou le 1/10 du poste précédent;
d) le 1/300 du nombre ou le 1/10 du poste précédent;

la somme est alors divisée par 10000 et l'on obtient ainsi l'intérêt à 5 % avec une approximation très suffisante.

Pour avoir le résultat absolument juste, il faudrait diviser par 10001 au lieu de 10000 [1]. Mais l'erreur étant insignifiante et la division par 10000 beaucoup plus rapide, on se contente généralement de cette approximation. On pourrait du reste la rendre plus grande encore par une simple soustraction, ainsi que nous le verrons dans l'exemple ci-dessous.

---

[1] Voici la démonstration mathématique de ce procédé :

L'intérêt est égal au quotient de la division du nombre théorique par 7.300 soit $\dfrac{N}{7300}$. Nous pouvons faire subir à ce rapport une suite de transformations sans en altérer la valeur.

$$\frac{N}{7300} = \frac{N \times 1,37}{7300 \times 1,37} = \frac{N \times \left(1 + \frac{37}{100}\right)}{10001} = \frac{N \times \left(1 \times \frac{111}{300}\right)}{10001}$$

$$= \frac{N \times \left(1 + \frac{100}{300} + \frac{10}{300} + \frac{1}{300}\right)}{10001} = \frac{N + \frac{N}{3} + \frac{N}{30} + \frac{N}{300}}{10001}$$

Soit à chercher l'intérêt de 1.830 £ pendant 40 jours à 5 %.

$$\text{Nombre théorique} \quad 1.830 \times 40 = 73.200$$

1/3 du	»	»	24.400
1/30 du	»	»	2.440
1/300 du	»	»	244

$$100.284$$

L'intérêt exact est de $\dfrac{100.284}{10001} = £\,10,0273...$

En divisant par 10.000, on trouve 10,0284 mais on pourrait atténuer l'erreur de beaucoup en soustrayant de ce résultat sa dix-millième partie : $10,0284 - 0,00100284 = 10,0273^{971}$.

RÈGLE CONJOINTE OU DE CHAÎNE

La règle conjointe est une réunion de plusieurs règles de trois simples. La valeur de l'inconnue se déduit d'une série de rapports liés suivant certaines règles :

1° Le premier rapport est l'équation du problème ;

2° L'antécédent du deuxième se compose des mêmes unités que le conséquent du premier ; l'antécédent du troisième se compose des mêmes unités que le conséquent du deuxième et ainsi de suite ;

3° Le conséquent du dernier rapport est formé des mêmes unités que l'antécédent du premier (inconnue).

Prenons un exemple :

On a acheté à Londres, 3 yards d'étoffe pour £ 2.7.5. Quel est en francs le prix de revient du mètre, sachant que le yard vaut 0 m. 915 et que la livre est cotée 174,70 fr. ?

Posons les différents rapports d'après les règles ci-dessus :

$$X \text{ fr.} = 1 \text{ mètre d'étoffe (équation)}$$
$$0 \text{ m. } 915 = 1 \text{ yard}$$
$$3 \text{ yards} = £\,2.7.5 \text{ ou } £\,2,37$$
$$1 \text{ livre} = 174,70 \text{ fr.}$$

Or, dans une suite de rapports égaux, le produit des antécédents est égal au produit des conséquents :

$$X \times 0,915 \times 3 \times 1 = 1 \times 1 \times 2,37 \times 174,70.$$

$$\text{D'où } X = \frac{1 \times 1 \times 2,37 \times 174,70}{0,915 \times 3 \times 1} = 150,83 \text{ fr. (environ).}$$

Pour trouver l'inconnue, il suffit donc de diviser le produit des conséquents par le produit des antécédents.

On voit que la règle conjointe est une méthode de calcul très simple et qui conduit rapidement au résultat. Il n'y a guère que les rapports relatifs aux frais, primes, escomptes, etc., qui peuvent offrir quelque difficulté, laquelle du reste disparaîtra bientôt si l'on procède avec méthode.

1° Le rapport peut être *additif* ou *soustractif*.

Un rapport est dit *additif* quand le *nombre rond* est le plus petit. — Il est *soustractif* dans le cas contraire.

2° Le rapport peut être *croissant* ou *décroissant*.

Un rapport est dit *croissant* lorsque l'antécédent est plus petit que le conséquent. — Il est *décroissant* dans le cas contraire.

Exemples : Rapport additif croissant : $100-102$
      »   additif décroissant: $102-100$
      »   soustractif croissant : $98-100$
      »   soustractif décroissant: $100-98$

Il faut donc se demander *deux choses :*

1° Le rapport est-il *additif* ou *soustractif* ?

Autrement dit, l'élément à introduire fait-il habituellement l'objet d'une addition ou d'une soustraction ?

S'il sagit d'un *achat.*

a) les frais s'ajoutent au principal :   rapp. *additif.*

b) les escomptes et autres bonifications (taxe, remise, bon poids) qui nous sont accordés, sont soustraits du principal :   rapp. *soustractif.*

S'il s'agit d'une *vente :*

a) les frais se retranchent du principal :   rapp. *soustractif.*

b) les bonifications que nous accordons diminuent également le principal :   rapp. *soustractif.*

2° Le rapport est-il *croissant* ou *décroissant* ?

Si l'élément à introduire dans la conjointe a pour effet d'*augmenter* la valeur de l'inconnue, le rapport sera *croissant.* Dans le cas contraire, il sera *décroissant.*

Ici, il est de toute utilité de bien se rendre compte de la nature de l'inconnue.

Reprenons l'exemple précédent en le compliquant quelque peu :

On a acheté à Londres, 3 yards d'étoffe pour £ 2.7.5. Quel est en francs le prix de revient du mètre sachant que le yard vaut 0 m. 915 et que la livre est cotée 174 fr. 70. Le vendeur nous accorde 2 % d'escompte et nous supportons les frais d'envoi qui peuvent être évalués à 3/4 %.

Raisonnons les deux rapports nouveaux d'après les règles exposées ci-dessus :

A.   1° Le vendeur nous accorde un escompte qui se soustrait du principal, donc rapport *soustractif* (100−98 ou 98−100).

2° Nous calculons un *prix de revient*. — L'escompte qui nous est accordé *diminue* la valeur de l'inconnue, donc rapport *décroissant*.

Nous aurons le rapport *soustractif-décroissant* 100−98.

B.   1° Les frais d'envoi s'*ajoutent* au principal, donc rapport *additif* (100−100,75 ou 100,75−100).

2° Les frais *augmentent* le prix de revient, donc rapport *croissant*.

Nous aurons donc le rapport *additif-croissant* 100−100,75.

REMARQUE : On évite généralement ces rapports dans lesquels entrent les nombres décimaux.

3/4 % c'est 3 fr. pour 400 ; nous prendrons donc le rapport 400−403.

De même 7/8 °/ₒₒ donnerait 8000−8007.

La conjointe s'établira comme suit :

$$
\begin{aligned}
&\text{X fr.} \quad = 1 \text{ mètre} \\
&0 \text{ m. } 915 = 1 \text{ yard} \\
&3 \text{ yards} \quad = £\ 2,37 \text{ (sans escompte)} \\
&100\ £ \quad = £\ 98 \text{ (escompte décompté)} \\
&1\ £ \quad = 174 \text{ fr. } 70 \text{ (sans frais)} \\
&400 \text{ fr.} \quad = 403 \text{ fr. (frais compris).}
\end{aligned}
$$

$$
X = \frac{1 \times 1 \times 2,37 \times 98 \times 174,70 \times 403}{0,915 \times 3 \times 100 \times 1 \times 400} = 148,92 \text{ fr. (environ).}
$$

COMPTES COURANTS ET D'INTÉRÊTS

GÉNÉRALITÉS

Distinction entre le compte courant simple et le compte courant et d'intérêts. — Un compte courant simple tel qu'on en tient entre commerçants et industriels ou entre ceux-ci et leurs clients, récapitule, au débit, toutes les valeurs reçues par le titulaire du compte, au crédit, toutes les valeurs qu'il a fournies. Il ne s'établit pas de compensation entre les divers postes inscrits au compte ; chacun d'eux constitue une obligation *distincte*. Lorsque, en fin d'exercice, on arrête un tel compte en portant le solde du côté le plus faible, c'est là une simple opération comptable.

Mais il peut être convenu entre les parties que les diverses sommes inscrites au compte porteront intérêts à partir de leur échéance jusqu'à une date déterminée, soit par exemple jusqu'au 31 décembre. Dans ce cas, le compte devient un *compte courant et d'intérêts*. Toute dette ou toute créance qui y est inscrite perd son individualité et concourt à la formation du solde, qui *seul* peut être exigé à l'époque fixée pour le règlement. C'est surtout dans les Banques que les comptes courants et d'intérêts sont particulièrement nombreux.

Conditions. — Les conditions appliquées à un compte courant et d'intérêts font ordinairement l'objet d'un contrat échangé entre les parties et destiné à régler, entre autres, les points suivants :

Intérêt. — Le taux de l'intérêt peut être le *même* pour les sommes inscrites au débit et pour celles portées au crédit. Ce sera le cas dans les comptes ouverts entre personnes dont la situation est identique ou à peu près, par exemple entre deux commerçants ou entre deux banquiers. Ces comptes sont dits à *taux réciproques*.

Les comptes de banquiers à commerçants ne sont pas souvent traités à taux réciproques, car les intérêts et les risques des deux parties sont loin d'être les mêmes. Le banquier fournit le plus souvent des espèces (chèques, traites domiciliées), et en échange, il reçoit surtout des effets de commerce dont le recouvrement est toujours aléatoire. De plus, le banquier fait uniquement le commerce des capitaux et il faut en bonne logique qu'il vende plus cher qu'il n'achète, comme le ferait tout commerçant. Aussi, l'on convient généralement de deux taux : l'un pour le débit, l'autre pour le crédit. Nous verrons les diverses interprétations données à ces comptes à *taux différentiels*.

Enfin, le loyer de l'argent dépendant avant tout du profit que l'on peut en tirer, il est généralement convenu que les taux, qu'ils soient réciproques ou différentiels, suivront les fluctuations du taux d'escompte de la Banque *régulatrice* du pays.

Il y a donc lieu de distinguer :

1° Les comptes à taux réciproques constants ;

2° Les comptes à taux réciproques variables ;

3° Les comptes à taux différentiels constants ;

4° Les comptes à taux différentiels variables.

Valeur ou échéance. — On appelle valeur ou échéance la date à partir de laquelle une somme commence à porter intérêts.

Dans la plupart des Banques, on adopte les usages suivants :

a) Les paiements faits pour compte du titulaire sont portés valeur la veille.

b) Les versements opérés par l'ayant-compte sont inscrits valeur du lendemain.

c) Lorsqu'il s'agit de remises d'effets, elles sont portées valeur à l'échéance moyenne si le client en fait expressément la demande, mais en règle générale, elles sont escomptées et inscrites valeur du lendemain de la remise.

d) Quand un effet revient impayé, on le porte, majoré des frais, au débit du remettant à qui on le retourne et on met comme échéance, celle de l'effet.

Calcul des intérêts. — L'intérêt se calcule par les *nombres* ou par les *intérêts immédiats*.

En Belgique, la première méthode est presque exclusivement employée. Les centimes ne concourent généralement pas à la formation des nombres, et ceux-ci sont réduits au centième en forçant d'une unité lorsque les deux derniers chiffres forment un nombre égal ou supérieur à 50. L'année est comptée à 360 jours et les mois tels quels. Certaines banques comptent cependant les mois de 30 jours.

En France, on calcule de préférence les *intérêts immédiats* mais ils sont provisoirement évalués au taux uniforme de 6 % soit à l'aide de tables, soit par les parties aliquotes du temps. Dans ce dernier cas, la base des opérations est 60 ; c'est pourquoi cette façon de procéder est connue sous le nom de *méthode des soixante*. Lors de l'arrêté, on fait les rectifications nécessaires pour obtenir les intérêts au taux réel du compte. Ajoutons que l'on tend à abandonner de plus en plus cette méthode.

Extrait de compte. — Le contrat stipule que le compte sera arrêté tous les semestres ou tous les trimestres. Aux dates fixées, le banquier adresse à son client un *extrait de compte* qui récapitule, outre le solde reporté lors du précédent arrêté, toutes les opérations qui ont été traitées depuis cette époque. Les intérêts sont calculés suivant les conventions et ajoutés au solde des capitaux pour former le solde à nouveau.

Le fait de capitaliser les intérêts à chaque arrêté de compte est une dérogation aux principes qui règlent l'anatocisme et qui stipulent notamment que les intérêts ne peuvent être capitalisés que tous les ans. Cependant, cet usage est uniformément admis.

Commissions. — Suivant les clauses du contrat, les Banques perçoivent des commissions diverses dont le montant est porté au débit du compte lors de l'arrêté.

a) *Commission sur la plus forte colonne* (abstraction faite du solde à nouveau). Généralement le banquier fixe un chiffre minimum d'affaires sur lequel il calcule la commission lorsque celui-ci n'a pas été atteint.

b) *Commission de découvert.* Lorsqu'un compte présente à un moment donné un solde débiteur, on dit que le banquier est *à découvert* à l'égard de son client. Dans ce cas, il est souvent prélevé une *commission de découvert* qui est calculée, tantôt sur le plus fort découvert, tantôt sur le découvert *moyen*.

c) Commission sur paiements et encaissements.

d) Commission sur remises.

Impôt. — La loi oblige les Banques belges à retenir sur les intérêts bonifiés en compte courant la taxe mobilière qui s'élève actuellement à 16 $\frac{1}{2}$ %. La taxe doit être prélevée sur le montant des intérêts, déduction faite des commissions et frais divers portés à charge des titulaires.

De plus, la loi du 2 janvier 1926 frappe d'une taxe trimestrielle de 0 fr. 25 par 1.000 fr. sans fraction le montant des avances consenties par les banquiers à leurs clients. Cette taxe se calcule sur le découvert moyen pendant le trimestre écoulé et ne peut être inférieure à un franc.

A remarquer que si la banque n'arrête ces comptes que semestriellement ou annuellement la taxe est de 0 fr. 50 ou de 1 fr. par 1.000 fr.

Nous donnons ci-après un procédé pratique de calculer le montant de ces impôts.

Ajoutons que les comptes ouverts aux clients déposants sont passibles d'une taxe forfaitaire de un franc.

Ces taxes s'acquittent par l'apposition de timbres fiscaux dont une moitié s'applique sur l'extrait adressé au client et l'autre sur le régistre du banquier. Si celui-ci n'envoie pas d'extrait au client le timbre entier s'appose dans ses livres.

REMARQUE. — Afin de ne pas compliquer les exemples qui suivent, nous n'avons pas tenu compte de ces taxes dont l'application ne présente du reste aucune difficulté.

Recherche du montant de la taxe mobilière. — Il existe un procédé rapide pour calculer la taxe de 16 $\frac{1}{2}$ %.

Multiplier par $\dfrac{16,5}{100}$ revient à multipliter par $\dfrac{99}{600}$ ou par $\left(\dfrac{100}{600} - \dfrac{1}{600}\right)$ ou encore $\left(\dfrac{1}{6} - \dfrac{1}{600}\right)$.

Pour trouver la taxe il suffira donc de diviser l'intérêt créditeur par 6 et de soustraire $\dfrac{1}{100}$ du résultat.

Recherche du montant des timbres fiscaux. — Nous avons dit que la taxe est due sur le découvert moyen résultant des opérations traitées au cours du trimestre. Or ce découvert est représenté par le capital qui, en 90 jours, aurait produit au taux appliqué la somme dont le compte est débité à titres d'intérêts.

Nous savons que l'intérêt produit par un capital C pendant 90 jours (trimestre) au taux t % est de $\dfrac{Ct \times 90}{100 \times 360}$, par conséquent C a pour formule :

$$\frac{100 \times 360 \times \text{intérêts}}{\text{taux} \times 90} \text{ ou en simpliflant } \frac{400 \times \text{intérêts}}{\text{taux}}.$$

Or, la taxe est de 0 fr. 25 par 1.000 francs sans fractions ou $\dfrac{1}{4000}$ du capital. Nous aurons donc : taxe $= \dfrac{400 \times \text{intérêts}}{4000 \times \text{taux}}$ ou $\dfrac{\text{intérêts}}{10 \times \text{taux}}$.

REMARQUE : Pour les comptes arrêtés semestriellement ou annuellement on arrive au même résultat.

Règle. — Le montant de la taxe à appliquer sur les comptes courants d'avance est égale au montant des intérêts dont le compte est débité divisé par 10 fois le taux. Ce montant devra être arrondi au multiple supérieur de 0,25 fr., 0,50 fr. ou 1 fr. suivant que le compte est arrêté tous les trimestres, semestres ou années.

ÉTABLISSEMENT DES COMPTES COURANTS

Trois méthodes principales sont en usage pour l'établissement des comptes courants et d'intérêts :

1° La méthode **progressive** ou *directe* ;

2° La méthode **rétrograde** ou *indirecte* ;

3° La méthode **hambourgeoise** ou *par soldes*.

Cette dernière s'établit de deux façons distinctes :

a) tous les postes sont rangés d'après l'ordre chronologique des *échéances* ;

b) les postes sont inscrits dans l'ordre où ils se présentent et conséquemment les échéances peuvent être *interverties*.

Afin de nous faire comprendre aisément, nous nous servirons des appellations *méthode hambourgeoise ancienne et méthode hambourgeoise nouvelle* pour désigner ces deux façons différentes de procéder.

SECTION I. — **Comptes à taux réciproques constants.**

Nous allons dresser par les quatre méthodes un même compte dans lequel nous ferons intervenir immédiatement des *nombres rouges* afin de ne pas devoir multiplier les exemples.

Les explications qui accompagnent chacun des modèles suffiront, croyons-nous, à faire comprendre la façon d'établir ce compte qui synthétise la plupart des cas que l'on peut rencontrer.

Données. — La Banque du Commerce arrête le 31 mars 192... le compte de son client M. Lemaire, négociant à Liége.

Voici quelles sont les opérations traitées au cours du premier trimestre.

1ᵉʳ janvier: solde débiteur   670 fr.

4   »   notre paiement   1.400 fr.

4   »   retour d'impayé   926 fr. valeur 24 décembre

                     frais   4 fr.

15 février : sa remise   1.200 fr. valeur 15 mars

11 mars : son chèque n° 736   800 fr.

19   »   son versement   3.100 fr.

25   »   sa remise   1.500 fr. valeur 10 avril

27   »   sa domiciliation   1.700 fr. valeur 25 avril

Les intrêts sont réciproques et calculés au taux de 5 % l'an. Il n'y a ni commission ni frais.

Modèle I. Taux réciproques.

Monsieur J. LEMAIRE, E/V., son compte courant et

Dates		LIBELLÉS	Sommes		Échéances		Jours	Nombres
Janvier	1	Solde du compte précédent	670	—	31	décembre	90	603
»	4	Notre paiement	1.400	—	3	janvier	87	1218
»	6	Effet Jacques impayé	930	—	24	décembre	97	902
Mars	11	Son chèque 736	800	—	10	mars	21	168
»	27	Domiciliation	1.700	—	25	avril	**25**	**425**
		Intérêts 5 % s/2083	28	93				
		Solde créditeur	271	07				
			5.800	—				2891

Méthode progressive.

d'intérêts arrêté le 31 mars 192...

Dates		LIBELLÉS	Sommes		Échéances		Jours	Nombres
Février	15	Sa remise	1.200	—	15	mars		192
Mars	19	Son versement	3.100	—	20	mars	11	341
»	25	Sa remise	1.500	—	10	avril	**10**	**150**
		Balance des nombres rouges						275
		Balance des nombres noirs						2.083
			5.800	—				2.891
Avril	1	Solde à nouveau	271	07	31	Mars		

Explications. — La méthode progressive ou directe est de compréhension très facile. Toute somme, qu'elle soit inscrite au débit ou au crédit, est productive d'intérêts depuis son échéance jusqu'à l'époque de la clôture. A cette date, si l'on a procédé par la méthode des nombres, comme c'est le cas dans le modèle ci-dessus, le total des nombres du débit divisé par le diviseur fixe correspondant au taux convenu donne les intérêts dus par le titulaire du compte, tandis qu'en divisant le total des nombres du crédit par le même diviseur, on obtient les intérêts auxquels il a droit. On simplifie ces opérations en faisant la balance des nombres et en portant le quotient de la division de cette balance par le diviseur fixe du côté où le total des nombres est le plus fort.

Nombres rouges. — Les nombres imprimés en caractères gras dans le modèle représentent des *nombres rouges*, ainsi appelés parce qu'ils sont écrits à l'encre rouge dans la pratique. Voici ce qu'ils signifient. Lorsque certaines sommes ont une échéance *postérieure* à la date de clôture, elles donnent lieu à un calcul d'escompte et non d'intérêt. Ainsi la domiciliation de 1.700 fr. faite par Lemaire le 27 mars sera seulement payée le 25 avril ; par conséquent, à la date du 31 mars, Lemaire doit

1.700 fr. moins les intérêts de cette somme du 31 mars au 25 avril. Ce sont donc des intérêts *négatifs* ou de l'escompte. Le nombre rouge 425 devrait en conséquence être soustrait du total des nombres noirs du débit ; de même, le nombre rouge 150 devrait venir en déduction de la somme des nombres noirs créditeurs. La balance des nombres noirs serait par le fait même diminuée de 275 (425 − 150).

On arrive au même résultat en faisant la balance des nombres rouges et en l'inscrivant en *noir* du côté où le total des nombres rouges est le plus faible.

Marche à suivre. — *1. Calculer le nombre de jours depuis chaque échéance jusqu'à la date de clôture et former les nombres. Ces nombres sont inscrits en rouge s'il s'agit d'échéances postérieures à la clôture.*

2. Faire s'il y a lieu la balance des nombres rouges et l'inscrire en noir.

3. Faire la balance des nombres noirs.

4. Calculer les intérêts et les porter dans la colonne des capitaux du côté opposé à la balance des nombres noirs.

5. Solder le compte et clôturer.

Modèle 2.   *Taux réciproques.*

Monsieur J. LEMAIRE, E/V., son compte courant et

Dates		LIBELLÉS	Sommes		Échéances		Jours	Nom-bre
Janvier	1	Solde débiteur	670	—	31	décembre		Epoque
»	4	Notre paiement	1.400	—	3	janvier	3	42
»	6	Effet Jacques impayé	930	—	24	décembre	**7**	**65**
Mars	11	Son chèque 736	800	—	10	mars	59	552
»	27	Domiciliation	1.700	—	25	avril	115	1955
		Balance des capitaux fr. 300			*31*	*mars*	90	270
		Int. 5 %/₀ sur bal. des N. noirs	28	93				2083
		Solde créditeur	271	07				
			5.800	—				4902

La méthode rétrograde ou indirecte constitue un mécanisme compliqué qui n'est pas toujours compris même par ceux qui l'appliquent journellement. *On trouvera ci-après une démonstration de cette méthode.*

Pour le moment, constatons qu'elle conduit au même résultat que la méthode directe, ce qui suffit déjà à prouver son exactitude.

Marche à suivre. — *1. Choisir une Epoque. Cette date doit autant que possible être antérieure à toutes les échéances du compte. Souvent on choisit la date de clôture du précédent arrêté (31 décembre, dans le modèle ci-dessus).*

2. Calculer les jours depuis l'époque jusqu'à chacune des échéances et former les nombres correspondants. Ces nombres

Méthode rétrograde

d'intérêts arrêté le 31 mars 192...

Dates		LIBELLÉS	Sommes		Échéances		Jours	Nom-bres
Février	15	Sa remise	1.200	—	15	mars	74	888
Mars	19	Son versement	3.100	—	20	mars	79	2449
»	25	Sa remise	1.500	—	10	avril	100	1500
		Balance des nombres rouges						65
			5.800	—				4902
Avril	1	Solde à nouveau	271	07	31	mars		Époque

sont inscrits en rouge lorsqu'il s'agit d'échéances antérieures à l'époque.

3. Faire s'il y a lieu la balance des nombres rouges et la porter en noir du côté où le total des nombres rouges est le plus faible.

4. Faire la balance des capitaux et la porter hors colonne du côté où le total des capitaux est le plus faible. Assigner comme valeur à cette balance la date de clôture du compte et former le nombre correspondant.

5. Faire la balance des nombres noirs.

6. Calculer les intérêts et les porter dans la colonne des capitaux du même côté que la balance des nombres noirs.

7. Solder et clôturer le compte.

Modèle 3.

Taux réciproques. — Méthode hambourgeoise ancienne

(Echéances ordonnées)

Monsieur J. LEMAIRE, E/V., son compte courant et d'intérêts
arrêté le 31 mars 192...

Dates		LIBELLÉS	Nature	Sommes		Échéances		Jours	Nombres	
									Débiteurs	Créditeurs
Janvier	6	Effet Jacques impayé	D	930	—	24	décemb.	7	65	
»	1	Solde du compte précédent	D	670	—	31	»			
			D	1.600	—			3	48	
»	4	Notre paiement	D	1.400	—	3	janvier			
			D	3.000	—			66	1980	
Mars	11	Son chèque 736	D	80 0	—	10	mars			
			D	3.800	—			5	190	
»	15	Sa remise	C	1.200	—	15	»			
			D	2.600	—			5	130	
Mars	19	Son versement	C	3.100	—	20	»			
			C	500	—			21		105
»	25	Sa remise	C	1.500	—	10	avril			
			C	2.000	—			15		300
	27	Domiciliation	D	1.700	—	25	avril			
			C	300	—	31	mars	25	75	
		Intérêts 5°/₀ s/balance des N.	D	28	93					2083
			C	271	07				2488	2488
Avril	1	Solde à nouveau	C	271	07	31	mars			

Explications. — Dans la méthode hambourgeoise, les intérêts sont calculés non pas sur les capitaux, mais sur le *solde* du
compte après chaque opération. On conçoit aisément que cette
façon de procéder doit conduire au même résultat, car si à un
moment donné le titulaire doit l'intérêt de 2.000 fr. et a droit
à celui de 1.300 fr., il suffit de porter au débit l'intérêt de
700 fr. pendant le nombre de jours que persiste cette situation.

Dans le modèle ci-dessus, les postes ont donc été rangés d'après l'ordre des échéances. La première somme inscrite constitue un poste débiteur de 930 fr. et puisqu'il est unique, il représente le solde, productif d'intérêts débiteurs jusqu'à ce qu'il survienne un changement, c'est-à-dire pendant 7 jours. Le poste suivant est encore débiteur, le solde reste de la même nature et devient 1.600 fr. Cette somme rapporte intérêts jusqu'au 3 janvier, date à laquelle le solde débiteur ressort à 3.000 fr. On continue de la même façon ; les intérêts (ou les nombres), sont de la même nature que le solde qui les produit.

Nous ne nous sommes pas inquiétés de ce que les deux derniers capitaux avaient une échéance postérieure à la date de clôture. Si nous arrêtions le compte le 25 avril, le solde créditeur (des capitaux seulement), serait de 300 fr. Mais la date de clôture réelle est le 31 mars ; nous devrons donc calculer l'escompte sur 300 fr. pendant 25 jours. Cette opération ne nécessitera pas un nombre rouge créditeur, car le compte s'établissant sur une seule page, il nous suffira de l'inscrire en noir dans la colonne adverse ; au point de vue de la balance, ajouter au débit revient à soustraire du crédit.

Certains auteurs escomptent, comme dans la méthode directe, les sommes dont l'échéance est postérieure à l'arrêté. Mais il faut alors former les nombres qui y sont relatifs en opérant sur les capitaux et non sur les soldes, ce qui est une dérogation au principe de la méthode et, de plus, il y a autant de nombres de jours rouges qu'il y a d'échéances postérieures à la clôture. Par le procédé que nous préconisons, *tous* les nombres se forment sur les soldes et il ne peut jamais y avoir qu'un seul nombre de jours rouge.

Marche à suivre. — *La disposition à donner au compte ainsi que la façon de procéder pour le calcul des intérêts se déduiront facilement de l'examen du modèle et des explications qui précèdent.*

On donne comme valeur au solde final la date de clôture du compte. Si la dernière échéance est postérieure à cette date, on obtient un nombre de jours rouge et le nombre noir correspondant est de nature inverse au solde.

Les intérêts se calculent sur la balance des nombres et concourent à la formation du solde définitif.

Modèle 4.   **Taux réciproques. — Méthode hambourgeoise nouvelle**
(Echéances interverties)

Monsieur J. LEMAIRE, de Namur, son compte courant et d'intérêts arrêté le 31 mars 192…
chez H. DUBOIS, à Liége.

Dates		LIBELLÉS	Sommes		Soldes		Echéances		Jours	Nombres	
			Débit	Crédit						Débiteurs	Créditeurs
Janvier	1	Solde du compte précédent	670 —		D	670 —	31	décembre	3	20	
»	4	Notre paiement	1.400 —		D	2.070 —	3	janvier	**10**		207
»	6	Effet Jacques impayé	930 —		D	3.000 —	24	décembre	81	2430	
Février	15	Sa remise		1.200 —	D	1.800 —	15	mars	**5**		90
Mars	11	Son chèque 736	800		D	2.600 —	10	»	10	260	
»	19	Son versement		3.100 —	C	500 —	20	»	21		105
»	25	Sa remise		1.500 —	C	2.000 —	10	avril	15		300
»	27	Domiciliation	1.700 —		C	300 —	25	»	**25**	75	
		Intérêts 5% balance des N.	28	93							2083
		Solde créditeur	271	07							
			5.800 —	5.800 —	—					2785	2785
Avril	1	Solde à nouveau		271 07	C	271 07	31	mars			

Explications. — Comme nous l'avons vu dans le modèle précédent, le principe de la méthode hambourgeoise est de ramener chacun des soldes à l'échéance de la somme qui vient le modifier afin de pouvoir le combiner avec celle-ci pour former le solde nouveau.

Le principe reste le même lorsque les échéances sont interverties. Ainsi nous calculons 3 jours d'intérêts sur le premier solde 670 afin de pouvoir le combiner avec le deuxième poste du compte. Mais si nous voulons combiner le nouveau solde (2070, valeur 3 janvier), avec le poste suivant dont l'échéance est le 24 décembre, nous devons calculer l'escompte sur 2070 pendant 10 jours. C'est pourquoi l'on voit figurer un nombre de jours *rouge* (gras) qui donne lieu à un *nombre rouge débiteur* ou ce qui revient au même à un *nombre noir créditeur* (207).

Veut-on une autre démonstration ? Le 6 janvier, le solde débiteur est de 3.000 fr., valeur 24 décembre. Nous devons amener ce solde à la valeur du 15 mars, échéance du poste suivant (sa remise, 1.200 fr.). D'où le nombre 2430 ($30,00 \times 81$).

Or, le solde 3.000 fr. se compose de deux parties :

1° 2.070 fr. qui doivent rapporter intérêts du 3 janvier au 15 mars (71 jours) ;

2° 930 fr. qui doivent rapporter intérêts du 24 décembre au 15 mars (81 jours).

Il s'en suit que nous avons compté 10 jours de trop sur la première partie, c'est-à-dire que le nombre 2430 est trop fort de 207 ($20,70 \times 10$).

Pour annihiler cette erreur, on porte au préalable dans la colonne adverse le même nombre 207.

Marche à suivre. — *1. Calculer le nombre de jours de chaque échéance à la suivante et de la dernière à la date de clôture. Lorsque l'on doit rétrograder, les jours s'écrivent en rouge.*

2. Former les nombres en opérant sur les soldes. Lorsque les jours sont noirs, les nombres sont de la même nature que les soldes qui ont servi à les former. Si les jours sont rouges, les nombres sont de nature inverse aux soldes.

3. Calculer les intérêts sur la balance et clôturer.

REMARQUE. — Nous avons adopé pour l'établissement du compte ci-joint une disposition différente de celle du compte précédent. Il va de soi que les deux formes peuvent s'appliquer indifféremment à l'une ou l'autre méthode hambourgeoise.

La seconde disposition est préférable à la première, car les capitaux de débit étant séparés de ceux du crédit, la vérification est plus rapide, parce que plus conforme aux habitudes, les erreurs, lorsqu'il s'en produit, sont plus facilement corrigées et le calcul de la commission est singulièrement facilité, notamment lorsqu'il s'agit de la commission sur la plus forte colonne. On peut également ménager deux colonnes distinctes pour les soldes débiteurs et créditeurs.

Parfois aussi, on établit les comptes courants par la méthode hambourgeoise en deux documents séparés. Le premier présente le compte en capitaux seulement, le débit à gauche, le crédit à droite; c'est donc un compte courant simple. Les intérêts sont calculés par l'échelle hambourgeoise sur une feuille annexe qui ne renseigne ni dates d'inscription, ni libellés. Les intérêts trouvés sont alors reportés dans le compte pour contribuer à la formation du solde définitif.

Démonstration de la méthode rétrograde

Soit à arrêter le 31 mars le compte ci-dessous à taux réciproques:

Solde à nouveau	900	31	décembre			Sa remise	1800	9	évrier		
Mon paiement	2000	15	janvier								

Au lieu de calculer comme dans la méthode progressive, l'intérêt sur chaque somme depuis son échéance jusqu'à la date de clôture, procédons comme suit:

1° Calculons sur toutes les sommes l'intérêt du 31 décembre (*Epoque*) au 31 mars;

2° Retranchons de cet intérêt, celui qui a été compté indûment, c'est-à-dire, l'intérêt de chaque somme depuis le 31 décembre jusqu'à son échéance réelle.

Intérêt réel de chaque somme $= EC - EV$.

Epoque   Valeur   Clôture

Le compte des intérêts (ou des nombres) apparaîtra comme suit :

Intérêts totaux du D : 29,00 $\times$ 90	2610	Intérêts totaux du C : 18,00 $\times$ 90	1620
Int. calculés indûment 20,00 $\times$ 15	— 300	Int. calculés indûment 18,00 $\times$ 40	— 720
	2310		900

La balance des nombres (1410) est en faveur du débit, donc les intérêts seront portés de ce côté du compte.

Mais afin de ne pas avoir des N. *positifs* et des N. *négatifs*, opérons les transpositions suivantes en nous basant sur une propriété du compte aisée à démontrer et qui permet, sans changer le solde final, de soustraire du débit une quantité qui aurait dû être ajoutée au crédit et réciproquement.

Nombre transposé	— 1620	Nombre transposé	— 2610
	— 300		— 720
	— 1920		— 3330

Tous les nombres sont ainsi *déplacés* c'est-à-dire que ceux du débit représentent les intérêts auxquels le titulaire du compte *a droit*, tandis que ceux du crédit représentent ceux qu'il *doit*. La balance des nombres (-1410) est maintenant en faveur du crédit, mais tous les nombres étant *déplacés*, les intérêts devront être portés au débit du compte, c'est-à-dire *du même côté que la balance*.

Pratiquement, au lieu de calculer les intérêts totaux séparément sur les sommes du débit et sur celles du crédit, on opère sur la *balance des capitaux*. D'où la simplification :

		2900—1800 ou 11,00$\times$90	— 990
	— 300		— 720
	— 300		— 1710

Nous avons donc démontré :

1° que les intérêts totaux sont calculés sur la balance des capitaux et portés du côté ou le total de ceux-ci est le plus faible pour constituer des intérêts *négatifs* ;

2° que tous les nombres étant *déplacés* ou *négatifs*, la balance des nombres l'est aussi et que pour rectification les intérêts doivent être placés *du même côté* que celle-ci.

Nombres rouges. — Lorsque par suite d'une omission ou d'un retour d'effet impayé, on doit inscrire une somme dont l'échéance est *antérieure* à l'époque choisie, l'intérêt total calculé sur la balance des capitaux est trop faible relativement à cette somme au lieu d'être trop élevé.

Intérêt réel $= \mathbf{EC} + \mathbf{EV}$

Valeur   Epoque   Clôture

Dans ce cas, on calcule encore le nombre de jours de l'échéance à l'époque mais la multiplication donne un nombre *positif*, donc de nature contraire aux autres. C'est pourquoi on l'inscrit en *rouge*.

Lors de l'arrêté, les nombres rouges du débit sont transposés au crédit et réciproquement. Ils deviennent ainsi *négatifs* comme les autres et par conséquent s'écrivent en *noir*. On abrège cette opération en faisant la balance des N. R. et en la portant en noir du côté où le total de ceux-ci est le plus faible.

La marche à suivre que nous avons donnée à la page 16 pour dresser un compte courant par la méthode rétrograde est donc pleinement justifiée.

Remarque relative aux nombres rouges

Il résulte des explications données au sujet des différentes méthodes que les nombres rouges, dans la méthode directe, représentent des intérêts *négatifs* ou de l'escompte, tandis que dans la méthode rétrograde, ils sont les seuls à exprimer des intérêts *positifs*, tous les autres nombres représentant, ainsi que nous venons de le démontrer, des intérêts *négatifs*.

Dans la méthode hambourgeoise, les nombres rouges représentent également de l'*escompte*, en ce sens qu'ils servent à annuler des intérêts calculés en trop, mais nous avons vu que, *lorsque les taux sont réciproques*, on peut les éviter, en les remplaçant immédiatement par des nombres noirs de nature inverse.

SECTION II. — **Comptes à taux réciproques variables.**

Lorsqu'il est convenu que le taux appliqué au compte dépendra de celui de la Banque régulatrice, il y a lieu de faire un arrêté provisoire à chaque variation de ce dernier. Le compte est alors partagé en *périodes* successives. Les intérêts relatifs à chacune de ces périodes sont portés hors colonne pour être seulement capitalisés aux dates d'arrêté prévues dans le contrat, soit fin de trimestre, de semestre ou d'année.

Composition des périodes. — Suivant les conventions faites entre les parties, chaque période peut comprendre :

a) toutes les sommes qui ont été *inscrites* au compte avant la date de changement de taux, ou bien

b) tous les postes dont l'*échéance* tombe dans les limites de la période.

Le premier mode de classement est de beaucoup le plus employé.

Choix des méthodes. — Lorsque l'on convient que les *dates d'inscription* des postes détermineront la période dans laquelle ils doivent se trouver, les méthodes progressive, rétrograde et hambourgeoise *nouvelle* pourront s'employer indifféremment puisque dans toutes les trois, on inscrit les sommes au fur et à mesure qu'elles se présentent.

Si, au contraire, on opte pour le second mode de classement, l'ancienne échelle hambourgeoise conviendra à merveille, car les postes y seront classés dans l'ordre convenable pour la détermination des périodes. Evidemment, il serait toujours possible d'employer dans cette dernière hypothèse une des trois autres méthodes, mais des redressements compliqués seraient parfois nécessaires.

Pour que les quatre méthodes fournissent, dans les deux cas, la solution juste, il faut que les périodes se composent des mêmes postes, quelle que soit l'interprétation adoptée. Cette condition pourra se réaliser parfois, étant donné surtout que les remises sont souvent escomptées. Mais comme ce n'est pas une règle absolument générale et que de toute façon il pourra toujours se présenter des échéances différant des dates d'inscription (par suite de retours d'impayés notamment), il sera préférable de s'en tenir, quant au choix de la méthode à employer, aux indications données ci-dessus.

Données. — Le compte de Monsieur Vromen, de Liége, est arrêté le 31 mars chez MM. Albert et Fils, banquiers à Liége, d'après les données suivantes :

1re janvier	solde à nouveau débiteur	500 fr.	valeur	31 décembre
6 »	n/paiement p. s/compte	1.240 fr.	»	5 janvier
20 »	s/remise	1.570 fr.	»	31 janvier
2 février	s/versement	900 fr	»	3 février
9 »	s/remise	1.200 fr.	»	20 février
20 »	s/chèque n° 412	625 fr.	»	19 février
4 mars	s/remise	320 fr.	»	15 mars
11 »	s/versement	1.100 fr.	»	12 mars
21 »	n/paiement p. s/compte	800 fr.	»	20 mars
25 »	s/remise	900 fr.	»	10 avril

Le taux, qui était d'abord de 4 %, tombe à 3 % le 16 février et remonte à 3 ¹/₂ % le 11 mars.

REMARQUE. — Lorsqu'un changement du taux de la Banque régulatrice est annoncé pour une date déterminée, l'application du taux nouveau commence le jour fixé *au matin*. Nous devrons donc arrêter provisoirement le compte ci-dessus le 15 février et le 10 mars.

Premier cas

Les dates d'inscription des postes déterminent la composition des périodes. Nous pouvons donc établir le compte par les méthodes directe, indirecte et hambourgeoise nouvelle. Nous commencerons par cette dernière parce qu'elle est plus facile à comprendre.

Explications. — Un examen attentif du compte ci-joint permet de comprendre aisément la façon de procéder. Il n'y a du reste rien de nouveau, si l'on considère chaque période comme formant un compte distinct.

La première période finissant au 15 février, on donne cette date comme valeur au dernier solde et l'on pratique la règle générale pour calculer les jours et former le nombre. Ainsi le solde de 1.930 fr. doit être ramené au 15 février, d'où des jours rouges (5) et un nombre de nature inverse au solde (97). On fait la balance des nombres et les intérêts sont portés *hors colonne* afin de ne pas être capitalisés.

La deuxième période commence le 15 février avec un solde créditeur de 1.930 fr. Le 10 mars, on arrête de nouveau en procédant comme il vient d'être dit.

Enfin le 31 mars, on clôture et les intérêts (ou la balance de ceux-ci) sont portés dans la colonne des capitaux pour former le solde définitif.

Modèle 5.

Taux réciproques variables. — Méthode hambourgeoisé nouvelle

Premier cas

Monsieur L. Vromen, de Liége, son compte courant et d'intérêts
arrêté le 31 mars 192… chez Albert et Fils, banquiers, à Liége

Dates		LIBELLÈS	Nature	Sommes		Echéances		Jours	Nombres D	Nombres C	Intérêts D	Intérêts C
Janvier	1	Solde du compte préc.	D	500	—	31	décem.	5	25			
»	6	N/paiement p. s/compte	D	1.240	—	5	janvier					
			D	1.740	—			26	452			
»	20	S/remise	C	1.570	—	31	janvier					
			D	170	—			3	5			
Février	2	S versement	C	900	—	3	février					
			C	730	—			17		124		
»	9	S/remise	C	1.200	—	20	février					
			C	1.930	—	15	février	5	97			
		Intérêts 4 % s/balance								455	5,06	
									579	579		
Février	20	S/chèque N° 412	C	1.930	—	15	février	4		77		
			D	625	—	19	février					
			C	1.305	—			24		313		
Mars	4	S/remise	C	320	—	15	mars					
			C	1.625	—	10	mars	5	81			
		Int. 3 % s/balance							309			2,58
									390	390		
Mars	11	S/versement	C	1.625	—	10	mars	2		33		
			C	1.100	—	12	mars					
			C	2.725	—			8		218		
»	21	M/paiem. p. s/compte	D	800	—	20	mars					
			C	1.925	—			21		404		
»	25	S/remise	C	900	—	10	avril					
			C	2.825	—	31	mars	10	283			
		Int. 3 1/2 % s/balance							372		1,13	3,
		Balance des Intérêts	C	1	13							
			C	2.826	13				655	655	6,19	6,19
Avril	1	Solde à nouveau	C	2.826	13	31	mars					

N. B. — Nous avons ménagé deux colonnes spéciales réservées aux
intérêts. Elles figurent rarement dans la pratique ; on se contente d'inscrire
les intérêts relatifs à chaque période dans la colonne des libellés. Néanmoins il nous semble que la disposition ci-dessus est plus claire et facilite
la vérification.

Modèle 6

Taux réciproques variables

Premier

Monsieur L. VROMEN, de Liége, son compte courant et d'intérêts

Dates		LIBELLÉS	Inté-rêts	Sommes		Echéances		Jours	Nom-bres
Janvier	1	Solde du compte précédent		500	—	31	Décem.	90	450
»	6	N/paiement p. s/compte		1.240	—	5	Janvier	85	1054
		Balance des capitaux fr. 1.930				15	*Février*	44	849
		Intérêts 4 % s/455	5,06						
									2353
Février	20	S/chèque Nº 412		625	—	19	Février	40	250
		Balance des capitaux fr. 1.625				1	*Mars*	21	341
		Balance des nombres							309
									900
Mars	21	N/paiement p. s/compte		800	—	20	Mars	11	88
		Balance des nombres rouges							90
		Balance des nombres noirs							872
		Solde créditeur	1,13	2.826	13				
			6,19	5.991	13				550

Explications. — Par suite du changement de taux, il y a
lieu d'arrêter le compte le 15 février. Or, nous avons calculé les
N. en prenant comme époque le 31 mars. Il en résulte que nous
avons compté sur toutes les sommes du débit et sur celles du
crédit 44 jours d'intérêts en trop (15 février au 31 mars). Il faut
donc que nous décomptions au débit le N. $(5,00 + 12,40) \times 44$
ou 766 et au crédit $(15,70 + 9,00 + 12,00) \times 44$ ou 1615, ce qui
revient, au point de vue de la balance des N., à décompter simplement au crédit $(1615 - 766)$ ou encore à ajouter 849 au débit.

D'où l'on voit la marche à suivre pour arrêter à une date
quelconque antérieure à l'époque primitivement choisie, un
compte dressé par la méthode directe : *Porter hors colonne la
balance des capitaux* (du côté où le total de ceux-ci est le plus

Méthode progressive

cas

arrêté le 31 mars 192... chez ALBERT et FILS, banquiers, à Liége

Dates		LIBELLÉS	Inté-rêts	Sommes		Echéances		Jours	Nom-bres
Janvier	20	S/remise		1.570	—	31	Janvier	50	976
Février	2	S/versement		900	—	3	Février	55	504
»	9	S/remise		1.200	—	20	Février	39	468
		Balance des nombres							455
									2353
Mars	4	*Ristourne des N. s/Bce des capit.*							849
		S/remise		320	—	15	Mars	16	51
		Intérêts 3 % s/309	2,58						
									900
Mars	11	*Ristourne des N. s Bce des capit.*							341
»	25	S/versement		1.100	—	12	Mars	19	209
		S/remise		900	—	10	Avril	10	90
		Intérêts 3 1/2 % s/372	3,61						
		Balance des intérêts		1	13				
			6,19	5.991	13				550
Avril	1	Solde à nouveau		2.826	13	31	Mars		

faible), *donner comme valeur à cette balance la date de clôture
anticipée et former le nombre correspondant.*

Les capitaux inscrits dans la première période et qui ont
rapporté intérêts à 4 % jusqu'au 15 février vont maintenant être
placés à 3 %. Il faudrait donc inscrire, pour commencer la deuxième période, au débit le N. $17,40 \times 44$ ou 766 et au crédit
$36,70 \times 44$ ou 1615. Il est plus simple de porter au crédit la différence entre ces N. ou 849 (déjà trouvé). C'est ce que nous avons
fait : *Ristourne des nombres sur balance des capitaux.*

Le 10 mars, nouvel arrêté, nécessitant les mêmes opérations.

Le 31 mars, il n'est plus nécessaire de calculer la balance
des capitaux pour faire une ristourne d'intérêts, les N. ayant été
formés en prenant cette date comme époque.

Modèle 7   **Taux réciproques variables**
Premier

Monsieur L. Vromen, de Liége, son compte courant et d'intérêts

Dates		LIBELLÉS	Sommes		Echéances		Jours	Nombres
Janvier	1	Solde du compte précédent	500	—	31	décembre		Époque
»	6	N/paiement p s/compte	1.240	—	5	janvier	5	62
Février	20	S/chèque Nº 412	625	—	19	février	50	313
Mars	21	N/paiement p. s/compte	800	—	20	mars	79	632
		Balance des capitaux fr. 2.625		—	31	mars	90	2542
		Intérêts 4 %/₀ s/balance des N.	5	06				455
		Solde créditeur	2.826	13				
			5.996	19				4004

FEUILLE-ANNEXE

LIBELLÉS	Sommes				Jours	Nombres	
	Débit		Crédit			Débiteurs	Créditeurs
Totaux au 15 février	1.740	—	3.670	—		62	1405
Balance des capitaux	1.930	—			46	888	
Balance des N. 4 %/₀						455	
	3.670	—	3.670	—		1405	1405
Totaux au 10 mars	2.365	—	3.990	—		375	1642
Balance des capitaux	1.625	—			69	1121	
Balance des N. 4 %/₀						455	
Balance des N. 3 %/₀							399
	3.990	—	3.990	—		1951	1951

Méthode rétrograde
cas

arrêté le 31 mars 192... chez Albert et Fils, banquiers, à Liége

Dates		LIBELLÉS	Sommes		Echéances		Jours	Nombres
Janvier	20	S/remise	1.570	—	31	janvier	31	487
Février	2	S/versement	900	—	3	février	34	306
»	9	S/remise	1.200	—	20	février	51	612
Mars	4	S/remise	320	—	15	mars	74	237
»	11	S/versement	1.100	—	12	mars	71	781
»	25	S/remise	900	—	10	avril	100	900
		Intérêts 3 %/₀ s/balance det N.	2	58				309
		Intérêts 3 ¹/₂ %/₀ s/balance des N.	3	61				372
			5.996	19				4004
Avril	1	Solde à nouveau	2.826	13	31	mars		Époque

Explications. — Le compte ci-dessus a été dressé sans avoir égard aux changements de taux et les arrêtés provisoires ont été faits sur une feuille-annexe.

1ᵉʳ arrêté. — On totalise les capitaux et les N. inscrits dans le compte antérieurement au 15 février. On fait la balance des capitaux et on la multiplie par 46 (jours de l'époque au 15 février). La balance des N. relative à la première période est alors déduite. Ce sont donc les opérations ordinaires pour arrêter un compte dressé par la méthode rétrograde.

2ᵐᵉ arrêté. — On porte les totaux des capitaux et des N. antérieurs au 10 mars. On fait la balance des capitaux et on lui donne comme valeur la date de l'arrêté provisoire (10 mars). D'où 69 jours et N. 1121. Si l'on faisait alors la balance des N. elle représenterait les intérêts du compte depuis l'époque, jusqu'au 10 mars. Or, nous avons trouvé que le 15 février, le titulaire doit les intérêts à 4 % sur le N. 455. Il faut donc reporter cette première balance si l'on veut obtenir la balance 3 % relative à la deuxième période seule.

3ᵐᵉ arrêté. — Le dernier arrêté est effectué dans le compte même. Pour la raison signalée plus haut, on reporte au préalable les balances trouvées lors des arrêtés provisoires ainsi que:

les intérêts qui y sont relatifs. On continue alors comme si l'on avait affaire à un compte à taux constants. Les intérêts n'étant inscrits dans le compte qu'à la date de l'arrêté définitif, peuvent être portés immédiatement dans les colonnes de capitaux.

REMARQUES. — 1° Nous aurions pu faire les arrêtés provisoires dans le compte même. Celui-ci aurait alors été subdivisé en trois comptes distincts qui auraient été clôturés suivant la règle générale. On trouvera ci-après un compte à taux différentiels dressé de cette façon (modèle 13).

2° Le système de la feuille-annexe peut s'appliquer également à la méthode progressive. (Voir modèle 15). Il présente le grand avantage de pouvoir chiffrer tout le compte jusqu'à la date de l'arrêté habituel sans s'inquiéter des variations du taux.

Deuxième cas

Lorsque ce sont les échéances qui déterminent la composition des périodes, l'ancienne échelle hambourgeoise seule, avons-nous dit, se prête facilement à l'établissement d'un compte à taux variables. On objectera que cette méthode présente le grand inconvénient de devoir attendre la clôture pour chiffrer les nombres. Sans doute, mais si l'on adopte une des autres méthodes, on devra nécessairement attendre aussi la clôture pour pouvoir composer les périodes avec certitude. Si l'on fait prématurément un premier arrêté provisoire et que dans la seconde période on doive inscrire un poste qui, par son échéance, rentre dans la première période, on devra faire des redressements, calculer pour cette somme les intérêts à un taux différent de celui appliqué aux autres et il nous semble que ces ennuis valent bien celui que l'on reproche à l'ancienne échelle hambourgeoise.

Du reste, si l'on dresse le compte en deux documents distincts, comme nous l'avons expliqué page 22, le travail à faire lors de l'arrêté définitif ne sera pas tellement considérable.

Nous donnons ci-joint la feuille d'intérêts qui sera annexée au compte VROMEN. Les explications que nous pourrions donner pour ce compte sont identiques à celles qui ont été fournies pour la méthode hambourgeoise nouvelle (modèle 5). Rappelons seulement qu'ici, il ne pourra y avoir qu'un seul nombre de jours rouge.

Modèle 8.

Taux réciproques variables. — Méthode hambourgeoise ancienne

Second cas

Feuille d'intérêts du compte VROMEN, chez ALBERT et FILS, Liége

Nature	Sommes		Échéances		Jours	Nombres Débiteurs	Nombres Créditeurs	Intérêts Débiteurs	Intérêts Créditeurs
D	500	—	31	décembre	5	25			
D	1.240	—	5	janvier					
D	1.740	—			26	452			
C	1.570	—	31	janvier					
D	170	—			3	5			
C	900	—	3	février					
C	730	—	15	*février*	12		88	4,37	
	Int. 4 %						394		
						482	482		
C	730	—	15	*février*	4		29		
D	625	—	19	février					
C	105	—			1		1		
C	1.200	—	20	février					
C	1.305	—	10	*mars*	18		235		2,20
	Int. 3 %					265			
						265	265		
C	1.305	—	10	*mars*	2		26		
C	1.100	—	12	mars					
C	2.405	—			3		72		
C	320	—	15	mars					
C	2.725	—			5		136		
D	800	—	20	mars					
C	1.925	—			21		404		
C	900	—	10	avril					
C	2.825	—	31	*mars*	**10**	283			3,45
	Int. 3 ½ %					355			
C	1	28		Bᶜᶜ des int.				1,28	
C	2.826	28				638	638	5,65	5,65

SECTION III. — **Comptes à taux différentiels constants**

Nous avons dit que les comptes de banquiers à commerçants sont généralement traités à taux différentiels et nous en avons indiqué les raisons.

Données. — Soit à arrêter le 31 mars à la Banque de Liége le compte de M. Jamart sachant qu'il a donné lieu aux opérations suivantes pendant le trimestre écoulé :

Janvier	1	Solde débiteur	fr. 24.000	valeur	31 décembre
»	6	s/remise	9.000	»	9 janvier
»	9	impayé	600	»	25 décembre
»	15	s/remise	18.000	»	27 janvier
»	24	n/remise	8.400	»	5 février
Février	11	impayé	4.500	»	8 février
»	17	s/remise	7.200	»	26 février
»	26	s/remise	11.700	»	4 mars
»	27	impayé	3.600	»	14 février
Mars	22	s/remise	30.000	»	25 mars
»	28	domiciliation	10.800	»	12 avril

Les parties sont convenues d'appliquer le taux de 6 % au débit et celui de 4 % au crédit.

Interprétations. — La clause du contrat fixant les intérêts du débit à 6 % et ceux du crédit à 4 % donne lieu à diverses interprétations que nous allons examiner successivement.

PREMIÈRE INTERPRÉTATION

Les intérêts se calculent au taux débiteur (*le plus élevé*) sur toutes les sommes du débit et au taux créditeur sur toutes celles du crédit. Les partisans de ce système utilisent la méthode directe (voir modèle 9). Au lieu de faire la balance des nombres, on calcule les intérêts au taux du débit sur le total des N. débiteurs diminué des N. rouges de même nature et au taux du crédit sur le total des N. créditeurs diminué également des N. rouges correspondants.

Cette interprétation est tout à fait contraire à la logique et à l'équité, car

a) si le solde du compte reste toujours débiteur ou créditeur, il ne peut être question de taux différents à appliquer pour les sommes du débit et pour celles du crédit. Il est évident qu'un compte dont le solde reste toujours créditeur ne peut donner lieu au calcul d'intérêts débiteurs et réciproquement ;

Modèle 9

Taux différentiels constants. — Méthode progressive

1re interprétation (*illogique*)

Monsieur C. JAMART, son compte courant et d'intérêts arrêté le 31 mars 192... à la BANQUE DE LIÉGE

Dates	LIBELLÉS	Sommes	Echéances	Jours	Nombres	Dates	LIBELLÉS	Sommes	Echéances	Jours	Nombres
Janvier 1	Solde du compte précéd.	24.000 —	31 décem.	90	21600	Janvier 6	S/remise	9.000 —	9 janvier	81	7290
» 9	Impayé	600 —	25 décem.	96	576	» 15	S/remise	18.000 —	27 janvier	63	11340
» 24	N/remise	8.400 —	5 février	54	4536	Février 17	S/remise	7.200 —	26 février	33	2376
Février 11	Impayé	4.500 —	8 février	51	2295	» 26	S/remise	11.700 —	4 mars	27	3159
» 27	Impayé	3.600 —	14 février	45	1620	Mars 22	S/remise	30.000 —	25 mars	6	1800
Mars 28	Domiciliation	10.800 —	12 avril	**12**	**1296**						25965
	Intérêts 6 % s/29331	488 85			29331 (1)		Int. 4 % s/25965	288 50			
	Solde créditeur	23.799 65									
		76.188 50						76.188 50			
						Avril 1	Solde à nouveau	23.799 65			

[1] Le nombre 29331 s'obtient en soustrayant le nombre rouge 1296 du total des nombres noirs débiteurs.

b) si le compte est alternativement débiteur et créditeur, ce procédé peut encore conduire à ce résultat absurde de faire payer des intérêts débiteurs à un client qui en réalité aurait droit à des intérêts créditeurs.

Supposons, par exemple, qu'un compte présente le 1ᵉʳ janvier un solde à nouveau créditeur de 10.000 fr. et que le 11 janvier, cette somme soit retirée par le titulaire. Voyons comment s'établira l'extrait de compte le 31 mars.

Débit 6 %   X. son compte   **Crédit 4 %**

<table>
<tr><td>N/paiement</td><td>10.000</td><td></td><td>10</td><td>janv.</td><td>80</td><td>8000</td><td>Solde</td><td>10.000</td><td></td><td>31</td><td>déc.</td><td>90</td><td>9000</td></tr>
<tr><td>Int. 6%/₀ s/8000</td><td>133</td><td>33</td><td></td><td></td><td></td><td></td><td>Int. 4%/₀ s/9000</td><td>100</td><td></td><td></td><td></td><td></td><td></td></tr>
<tr><td></td><td></td><td></td><td></td><td></td><td></td><td></td><td>Solde débiteur</td><td>33</td><td>33</td><td></td><td></td><td></td><td></td></tr>
<tr><td></td><td>10.133</td><td>33</td><td></td><td></td><td></td><td></td><td></td><td>10 133</td><td>33</td><td></td><td></td><td></td><td></td></tr>
<tr><td>A nouveau</td><td>33</td><td>33</td><td>31</td><td>mars</td><td></td><td></td><td></td><td></td><td></td><td></td><td></td><td></td><td></td></tr>
</table>

On voit l'absurdité d'un tel résultat. Le client doit 33 fr. 33 d'intérêts au banquier alors que ce dernier a pu disposer pendant 10 jours des 10.000 fr. lui confiés et que logiquement c'est lui qui aurait dû payer des intérêts.

REMARQUE. — On pourrait également se servir de la *méthode rétrograde*, mais ce serait plus compliqué. Il faudrait réserver de chaque côté du compte deux colonnes de nombres : l'un pour les N. rouges ou positifs (intérêts totaux et ceux des sommes dont l'échéance est antérieure à l'époque), l'autre pour les N. noirs ou négatifs ; soustraire de part et d'autre les N. noirs des N. rouges et calculer les intérêts aux taux respectifs du débit et du crédit sur les différences obtenues.

DEUXIÈME INTERPRÉTATION

Le compte est traité comme si les taux étaient réciproques. Lors de l'arrêté (*fin d'année, de semestre ou de trimestre*), selon que la balance des N. ressort à l'avantage du banquier, ou au profit du client, on applique le taux du débit ou celui du crédit. Les Banques qui adoptent ce système utilisent généralement la méthode rétrograde.

Cette solution est plus équitable que la précédente, mais elle ne répond pas à l'idée que nous nous faisons des comptes à taux différentiels. En effet, aucune distinction n'est faite entre les périodes où le compte a été débiteur et celles où il a été créditeur. Or, l'application de deux taux différents a précisément pour but de faire cette distinction et les risques courus par le banquier, quand il s'est trouvé à découvert, justifient l'application d'un taux plus élevé. Le but n'est donc pas atteint. Cette façon de traiter le compte ne peut qu'avantager le client au détriment du banquier puisque l'on compense des nombres à 6 % avec des nombres à 4 %.

En appliquant cette interprétation au compte précédent, on trouverait que le client doit 56,10 fr. d'intérêts, tandis que nous avons trouvé qu'il était redevable de 200 fr. 35 suivant la première interprétation.

TROISIÈME INTERPRÉTATION

Le taux à appliquer dépend de la position du solde : quand celui-ci est débiteur, on utilise le taux le plus élevé ; quand il est créditeur, on applique le taux le plus faible.

Cette façon d'envisager la question est la seule qui soit logique et qui réponde réellement à la convention, expresse ou tacite, qui a été conclue entre les parties lorsqu'elles ont décidé d'adopter un taux pour le débit et un autre pour le crédit. Aussi cette interprétation est aujourd'hui admise par la plupart des maisons de banque. Il résulte que :

1º UN COMPTE QUI NE CHANGE PAS DE POSITION, c'est-à-dire dont le solde reste constamment débiteur ou créditeur donne lieu à l'application d'un *seul* taux, soit le plus élevé, soit le plus faible. C'est donc un compte à taux réciproques et il nous sera inutile de prendre un tel exemple.

2º SI LE COMPTE CHANGE DE POSITION, il faudra appliquer le taux du débit lorsque le solde sera débiteur et le taux du crédit dans le cas contraire. Mais ici encore il faut que les conventions déterminent si un capital exerce son influence sur le solde, lors de son *inscription* au compte ou à son *échéance*.

Choix des méthodes. — Ce que nous avons dit à ce sujet à propos des comptes à taux réciproques variables, s'applique également ici.

Lorsqu'on décide qu'un capital exerce son influence sur le solde *à partir de son échéance*, la méthode hambourgeoise ancienne se prête très facilement à la résolution de *tous* les comptes et ne nécessite aucun redressement.

Modèle 10

Taux différentiels constants — Méthode hambourgeoise ancienne
3ᵐᵉ interprétation *(premier cas)*

M. C. JAMART, son compte courant et d'intérêts
arrêté le 31 mars 192... à la BANQUE DE LIÉGE

Dates		LIBELLÉS	Nature	Sommes		Échéances		Jours	Nombres Débiteurs	Nombres Créditeurs
Janvier	9	Impayé	D	600	—	25	décem.	6	36	
»	1	Solde du compte précédent	D	24.000	—	31	décem.			
			D	24.600	—			9	2214	
»	6	S/remise	C	9.000	—	9	janvier			
			D	15.600	—			18	2808	
»	15	S/remise	C	18.000	—	27	janvier			
			C	2.400	—			9		216
»	24	N/remise	D	8.400	—	5	février			
			D	6.000	—			3	180	
Février	11	Impayé	D	4.500	—	8	février			
			D	10.500	—			6	630	
»	27	Impayé	D	3.600	—	14	février			
			D	14.100	—			12	1692	
»	17	S/remise	C	7.200	—	26	février			
			D	6.900	—			6	414	
»	26	S/remise	C	11.700	—	4	mars			
			C	4.800	—			21		1008
Mars	22	S/remise	C	30.000	—	25	mars			
			C	34.800	—			18		6264
»	28	Domiciliation	D	10.800	—	12	avril			
			C	24.000	—	31	*mars*	**12**		**2880**
		Int. 6 % s/7974 fr. 132,90								
		Int. 4 % s/4608 fr. 51,20							7974	4608
		Solde des intérêts	D	81	70					
			C	23.918	30					
Avril	1	Solde à nouveau	C	23.918	30	31	mars			

Si, au contraire, on convient que le compte change de position *dès que l'on inscrit* un capital qui modifie la nature du solde, on pourra appliquer indifféremment les méthodes progressive, rétrograde ou hambourgeoise nouvelle.

Premier cas

Les capitaux exercent leur influence sur le solde à partir de leur échéance

L'ancienne échelle à échéances ordonnées (voir modèle 10) fournit des N. noirs qui sont de la même nature que les soldes qui ont servi à les former. Par conséquent la somme des N. débiteurs représente le total des intérêts relatifs aux périodes pendant lesquelles le compte a été débiteur et d'autre part, le total des N. créditeurs donnera les intérêts pour les périodes où le solde a été créditeur.

Seul, le dernier nombre pourra être *rouge* car il nous sera impossible de le compenser par un nombre noir de nature inverse. Ainsi, dans le modèle 10, le nombre rouge **2880** représente des intérêts négatifs à 4 % puisqu'il provient d'un solde créditeur. Il sera par conséquent soustrait du total des N. noirs du crédit.

*\
* *

Certains établissements français, le Crédit Lyonnais, notamment, résolvent ces comptes en combinant la méthode rétrograde et l'ancienne échelle hambourgeoise (voir modèle 11).

Le compte est établi par la méthode rétrograde, comme si les taux étaient réciproques ; mais au lieu de faire la balance des N. noirs, on fait le calcul des intérêts sur une feuille annexe établie d'après l'ancienne méthode hambourgeoise, (modèle 10, sans dates ni libellés), et les totaux des N. débiteurs et des N. créditeurs sont reportés respectivement au débit et au crédit du compte. Si les calculs ont été bien faits, les colonnes de nombres de ce dernier doivent alors être bouclées. En effet, nous avons vu que, lorsque les taux sont réciproques, on obtient par les deux méthodes une balance de N. identique. Or, au lieu de porter dans le compte la balance obtenue par l'échelle hambourgeoise, (7974 – 4608) nous portons les éléments constitutifs de cette balance. Le résultat doit donc être le même.

Modèle 11

Taux différentiels constants — Méthode du Crédit Lyonnais
3me interprétation (*premier cas*)

Monsieur C. JAMART, son compte courant et d'intérêts arrêté le 31 mars 192... à la BANQUE DE LIÉGE

Dates		LIBELLÉS	Sommes		Echéances	Jours	Nombres	Dates		LIBELLÉS	Sommes		Echéances	Jours	Nombres
Janvier	1	Solde du c⁰ précédent	24.000	—	31 décemb.		Epoque	Janvier	6	S/remise	9.000	—	9 ja.vier	9	810
»	9	Impayé	600	—	25 décemb.	**6**	**36**	»	15	S/remise	18.000	—	27 janvier	27	4860
»	24	N/remise	8.400	—	5 février	36	3024	Février	17	S/remise	7.200	—	26 février	57	4104
Février	11	Impayé	4.500	—	8 février	39	1755	»	26	S/remise	11.700	—	4 mars	63	7371
»	27	Impayé	3.600	—	14 février	45	1620	Mars	22	S/remise	30.000	—	25 mars	84	25200
Mars	28	Domiciliation	10.800	—	12 avril	102	11016			Balance des N. rouges					36
		Balance des cap. 24.000			31 *mars*	90	21600			Intérêts 4 % s/4608	51	20			4608*
		Intérêts 6 % s/7974	132	90			7974'								
		Solde créditenr	23.918	30											
			75.951	20			46989				75.951	20			46989
								Avril	1	Solde à nouveau	23.918	30	31 mars		

* Ces deux nombres sont repris à l'échelle hambourgeoise annexée au compte (Mod. 10). Celle-ci constitue le véritable compte des intérêts. Les nombres de la méthode rétrograde ne servent que comme vérification.

Deuxième cas

Les capitaux exercent leur influence à partir de leur date d'inscription

Dans cette hypothèse (la moins usitée), nous pourrons employer indifféremment les méthodes directe, indirecte ou hambourgeoise nouvelle. Quelle que soit la méthode employée, nous diviserons le compte en périodes qui seront déterminées par la position du solde. Chacune des périodes constituera donc un compte sans changement de position et donnera lieu à l'application d'un seul des taux convenus. Le compte entier se transforme ainsi en une suite de comptes à taux réciproques constants ou, si l'on préfère, en un compte à taux réciproques variables. La seule différence est que les changements de taux au lieu d'être déterminés par les fluctuations du taux d'escompte de la Banque régulatrice, le seront par les changements de position du solde.

Il sera donc possible de compenser dans l'intérieur d'une même période des N. rouges par des N. noirs de nature inverse.

Composition des périodes. — Dates d'arrêté. — Puisque l'on admet que les capitaux exercent leur influence sur le solde à partir de leur date d'inscription, la fin de chaque période sera déterminée par la date d'inscription du capital qui amène le changement de position et ce capital lui-même sera compris dans la période qui finit ou dans celle qui commence selon que son échéance est antérieure ou postérieure à sa date d'inscription. Si l'échéance et la date coïncidaient, il serait indifférent de porter le capital dans l'une ou l'autre période. Par suite de l'inscription de cette somme, il se présentera généralement dans la période un solde (soit le premier, soit le dernier), de nature inverse aux autres.

Modèle 12

Taux différentiels constants — Méthode hambourgeoise nouvelle

3ᵐᵉ interprétation (*second cas*)

M. C. JAMART, son compte courant et d'intérêts
arrêté le 31 mars 192... à la BANQUE DE LIÉGE.

Dates		LIBELLÉS	Nature	Sommes	Echéances		Jours	Nombres		Intérêts	
								D	C	D	C
Janvier	1	Solde du cᵗ précédent	D	24.000	31	décembre	9	2160			
»	6	S/remise	C	9.000	9	janvier					
			D	15.000			15		2250		
»	9	Impayé	D	600	25	décembre					
			D	15.600	15	janvier	21	3276			
		Intérêts 6% s/balance							3186	53,10	
								5436	5436		
Janvier	15	S/remise	D	15.600	15	janvier	12	1872			
			C	18.000	27	janvier					
			C	2.400	24	janvier	3	72			
		Intérêts 4% s/balance							1944	21,60	
								1944	1944		
Janvier	24	N/remise	C	2.400	24	janvier	12		288		
			D	8.400	5	février					
Février	11	Impayé	D	6.000			3	180			
			D	4.500	8	février					
»	17	S/remise	D	10.500			18	1890			
			C	7.200	26	février					
			D	3.300	26	février	0				
		Intérêts 6% s/balance							1782	29,70	
								2070	2070		
Février	26	S/remise	D	3.300	26	février	6	198			
			C	11 700	4	mars					
»	27	Impayé	C	8.400			18	1512			
			D	3.600	14	février					
Mars	22	S/remise	C	4.800			39		1872		
			C	30 000	25	mars					
»	28	Domiciliation	C	34.800			18		6264		
			D	10.800	12	avril					
			C	24.000	31	mars	12	2880			
		Intérêts 4% s/balance						3546			39,40
		Balance des intérêts	D	65							65,00
			C	23.935				8136	8136	104,40	104,40
Avril	1	Solde à nouveau	C	23.935	31	mars					

Explications. — La remise faite le 15 janvier par le client modifie la nature du solde : le compte qui était débiteur devient créditeur. Il y a donc lieu d'appliquer, à partir de cette date, le taux du crédit ; d'où, au 15 janvier, un arrêté provisoire qui s'effectue suivant les explications déjà fournies à propos du modèle 5 page 27. A chaque changement de position, le même travail s'impose et le compte se trouve ainsi partagé en plusieurs périodes qui, considérées isolément, constituent des comptes à taux réciproques constants.

Modèle 13

Taux différentiels constants —
3ᵐᵉ interprétation
M. C. JAMART, son compte courant et d'intérêts

Dates		LIBELLÉS	Intérêts	Sommes		Échéances		Jours	Nombres
Janvier	1	Solde du compte précédent		24.000	—	31	décbre	Époque	36
»	9	Impayé		600	—	25	décbre	6	
		Intérêts 6 % s/balance N.	53,10						3186
									3186
		Ristourne des N. s/bal. des cap.							2340
		Balance des cap. fr. 2.400				24	*janvier*	24	576
		Intérêts 6 % s/balance N.	21,60						1944
									4860
Janvier	24	N/remise		8.400	—	5	février	36	3024
Février	11	Impayé		4.500	—	8	février	39	1755
		Intérêts 6 % s/balance N.	29,70						1782
									6561
Février	27	*Ristourne des N. s/bal. des cap.*							1881
Mars	28	Impayé		3.600	—	14	février	45	1620
		Domiciliation		10.800	—	12	*avril*	102	11016
		Balance des capit. fr. 24.000				31	*mars*	90	21600
		Balance des intérêts		65	—				
		Solde créditeur		23.935	—				
			104,40	75.900	—				36117

Explications. — Les dates d'arrêté ainsi que la composition
des périodes sont déterminées par le *livre des positions*. Le 15 janvier le solde devient créditeur; on arrête le compte à cette
date en appliquant la règle générale. Pour la seconde période,
nous avons conservé la même époque (31 décembre) et par
conséquent nous devons calculer les intérêts négatifs depuis
l'époque jusqu'à l'échéance de chaque somme. Mais les capitaux
inscrits dans la première période ont rapporté intérêts à 6 %
jusqu'au 15 janvier. C'est donc à partir de cette date qu'ils sont
placés à 4 % et nous devons décompter pour chacun d'eux
15 jours d'intérêts, c'est-à-dire puisque tous les N. sont négatifs,
porter au débit le N. 3690 (246,00 × 15) et au crédit 1350
(90,00 × 15) ou, ce qui revient au même, inscrire au débit la
différence entre ces N. (2340) déjà trouvée. A chaque arrêté les
mêmes opérations se répètent.

Méthode rétrograde
(second cas)
arrêté le 31 mars 192... à la BANQUE DE LIÉGE

Dates		LIBELLÉS	Intérêts	Sommes		Échéances		Jours	Nombres
Janvier	6	S/remise		9.000	—	9	janvier	9	810
		Balance des capitaux fr. 15.600				15	*janvier*	15	2340
		Balance des N. rouges							36
									3186
Janvier	15	S/remise		18.000	—	27	janvier	27	4860
									4860
		Ristourne des N. s/bal. des cap.							576
Février	17	S/remise		7.200	—	26	février	57	4104
		Balance des capitaux r. 3.300				26	*février*	57	1881
									6561
Février	26	S/remise		11.700	—	4	mars	68	7371
Mars	22	S/remise		30.000	—	25	mars	84	25200
		Intérêts 4 % s/balance N.	39,40						3546
			65						
			104,40	75.900	—				36117
		Solde à nouveau		23.935	—	31	mars	Époque	

On peut également dresser le compte en prenant pour
époque de chaque période, la date d'arrêté de la période précédente. Ainsi l'époque de la deuxième période serait le 15 janvier,
celle de la troisième le 24 janvier, celle de la quatrième le 26 février. De cette façon, il deviendrait inutile de faire la ristourne
des N. sur balance des capitaux, les intérêts *totaux* étant calculés
à chaque arrêté pour la durée seulement de la dernière période
écoulée. C'est là le principal avantage de ce procédé. On peut
y ajouter celui d'opérer sur des N. plus petits, mais en revanche
la diversité des époques successives dans les différents comptes
facilite de beaucoup les erreurs dans le chiffrage des jours.

Le procédé le plus pratique consiste à faire le calcul des
intérêts sur une feuille-annexe (voir modèles 7 et 15).

N. B. — Nous croyons inutile de dresser le compte par la
méthode progressive. Ce sera un excellent exercice à résoudre.

SECTION IV. — **Comptes à taux différentiels variables**

Les conventions stipulent généralement que les deux taux suivront les fluctuations du taux d'escompte de la Banque régulatrice, sous réserve d'un *maximum* pour le taux du crédit et d'un *minimum* pour celui du débit.

Dans ce cas, il faut arrêter le compte, non seulement aux changements de position, mais encore à chaque variation du taux régulateur, à moins que, par suite du maximum ou du minimum fixé, le taux appliqué pour la période en cours ne doive rester stationnaire.

Supposons que pour le compte précédent, il ait été convenu que le taux du *débit* serait supérieur de $^1/_2$ % au taux régulateur avec un *minimum* de 5 % et que celui du *crédit* serait inférieur de $^1/_2$ % à ce même taux régulateur avec un *maximum* de 4 %. Supposons encore que le taux d'escompte de la Banque Nationale qui était d'abord de 4 % monte à 5 % le 10 février et retombe à 3 $^1/_2$ % à partir du 15 mars.

Nous n'envisagerons que la 3ᵉ interprétation des comptes à taux différentiels. Nous savons que deux cas sont à considérer selon que les capitaux exercent leur influence sur le solde à partir de leur *échéance* ou à leur *date d'inscription*.

Suivant ce qui a été dit quant au choix des méthodes à employer, nous dresserons le compte par l'ancienne échelle hambourgeoise dans le premier cas et par la méthode progressive dans le second cas.

Disons que pour ces comptes, très rares du reste, la méthode hambourgeoise à échéances ordonnées est seule pratique, les autres nécessitant trop d'arrêtés. Il sera souvent préférable de calculer immédiatement les intérêts au lieu de chiffrer les nombres.

Modèle 14

Taux différentiels variables. — Méthode hambourgeoise ancienne

3ᵐᵉ interprétation (*premier cas*)

Monsieur C. JAMART, son compte courant et d'intérêts
arrêté le 31 mars 192... à la BANQUE DE LIÉGE.

Dates		LIBELLÉS	Nature	Sommes		Echéances		Jours	Intérêts Débiteurs		Intérêts Créditeurs	
									5 %		3,5 %	
Janvier	9	Impayé	D	600	—	25	décembre	6	0	50		
»	1	Solde du compte précédent	D	24.000	—	31	décembre					
			D	24.600	—			9	30	75		
»	6	S/remise	C	9.000	—	9	janvier					
			D	15.600	—			18	39	—		
»	15	S/remise	C	18.000	—	27	janvier					
			C	2.400	—			9			2	10
»	24	N/remise	D	8.400	—	5	février					
			D	6.000	—			3	2	50		
Février	11	Impayé	D	4.500	—	8	février					
			D	10.500	—							
						9	*février*	1	1	46		
									5,5 %		4 %	
			D	10.500	—	9	*février*	5	8	02		
Février	27	Impayé	D	3.600	—	14	février					
			D	14.100	—			12	25	85		
Février	17	S/remise	C	7.200	—	26	février					
			D	6.900	—			6	6	33		
Février	26	S/remise	C	11.700	—	4	mars					
			C	4.800	—	*14*	*mars*	10			5	33
									5 %		3 %	
			C	4.800	—	*14*	*mars*	11			4	40
Mars	22	S/remise	C	30.000	—	25	mars					
			C	34.800	—			18			52	20
»	28	Domiciliation	D	10.800	—	12	avril		(*)			
			C	24.000	—	*31*	*mars*	**12**	24	—		
	Solde des intérêts		D	74	38							
	Com. de découv. ¹/₃ % s/24.600		D	30	75						74	38
			C	23.894	87				138	41	138	41

(*) Si nous avions opéré par les nombres, le dernier de ceux-ci
(24.000 × 12) eût été porté en rouge au crédit. Nous avons calculé l'intérêt
de 24.000 francs pendant 12 jours à 3 % et nous l'avons ajouté au débit
au lieu de le soustraire des intérêts créditeurs.

Modèle 15   **Taux différentiels variables. —**

3me interprétation

M. C. JAMART, son compte courant et d'intérêts

Dates		LIBELLÉS	Sommes		Échéances		Jours	Nombres
Janvier	1	Solde du compte précédent	24 000	—	31	décembre	90	21600
»	9	Impayé	600	—	25	décembre	96	576
»	24	N/remise	8.400	—	5	février	54	4535
Février	11	Impayé	4.500	—	8	février	51	2295
»	27	Impayé	3.600	—	14	février	45	1620
Mars	28	Domiciliation	10.800	—	12	avril	12	**1296**
		Intérêts 5 % s/3186	44	25				
		Intérêts 3 ½ % s/1944	18	90				
		Balance des Nombres 5 %						48
		Intérêts 5,5 % s/1830	27	96				
		Intérêts 4 % s/366		07				
		Balance des Nombres 3 %						3912
		Commission 1/16 % s/75.900	47	44				
		Solde créditeur	23.890	65				
			75.933	27				34587

FEUILLE-ANNEXE

LIBELLÉS	Sommes				Jours	Nombres	
	Débit		Crédit			Débiteurs	Créditeurs
Totaux au 15 janvier	24.600	—	9.000	—	75	22176	7290
Balance des capitaux			15.600	—			11700
Balance des N. 5 %							3186
	24.600	—	24.600	—		22176	22176
Totaux au 24 janvier	24.600	—	27.000	—	66	22176	18630
Balance des capitaux	2 400	—				1584	
Balance des N. 5 %							3186
Balance des N. 3 ½ %							1944
	27.000	—	27.000	—		23760	23760
Totaux au 9 février	33.000	—	27.000	—	50	26712	18630
Balance des capitaux			6.000	—			3000
Balance des N. 5 %							3186
Balance des N. 3 ½ %							1944
Balance des N. 5 %						48	
	33.000	—	33.000	—		26760	26760

Méthode progressive
(second cas)

arrêté le 31 mars 192... à la BANQUE DE LIÉGE.

Dates		LIBELLÉS	Sommes		Échéances		Jours	Nombres
Janvier	6	S/remise	9.000	—	9	janvier	81	7290
»	15	S remise	18.000	—	27	»	63	11340
Février	17	S/remise	7.200	—	26	février	33	2376
»	26	S/remise	11.700	—	4	mars	27	3159
Mars	22	S/remise	30.000	—	25	»	6	1800
		Balance des nombres rouges						1296
		Balance des N. 5 %						3186
		Balance des N. 3 ½ %						1944
		Intérêts 5 % s/48	0	67				
		Balance des N. 5.5 %						1830
		Balance des N. 4 %						366
		Intérêts 3 % s/3912	32	60				
			75.933	27				34587
Avril	1	Solde à nouveau	23.890	65	31	mars		

FEUILLE-ANNEXE *(suite)*

LIBELLÉS	Débit		Crédit		Jours	Débiteurs	Créditeurs
Totaux au 26 février	37.500	—	34 200	—	33	29007	21006
Balance des capitaux			3.300	—			1089
Balance des N. 5 %							3186
Balance des N. 3 ½ %							1944
Balance des N. 5 %						48	
Balance des N. 5 ½ %							1830
	37.500	—	37.500	—		29055	29055
Totaux au 14 mars	41.100	—	45.900	—	17	30627	24165
Balance des capitaux	4.800	—				816	
Balance des N. 5 %							3186
Balance des N. 3 ½ %							1944
Balance des N. 5 %						48	
Balance des N. 5 ½ %							1830
Balances des N. 4 %							366
	45.900	—	45.900	—		31491	31491

Avantages et inconvénients de chaque méthode.

MÉTHODE PROGRESSIVE

Avantages. — Elle est claire, simple, conforme aux règles appliquées en toutes circonstances aux calculs d'intérêts et d'escompte. Partant, elle peut être aisément comprise et vérifiée par tous.

Prétendus inconvénients. — 1° Il faut connaître la date de clôture pour chiffrer les jours et les nombres. Cet inconvénient, s'il était réel, serait de bien faible importance, car les dates des arrêtés périodiques des comptes sont toujours connues d'avance et ce n'est que dans des cas très rares (faillite, liquidation, décès), qu'il sera nécessaire de clôturer anticipativement. De plus nous avons eu l'occasion de voir (modèle 6), qu'il suffisait d'une simple ristourne d'intérêts pour arrêter un compte à une date antérieure à l'époque primitivement choisie. Celle-ci peut donc, à la rigueur, être prise arbitrairement.

2° La méthode progressive donne lieu à beaucoup de nombres rouges. Dans les Banques, avons-nous dit, les remises sont généralement escomptées. En conséquence, il y aura rarement des échéances postérieures à la date de clôture. Néanmoins, s'il doit s'en produire, on peut toujours éviter les nombres rouges, ou du moins les rendre très rares, en prenant comme époque une date suffisamment éloignée et en procédant à une ristourne d'intérêts pour arrêter au moment voulu.

MÉTHODE RÉTROGRADE

Avantages. — 1° Il n'est pas nécessaire de connaître la date de clôture et l'on peut faire le chiffrage au jour le jour.

2° La méthode rétrograde, dit-on, supprime les nombres rouges. Cet avantage est plus théorique que pratique, car nous avons vu qu'il se présente des nombres rouges lorsque, par suite d'omissions dans le compte précédent ou de retours d'effets impayés, on doit inscrire des sommes dont l'échéance est antérieure à l'époque choisie. Cependant, il faut reconnaître qu'ils sont rares.

Inconvénient. — Elle est compliquée et de compréhension très difficile. Partant les extraits de compte dressés par indirecte peuvent rarement être vérifiés par les titulaires.

MÉTHODE HAMBOURGEOISE

Avantages. — 1° Elle est conforme à la signification exacte du compte courant et d'intérêts en ce sens que c'est le *solde* qui est productif d'intérêts.

2° Elle est aisée à comprendre et à vérifier.

3° Lorsque les taux sont différentiels, elle ne peut se prêter à de fausses interprétations toujours préjudiciables à l'une des parties. Elle donne d'une façon certaine le résultat juste et devrait toujours servir à vérifier l'exactitude des deux autres méthodes.

Prétendus inconvénients. — 1° Par suite des additions et soustractions continuelles pour obtenir le solde, elle peut donner lieu à des erreurs. C'est là un danger que présente tout document qui comporte des calculs et il serait malavisé d'articuler ce grief uniquement contre la méthode hambourgeoise.

2° Certains auteurs prétendent encore que pour dresser un compte par l'échelle hambourgeoise, il faut attendre la date de clôture afin de pouvoir classer les capitaux suivant l'ordre des échéances.

Il n'y a qu'un seul cas, où il peut être nécessaire d'employer la forme ancienne de la méthode *(à échéances ordonnées)* c'est lorsqu'il s'agit d'un compte à taux *différentiels,* susceptible de *changer de position* et pour lequel on a admis que les capitaux exerceraient leur influence sur le solde à partir de leur *échéance.*

Dans tous les autres cas, on peut employer la méthode hambourgeoise à échéances interverties et chiffrer au jour le jour suivant les explications qui ont été données (modèle 4).

Conclusion. — La méthode hambourgeoise est celle qui offre le plus d'avantages et qui conduit le plus sûrement au résultat juste dans tous les cas. Lorsqu'il s'agit de comptes à taux différentiels, elle est toujours préférable aux deux autres méthodes.

Pour les comptes à taux réciproques, les méthodes directe et indirecte peuvent lui être préférées parce qu'elles présentent le compte comme dans un grand-livre ordinaire, c'est-à-dire le débit sur la page de gauche et le crédit sur celle de droite, mais les quelques avantages signalés pour la méthode rétrograde ne justifient pas, à notre sens, la faveur presque exclusive dont elle jouit auprès de la plupart des maisons de banque belges et françaises.

N. B. — Les comptes courants en monnaies étrangères seront étudiés dans la troisième partie de l'ouvrage.

PREMIÈRE PARTIE

CHANGE

CHAPITRE PREMIER

LA MONNAIE

La monnaie est une marchandise intermédiaire qui sert à fixer la valeur des autres marchandises.

Les anciens ne connaissaient pas la monnaie et échangeaient des produits contre d'autres produits. C'était le troc, encore en usage aujourd'hui chez quelques peuplades sauvages.

On comprend les inconvénients d'un tel système :

1° On rencontrait difficilement une contre-partie disposée à échanger ses produits contre ceux qui lui étaient offerts ;

2° Du fait que l'on manquait d'un terme de comparaison, les échangeurs se mettaient malaisément d'accord sur la valeur relative des marchandises.

Cette dernière considération amena les peuples à choisir une marchandise d'un usage courant dans la contrée pour servir de commune mesure aux valeurs. Les peuples agriculteurs choisirent le blé, les peuples chasseurs, les fourrures, les peuples pasteurs, le bétail, etc.

Aujourd'hui, tous les peuples civilisés ont adopté l'or et l'argent. Ces deux métaux se recommandent par leurs qualités toutes spéciales :

1° Ils ont une *valeur intrinsèque propre* ; c'est là une condition indispensable, car une monnaie qui n'aurait qu'une valeur fictive serait dépréciée et ne serait pas acceptée en dehors du pays qui l'a émise ;

2° Par suite de leur *rareté*, ces métaux ont une valeur assez grande sous un faible poids et de plus, ils ne sont pas sujets à des fluctuations brusques et considérables.

3° Ils sont *homogènes*, c'est-à-dire que, quel que soit leur lieu d'origine, ils ont toujours la même composition et partant la même valeur;

4° Ils sont d'une *inaltérabilité* presque complète. L'or, par exemple, ne peut être attaqué que par l'eau régale;

5° Ils sont *malléables* et peuvent par conséquent recevoir des empreintes très nettes qui les garantissent contre la falsification;

6° Leur valeur n'est altérée ni par la *forme*, ni par la *division* en parcelles. Il n'en serait pas de même si le choix de l'homme s'était porté sur les pierres précieuses;

7° Enfin, en les alliant à une faible quantité de cuivre, on parvient à leur communiquer la *dureté* suffisante pour rendre le *frai* (usure) insignifiant.

CLASSIFICATION DES MONNAIES

Il y a lieu de distinguer :

1° Les **monnaies métalliques** existant sous forme de disques de métal. Elles se subdivisent en *monnaies principales* et en *monnaies auxiliaires*.

Les premières ont force libératoire illimitée, c'est-à-dire que le créancier est tenu de les accepter en paiement, quelle que soit l'importance de la somme due. En Belgique, avant le régime nouveau créé par la stabilisation, les pièces d'or et la pièce d'argent de 5 fr. constituaient les monnaies principales.

Les secondes sont des monnaies d'appoint qui ne servent qu'à régler de faibles sommes. Leur force libératoire est limitée par la loi. Suivant le métal qui entre dans leur composition on les dénomme *monnaies divisionnaires* (argent) ou *monnaies de billon* (nickel, bronze, cuivre, etc.).

2° Les **monnaies fiduciaires** (en papier) qui tirent leur valeur de la confiance que l'on accorde à l'émetteur.

On distingue : a) le *billet de banque* ou *monnaie de papier,* lequel peut toujours être échangé contre des monnaies métalliques;

b) le *papier-monnaie* qui lui n'est pas remboursable en espèces; il a *cours forcé*.

Le cours forcé a généralement pour conséquence de déprécier le papier, car il permet d'enfreindre la loi économique qui règle l'émission des billets de banque et dont nous parlerons plus loin à propos des banques de circulation. En Belgique, il est aisé de se rendre compte de la dépréciation subie par le franc-papier. Alors qu'en 1914, il fallait environ 5,18 fr. pour équivaloir un dollar, on payait le 14 décembre 1923 pour la même valeur 21,91 fr. A cette date le franc papier ne valait donc plus que les 23/100 du franc-or. Cette dépréciation s'aggrava jusqu'au moment où l'on prit les mesures nécessaires à la stabilisation de la monnaie.

L'unité monétaire d'un pays s'appelle la *monnaie de compte*. Celle-ci peut parfois être *fictive*; le franc par exemple n'a jamais existé en tant que pièce d'or et la pièce en argent à laquelle on attribuait cette valeur ne représentait pas le franc légal, son titre étant de 0,835 au lieu de 0,900. L'unité monétaire de l'union latine était donc une monnaie fictive.

FABRICATION

Les pièces de monnaie actuellement en usage sont, pour la plupart, composées de deux métaux alliés dans une proportion déterminée.

Les monnaies principales et les monnaies divisionnaires se composent d'un métal précieux (or ou argent) allié à une certaine quantité de cuivre.

Titre. — Le *titre* d'un alliage est le rapport entre le poids du métal fin qui entre dans sa composition et le poids total de l'alliage.

La pièce de 5 francs, par exemple, pèse 25 grammes, l'argent qu'elle contient pèse 22,5 grammes; son titre est donc

$$\frac{22,5 \text{ gr.}}{25 \text{ gr.}} = 0,900.$$

En ce qui concerne les monnaies, le titre est généralement exprimé en millièmes; il varie suivant les pays.

En Angleterre, le titre *Standard*, c'est-à-dire le titre légal, est pour les pièces *d'or* de 22 carats, soit 22/24 ou 0,916 $^2/_3$; le carat se divise en 4 grains. Pour les pièces *d'argent*, le titre *Stan-*

dard est de 222 *pennyweights* (dwts) soit 222/240 ou 37/40 ou 0,925.

Taille. — Pied. — La *taille* d'une pièce de monnaie est le nombre de pièces semblables que l'on peut fabriquer avec un certain poids d'alliage au titre déterminé par la loi.

Le *pied* est le nombre de pièces que l'on peut faire avec un certain poids de métal fin.

La pièce de 5 fr. est à la taille de 40, ce qui signifie que, avec un kilogramme d'argent au titre de 0,900, on peut fabriquer 40 pièces de 5 fr. Chaque pièce pèse donc 25 grammes.

Recherchons le *pied* de cette même pièce.

Sachant qu'il entre 22,5 gr. de métal fin dans chaque pièce, avec 1.000 gr. de fin, on pourra fabriquer 1.000 gr. : 22,5 gr. soit 44 $^4/_9$ pièces.

On voit que le rapport entre la taille et le pied d'une pièce de monnaie est le même que celui entre le poids du fin et le poids total, c'est-à-dire qu'il est égal au titre.

Ainsi, pour la pièce de 5 francs :

$$\frac{\text{taille}}{\text{pied}} \text{ o } \frac{40}{44\,^4/_9} = \frac{22,5}{25} = \frac{9}{10} \text{ ou } 0,900.$$

Valeur intrinsèque ou pair légal. — La valeur intrinsèque d'une pièce de monnaie dépend de la quantité de métal précieux qu'elle renferme. Elle représente la somme que l'on pourrait obtenir en transformant sans frais cette pièce en monnaie nationale.

Lorsque nous possédions le régime monétaire de l'Union latine, il fallait 1,000 grammes d'or à 9/10 ou 900 gr. d'or pur pour frapper 155 pièces de 20 francs et la même quantité d'argent permettrait de faire 40 pièces de 5 francs.

Il en résulte que :

900 gr. d'or pur valaient 3.100 fr.

900 gr. d'argent pur valaient 200 fr.

Selon qu'il s'agissait de calculer la valeur intrinsèque d'une pièce de monnaie étrangère d'or ou d'argent, on basait ses calculs sur la première de ces égalités ou sur la seconde.

Exemples. a) pièces d'or :

1. *Soit à calculer le pair légal de la livre sterling sachant que l'on frappe 1869 pièces par 40 livres troy au titre standard de 22 carats.*

```
X fr.          = 1 £
1869 £         = 40 lb alliage
12 lb alliage  = 11 lb or fin
1 lb fin       = 373,242 gr. fin
900 gr. fin    = 3.100 fr.
```

$$X = \frac{40 \times 11 \times 373{,}242 \times 3.100}{1.869 \times 12 \times 900} = 25{,}2215 \text{ fr.}$$

2. *Aigle américaine* (10 $) :

Taille : 80 pour 43 oz. troy
Titre : 0,900.

```
X fr.              = 1 pièce de 10 $
80 pièces          = 43 oz troy alliage à 0,9
1 oz all.          = 31,1035 alliage à 0,9
1.000 gr. à 0,9    = 3.100 fr.
```

$$X = \frac{43 \times 31{,}1035 \times 3.100}{80 \times 1.000} = 51{,}8262 \text{ fr.}$$

b) pièces d'argent :

3. *Florin P.-B.*

Poids : 10 grammes.
Titre : 0,945.

```
X fr.          = 1 fl.
1 fl.          = 10 gr. alliage à 0,945
1.000 gr. all. = 945 gr. fin
900 gr. fin    = 200 fr.
```

$$X = \frac{10 \times 945 \times 200}{1.000 \times 900} = 2{,}10 \text{ fr.}$$

4. *Couronne scandinave :*

Taille : 400 pour 3 kg.
Titre : 0,800.

$$X \text{ fr.} \qquad = 1 \text{ kr.}$$
$$400 \text{ kr.} \qquad = 3.000 \text{ gr. all. à } 0,8$$
$$1.000 \text{ gr. all.} = 800 \text{ gr. fin}$$
$$900 \text{ gr. fin} \quad = 200 \text{ fr.}$$

$$X = \frac{3.000 \times 800 \times 200}{400 \times 1.000 \times 900} = 1,33 \,{}^{1}/_{3} \text{ fr.}$$

Pair commercial. — Le pair commercial est le prix de revient de la pièce. Il comprend d'abord la valeur de la matière première (le métal précieux entre seul en ligne de compte) ; ensuite, les frais de *monnayage* qui englobent les autres éléments du prix de revient (approvisionnements, main-d'œuvre, frais généraux, etc.).

Un décret du 31 octobre 1879 a fixé ces frais de monnayage à 6,70 fr. pour un kg. d'or au titre de 0,9 [1].

Cette donnée permet de déduire le *pair commercial* de l'*or*.

1 kg. d'or au titre de 0,9 permet de fabriquer 155 pièces de 20 fr. (taille) soit une somme de 3.100 fr. Mais le particulier qui ferait frapper ces pièces devrait payer 6,70 fr., ce qui réduit le revenu du lingot à 3.093,30 fr. Puisque 900 gr. d'or *pur* valent 3.093,30, le *pair commercial* du kilogramme d'or pur ressort à

$$\frac{3.093,30 \times 1.000}{900} = 3.437 \text{ fr.}$$

Valeur marchande. — La valeur marchande des pièces de monnaie comme celle de toute autre marchandise dépend de la loi de l'offre et de la demande.

RÉGIMES MONÉTAIRES

Etalon monétaire. — L'étalon monétaire est le métal précieux qui entre dans la composition des pièces *types,* lesquelles ont force libératoire illimitée.

Régimes. — Suivant qu'un Etat adopte un étalon unique ou un étalon double il est dit **monométalliste** ou **bimétalliste.**

---

[1] Ce tarif n'a pas été modifié depuis, mais on conçoit qu'il n'a plus dans notre pays qu'une valeur théorique.

Aujourd'hui la plupart des Etats ont adopté le régime *mono-métalliste-or*.

Quant aux pays *bimétallistes*, ils s'efforcent d'abandonner ce régime qui présente, ainsi que nous allons le voir, de multiples inconvénients.

Union latine

Dans les pays *bimétallistes*, l'or et l'argent ayant pouvoir libératoire illimité, force a été d'établir entre ces deux métaux un rapport, nécessairement fictif. Nous avons vu que dans notre pays 900 gr. or pur permettaient de fabriquer 155 pièces de 20 fr., soit 3.100 fr., alors que 900 gr. argent pur produisaient 40 pièces de 5 fr., soit 200 fr. En fixant ainsi la taille des pièces de monnaie *types*, la loi déclarait qu'à poids égal, l'or vaut 15 ¹/₂ fois plus que l'argent (3100 : 200).

Ce rapport présente le grand inconvénient d'être fixe, alors que le rapport réel existant entre la valeur marchande des deux métaux a subi au cours des temps des fluctuations notoires qui eurent toujours des conséquences regrettables pour les pays bimétallistes.

Vers l'année 1850, on découvrit en Australie et en Californie d'importantes mines d'or qui firent diminuer considérablement la valeur de ce métal. Il s'ensuivit une exportation inquiétante de pièces d'argent et la Suisse en 1860, l'Italie en 1862, la France en 1864 réduisirent le titre de leurs pièces d'argent, la pièce de 5 francs exceptée. C'est alors que la Belgique proposa à ces divers Etats d'adopter un même régime monétaire, connu sous le nom d'**Union latine**. Les pièces d'argent divisionnaires étaient frappées par l'Etat et leur titre était abaissé de 0,900 à 0,835. La frappe des pièces d'or et des pièces de 5 fr. au titre de 0,900 restait libre. En 1868, la Grèce adhéra à l'Union.

En 1870, la découverte en Amérique de mines d'argent d'une richesse extraordinaire amena une dépréciation considérable du métal blanc dont la valeur représenta bientôt la trentième partie à peine de celle de l'or. Les négociants des pays bimétallistes se virent forcés de régler en or leurs dettes à l'étranger ; la bonne monnaie s'écoula dans les pays voisins et la monnaie dépréciée resta chez eux, obéissant ainsi à la loi de *Gresham* suivant laquelle : « La mauvaise monnaie chasse la bonne ».

Dès l'année 1870, Bismarck sut prévoir que l'ancien rapport entre l'or et l'argent ne pourrait résister et il fit adopter à l'Allemagne l'étalon unique d'or. La monnaie d'argent de ce pays fut démonétisée et fondue, ce qui créa un nouveau stock disponible.

Mais du fait que, dans les pays de l'Union latine, la frappe des pièces de 5 fr. était restée libre, on vit affluer aux Hôtels des monnaies, de Paris et de Bruxelles notamment, des stocks considérables d'argent destinés à être frappés en pièces de 5 fr. échangeables contre de l'or au rapport de 15 $^1/_2$. M. Frère-Orban dévoila la manœuvre et les Etats de l'Union décidèrent en 1874 la limitation et en 1878 la suppression du monnayage de l'argent.

En 1885, la convention fut renouvelée jusqu'au 1er janvier 1891 et il fut convenu qu'elle se renouvellerait ensuite d'année en année par tacite reconduction. En cas de dénonciation de l'un des Etats contractants, la convention cesserait d'exister le 1er janvier de la seconde année suivant cette dénonciation.

En résumé, le système monétaire des Etats de l'Union était un régime intermédiaire entre le monométallisme-or et le bimétallisme intégral. En supprimant les monnayages d'argent pour compte des particuliers, et en le limitant au strict nécessaire pour leur compte personnel, ils avaient créé un régime parfois désigné sous le nom de *bimétallisme boiteux*.

La guerre et les perturbations profondes qu'elle apporta dans la situation monétaire des Etats belligérants vinrent rendre impossible la continuation de cette entente.

En 1921 la Suisse dut déclarer non coursables chez elle les pièce de monnaie des Etats co-contractants. Fin 1925, la Belgique, qui préparait la stabilisation de sa monnaie, fit savoir qu'elle désirait se retirer de l'Union latine. Enfin, à la suite d'une notification faite par la Suisse aux autres Etats, la convention monétaire a cessé d'exister depuis le premier janvier 1927. Chaque Etat a repris sa liberté d'action et il est fort probable que tous finiront par adopter l'étalon unique d'or ou au moins l'étalon de change-or, c'est-à-dire la libre convertibilité des billets contre des devises-or (Gold-Exchange Standard).

LE BELGA

Depuis le 26 octobre 1926, la Belgique possède une nouvelle monnaie de compte appelée *belga*.

Le 25 octobre 1926, une édition spéciale du *Moniteur belge* a publié le texte du rapport au Roi et les divers arrêtés relatifs à la stabilisation.

Le premier de ces documents rappelle les différentes mesures qui précédèrent et préparèrent la stabilisation : fixation des annuités destinées à éteindre nos dettes envers les Etats-Unis et la Grande Bretagne, réduction des dépenses budgétaires, vote de quinze cents millions d'impôts nouveaux ; création d'un fonds autonome chargé d'amortir la dette tant flottante que consolidée ou aménagement de la dette flottante intérieure.

Les arrêtés royaux consacrent principalement :

1° La stabilisation du franc belge au cours de 175 fr. pour une livre sterling-or.

2° La création d'une monnaie de change égale à cinq fois le franc belge ainsi fixé et dénommée « belga ».

3° L'autorisation accordée au Ministre des Finances de contracter à l'étranger un emprunt à long terme d'un montant total effectif n'excédant pas cent millions de dollars.

4° La réduction de la dette de l'Etat envers la Banque Nationale au chiffre maximum de 2.000.000.000 de fr. (au jour de l'arrêté cette dette s'élevait à 6.705.000.000 fr.) par le versement à la Banque Nationale du produit de l'emprunt extérieur et par la réestimation au taux du franc stabilisé de l'encaisse de l'Institut d'émission.

5° L'abolition du cours forcé et l'institution du régime de l'étalon de change-or (Gold-Exchange Standard).

La loi organique de la Banque Nationale a subi les retouches indispensables à la mise en œuvre de la stabilisation. La couverture des billets qui était avant la guerre et encore d'après la loi du 26 février 1926 de 33 $^1/_3$ % est augmentée et portée à un minimum de 40 % dont 30 % en or et le solde en devises-or. En outre la banque dispose de ressources lui permettant de porter cette réserve légale à une moyenne de 50 % et de la maintenir à ce taux aussi longtemps que les circonstances économiques le comporteront. De plus, la Banque Nationale possède une importante réserve de change qui lui permettra de faire face aux éventualités de la situation économique.

Rien n'est modifié aux lois existantes quant à la force libératoire des billets et à l'obligation pour les caisses publiques et les particuliers de les recevoir comme monnaie légale. Le franc garde donc son rôle dans l'économie nationale et continue à servir et à circuler dans le pays.

Mais comme il importe qu'au point de vue du change, c'est-à-dire des relations internationales une mesure apparente signale au monde le profond changement opéré dans la circulation fiduciaire de la Belgique, l'arrêté royal prévoit que :

Le change du franc belge sur l'étranger s'établit au multiple de cinq francs.

La Banque Nationale adopte le même multiple comme base de ses remboursements en espèces, lesquels se feront à vue en or, en argent à sa valeur or ou en devises or sur l'étranger au choix de la banque. Ce multiple est seul coté en vue du change et porte à cette fin le nom de « belga ». Il est interdit de publier le change du franc belge sous une autre forme.

La parité avec les monnaies étrangères est établie à raison d'un poids d'or fin de gr. 0,209211 au belga.

Ce poids de gr. 0,209211 d'or fin par lequel l'arrêté-loi définit le belga correspond à la 35me partie du poids de métal précieux contenu dans le Souverain anglais. Ainsi que nous l'avons vu, la frappe de celui-ci est de 1869 par 40 livres-troy de métal au titre standard.

Le franc-papier stabilisé représente donc la 175me partie de ce poids ou le cinquième de gr. 0,209211, soit gr. 0,041842 d'or fin.

Sachant que le franc-or contenait gr. 0,29032 de fin, nous pouvons établir que :

    1 belga   = 0,7206 franc-or.
    1 franc-papier = 0,14412 franc-or.

Par contre :

$$1 \text{ franc-or} = \frac{0,29032}{0,209211} = 1,38769 \text{ belga ou } 6,93845 \text{ fr. stabilisés.}$$

Si nous voulons déterminer en fonction du belga la valeur intrinsèque des monnaies des autres pays, nous devons donc tenir compte de ce que le belga représente gr. 0,209211 d'or fin.

On trouvera dans le tableau ci-dessous, la parité exprimée en francs-or et en belgas des monnaies de comptes des principaux pays.

MONNAIE DE COMPTE DES PRINCIPAUX PAYS

PAYS	Monnaie de compte	Valeur intrinsèque	
		en francs-or	en belgas
Allemagne	reichsmark	1,2345	1,7131
Argentine	peso-or	5	6,93845
Australie	livre	25,22	35
Autriche	shilling	0,73	1,013
Belgique	belga	0,7206	1
Brésil	milreis	2,832	3,93
Bulgarie	lew	1	1,38769
Chili	peso	0,63	0,8742
Colombie	peso	5,08	7,0494
Danemark	couronne	1,389	1,9275
Egypte	livre égyptienne	25,618	35,5498
Espagne	peseta	1	1,38769
Esthonie	mark	1,2345	1,7131
Etats-Unis	dollar	5,1825	7,1917
Finlande	mark	0,13	0,1804
France	franc	1	0,28178
Grande-Bretagne	livre sterling	25,2215	35
Grèce	drachme	1	1,38769
Hongrie	pengoe	0,906	1,2572
Italie	lire	0,2727	0,37842
Japon	yen	2,58	3,5802
Lettonie	lat	1	1,38769
Lithuanie	lit	0,50	0,6938
Mexique	piastre	2,58	3,5802
Norwège	couronne	1,389	1,9275
Pays-Bas	florin	2,0832	2,8908
Pérou	livre péruvienne	25,22	35
Pologne	zloty	0,531	0,73686
Portugal	escudo	5,60	7,771
Roumanie	leu	1	1,38769
Suède	couronne	1,389	1,9275
Suisse	franc	1	1,38769
Tchéco-Slovaquie	couronne	1,05	1,457
Turquie	livre turque	22,78	31,6115
U. R. S. S.	tchervonets	26,67	37,009
Uruguay	peso	5,37	7,4518
Vénézuela	bolivar	1	1,38769
Yougoslavie	dinar	1	1,38769

CHAPITRE II

COMMERCE DES MÉTAUX PRECIEUX

Les métaux précieux sont importés principalement de l'Australie, de la Californie, de l'Afrique australe, du Brésil, du Pérou et du Chili.

Leur prix, très variable au lieu d'origine, devient à peu près constant sur les grands marchés où on les transporte. Les principaux marchés du monde sont : Londres, Paris, New-York.

L'or nous arrive sous forme de lingots, de poudre ou de monnaies étrangères. Les lingots, de 6 à 7 kg., sont expédiés dans de fortes caisses en bois cerclées de fer ; la poudre arrive dans des boîtes en zinc soudées et les pièces sont emballées dans de solides barils.

L'argent revêt également divers aspects suivant son lieu d'origine. La Californie nous l'envoie sous forme de barres rectangulaires dont le titre est très variable et qui pèsent 1.000 à 1.500 onces Troy.

Celui qui provient du Chili ou du Pérou a la forme de barres cylindriques d'un poids de 2.000 à 3.000 onces Troy au titre de 0,950 à 0,999.

A leur arrivée, les métaux précieux sont *essayés* et marqués d'une estampille indiquant le poids et le titre du lingot, la date et le lieu de l'essayage. Si le titre est trop faible, ils sont *affinés* et *refondus*.

Les différents frais ainsi que les usages commerciaux relatifs au trafic des métaux précieux varient d'une place à l'autre et subissent, pour le même marché, des changements assez fréquents.

COTE DES MÉTAUX PRÉCIEUX

Les métaux précieux se négocient à la Bourse et leur *valeur commerciale* varie, d'après la loi de l'offre et de la demande. Cette valeur est indiquée à la cote des métaux précieux qui diffère suivant les pays.

Certaines places donnent *directement* la valeur d'un poids déterminé d'or ou d'argent, d'autres indiquent un tantième pour cent ou pour mille de *prime* ou de *perte* sur le pair commercial. Enfin, tandis que sur la plupart des marchés, les cotes s'entendent pour le *métal pur,* sur quelques places, elles s'appliquent à des *lingots à un titre étalon* (titre standard).

Cote de Paris.

Avant la guerre, le *Bulletin Officiel* renseignait chaque jour :

1° pour l'**or**, l'*agio,* c'est-à-dire le tantième pour mille de *prime* ou de *perte* sur le *pair commercial* du kilog d'or pur (3.437 fr.).

2° pour l'**argent**, le prix d'un kilog d'argent pur.

3° pour les **monnaies étrangères**, leur valeur en francs par *unité.*

Exemple :   *Cote du 16 janvier 1914.*

MATIÈRES D'OR, D'ARGENT, ETC.

Or en barre à 1000/1000. Le kilogr. 3.437 fr. Pair		à 1 °/₀₀ prime
Argent en barre à 1000/1000. Le kilogr.	98,50	à	100,50
Quadruples Espagnols	79,50	à	81,50
Dº Colombiens et Mexicains	80,50	à	....
Piastres mexicaines	2,38	à	2,41
Souverains Anglais	25,27	à	25,31
Banknotes	25,23 1/2	à	25,26
Aigle des Etats-Unis	50,70	à	....
Guillaume (20 marks)	24,55	à	24,60
Impériales (Russie) titre 916 millièmes	20,55	à	20,60
Dº nouv. titre 900 millièmes	40	à	....
Dº dº 1/2 Impér., titre 900 mill.	20	à	....
Couronnes de Suède	27,50	à	....

Actuellement, la cote officielle ne donne plus le cours des métaux précieux. Les journaux financiers renseignent cependant les prix moyens auxquels se font les négociations. La prime sur l'or étant devenue trop forte, on indique le prix en francs du kilogramme à 1000/1000.

Exemple :   Cours du 9 mars 1928.

     Or ... ... le kg. 17.500
     Argent ... ... le kg.   540
     Platine ... ... le kg. 72.000

EXERCICE. *Calculer la valeur d'un lingot d'or pesant 4 kg. 600 au titre 0,850, l'or étant coté 17.500 fr.*

Poids du fin contenu dans le lingot : 4 k. 6 × 0,850 = 3 k. 910.
Valeur du lingot : 17.500 × 3,910 = 68.425 fr.

Cote de Londres.

La cote de Londres renseigne actuellement :

1° pour l'**or** et le **platine** la valeur en shillings et pence d'une once Troy de métal fin [1] ;

2° pour l'**argent**, la valeur en shillings et pence d'une once Troy d'alliage au titre *standard* (222/240 ou 0,925).

3° pour les **monnaies étrangères**, la valeur en shillings et pence d'une once Troy de ces pièces, sauf pour les écus de 5 fr. qui sont cotés à tant la pièce.

EXEMPLE :

     Or ... ...   84/11 $^1/_4$
     Platine ... ...   17 £
     Argent ... ...   26 $^3/_{16}$ d.

NOTATION ANGLAISE DU TITRE.

Anciennement, le titre des lingots d'or s'exprimait en *carats* ou 24mes. Le carat se divise en 4 *grains*. Un lingot au titre de 18 carats contient donc 18 parties de fin pour 6 parties de cuivre. Le titre *standard* ou étalon (celui des pièces d'or) est de 22 carats ou 22/24 ou 0,916 $^2/_3$.

---

[1] Cette façon de coter l'or est relativement récente. Avant il était coté par once Troy d'alliage au titre standard (22/24).

En ce qui concerne les lingots d'argent, le titre était exprimé en *pennyweights* ou 240mes. Lorsque l'on dit qu'un lingot est à 216 pennyweights cela signifie qu'il contient 216 parties de fin pour 24 parties de cuivre. Pour l'argent, le titre *standard* est de 222 pennyweights ou 222/240 ou 0,925.

Il arrive fréquemment que les lingots vendus à Londres n'ont pas le *titre standard*. Dans ce cas, leur titre réel était marqué au moyen d'une estampille, d'une façon toute spéciale :

Si le titre du lingot était *supérieur* au titre standard, on indiquait la lettre B (Better = meilleur), suivi du nombre de carats et de grains (pour l'or) ou du nombre de pennyweights (pour l'argent) qu'il fallait *ajouter* au titre standard pour avoir le titre réel.

Si le titre était *inférieur* au titre standard, l'estampille portait la lettre W (Worse = pire) et le nombre qui suivait devait être soustrait.

Actuellement cette notation est à peu près complètement abandonnée. Le titre des lingots étant exprimé en *millièmes* comme chez nous.

Cote de New-York. — L'or, l'argent et le platine sont cotés par once Troy de métal fin.

Exemple :

Or	\$	20,50
Platine	\$	76,50
Argent	Cents	59,75

Cote de Berlin. — L'or et l'argent sont cotés en Reichsmarks par kilogramme (parfois la livre métrique de 500 gr.) de métal fin.

Cote d'Amsterdam. — La cote indique en florins et cents la valeur du kilogramme de métal à 1000/1000.

REMARQUE. — Les monnaies étrangères ne sont payées à tant la pièce que pour autant qu'elles soient de fabrication récente et régulière. Le plus souvent, on les achète au poids d'après un titre adopté dans le tarif et toujours inférieur au titre droit. La Monnaie de Paris, par exemple, compte les pièces allemandes au titre de 0,8995, celles des Etats-Unis à 0,899 et les souverains anglais à 0,916.

ARBITRAGES SUR MÉTAUX PRÉCIEUX

Faire un arbitrage c'est examiner différents moyens qui permettent de réaliser une même opération et déterminer quel est parmi ceux-ci le plus avantageux.

Exemple : *Un banquier parisien désire acheter de l'or :*
à Paris, l'or est coté 16.950 ;

à Londres, il est coté 84/11 $^1/_2$; les frais d'envoi et d'assurance de Londres à Paris s'élèvent à 3 $^o/_{oo}$; le change est de 124,17 ;

à New-York, l'or vaut $ 20,55, les frais peuvent être évalués à 4 $^1/_2$ $^o/_{oo}$ et le change est à 25,48.

Où faut-il acheter ?

Pour déterminer la place la plus avantageuse, calculons le prix de revient de 1.000 gr. d'or pur achetés sur chacune d'entre elles.

a) Achat à **Paris.**

1.000 gr. d'or fin coûtent 16.950 fr.

b) Achat à **Londres.**

1 oz. troy d'or fin ou 31,1035 grammes coûtent 84/11 $^1/_2$ ou 1.019 $^1/_2$ d.

$$1.000 \text{ grammes coûtent } \frac{1.019,5 \text{ d.} \times 1.000}{31,1035} = 32.777 \text{ d.}$$

qui au cours de 124,17 représentent 16.958 fr. En y ajoutant les frais, le prix du kilogramme d'or pur revient à 17.008,87 fr.

c) Achat à **New-York.**

X fr.　　 = 1.000 gr. or pur

31,1035　 = 20,55 $

1 $　　　 = 25,48 fr.

1.000 fr. = 1.004,5 fr. (frais compris)

$$X = \frac{1.000 \times 20,55 \times 25,48 \times 1.004,5}{31,1035 \times 1 \times 1.000} = 16.910,28 \text{ fr.}$$

En conséquence, le banquier aura intérêt à acheter à New-York.

CHAPITRE III

CHANGES ÉTRANGERS

L'emploi du numéraire pour les paiements à l'étranger présente de nombreux inconvénients.

D'abord l'on ne trouve pas toujours sur place et en quantité suffisante les espèces nécessaires; d'autre part, leur envoi à l'étranger entraîne, outre les frais de transport et d'assurance, une perte d'intérêt pendant le voyage.

Le billet de banque est également peu employé dans les transactions internationales; la valeur de compensation principale est constituée par les effets de commerce, les chèques et plus souvent encore, les règlements se font par simples virements.

Supposons que D d'Amsterdam soit débiteur de 10.000 fl. envers C' de Bruxelles et que D' de Bruxelles doive à C d'Amsterdam une somme de même import.

Ces quatre commerçants, afin d'éviter le déplacement de numéraire, procéderont comme suit :

<pre>
        Amsterdam   Bruxelles
                         1. Traite tirée
                   ↑ D ←——————————— C' | 2. Négociation
4. Encaissement | C ←——————————— D' ↓   de la traite.
                         3. Endossement.
</pre>

C' fait traite sur D et la vend à son compatriote D'.

Celui-ci l'endosse à son créancier C qui se rend chez le tiré D pour en opérer l'encaissement.

Les deux dettes se trouvent ainsi réglées sans qu'il y ait eu transport de métal d'un pays à l'autre.

Mais comment D' saura-t-il qu'au moment où il a besoin d'une traite sur la Holande, C' en possède une, précisément de l'import voulu ?

C'est ici qu'apparaît la nécessité d'un intermédiaire : le *Banquier*.

Les négociants, tels que C′, qui possèdent des traites sur l'étranger, viendront les lui vendre, tandis que ceux, tels que D′, qui en cherchent, s'en rendront acquéreurs. Le prix auquel se règlent ces diverses transactions constitue le *cours du change* qui varie suivant la loi de l'offre et de la demande. Si à un moment donné, la Hollande est *créancière* de la Belgique, c'est-à-dire si le total de nos dettes envers la Hollande l'emporte sur le montant des créances que nous avons à y recouvrer, les acheteurs de papier hollandais seront plus nombreux que les vendeurs et le cours haussera ; dans l'hypothèse inverse, le cours baissera.

Cependant, *lorsque dans les deux pays circule l'unité monétaire or*, c'est-à-dire tant que les billets en circulation sont échangeables contre de l'or au gré du porteur, les cours du change se meuvent infailliblement entre *deux taux extrêmes au delà ou en deça desquels il deviendrait plus avantageux de régler en espèces métalliques*. Ces cours limites portent le nom de

GOLD POINTS

Afin de simplifier la compréhension de la théorie des gold points, supposons-nous à une date antérieure au mois d'août 1914, c'est-à-dire à l'époque où nos billets étaient librement échangeables contre des monnaies métalliques. Le pair intrinsèque du florin d'or était alors de 2,0832 fr. Si nous voulions nous libérer d'une dette de 100 florins, par un envoi d'espèces, nous devions payer 208,32 fr. plus des frais variables (primes sur l'or, transport, assurance, perte d'intérêts, etc.) qui pouvaient se chiffrer globalement à $^1/_2$ %. La dépense était de 209,36 fr. environ. Tant que nous pouvions trouver du papier sur la Hollande à un prix inférieur à ce taux, nous nous acquittions par voie de remise ; mais si le cours dépassait 209,36 fr., nous préférions exporter des espèces. Ce cours était le *gold point d'exportation*.

D'autre part, si un négociant hollandais nous devait 100 fl. et si nous lui demandions de nous expédier, à nos frais, des espèces, le rendement était $208,32 - {}^1/_2 \% = 207,28$ fr. Aussi longtemps que le cours était supérieur à ce prix, nous tirions une traite sur notre débiteur et nous la négociions ; mais si le cours

tombait en dessous de 207,28 fr., nous préférions le règlement
en métal. C'était le *gold point d'importaiton*.

La situation pouvait donc se résumer comme suit :

Exportation d'or	
	209,36
	209,30
	—
	—
	—
Règlement	—
en	208,32
papier	—
	—
	—
	—
	207,30
	207,28
Importation d'or	

Mais lorsque l'un ou les deux pays sont placés sous le régime
du *papier-monnaie*, le cours du change cesse d'être limité par
aucune règle. Les effets tirés sur ces pays sont appelés à être
pays en billets de banque, lesquels ne sont pas échangeables
contre de l'or. On ne peut donc accorder aux effets que la confiance inspirée par les billets en circulation. Il en résulte que si
le pays émetteur a subi un cataclysme quelconque qui a fortement
ébranlé sa situation financière et la richesse nationale, cette confiance baisse et le cours du change en est cruellement affecté.

La rareté de l'or dans un pays et son prix exorbitant, une
circulation fiduciaire excessive, une balance commerciale défavorable, une dette extérieure considérable, sont autant de causes qui
amènent fatalement une dépréciation des cours du change.

Depuis la stabilisation nous jouissons du régime de l'étalon
de change-or. Nous pouvons donc obtenir en échange de nos

billets de banque de l'or ou des devises-or (billets, chèques, lettres de change exprimés en dollars, livres sterlings, etc.). Ces devises étant elles-mêmes échangeables contre de l'or dans leur pays d'origine, il en résulte que le belga est une monnaie-or et que son cours sur les places à change apprécié est limité en hausse comme en baisse par les gold points.

Remarquons que les gold points ne sont nullement des cours fixes attendu qu'ils varient avec le prix de l'or, le taux de l'intérêt, les frais de transport et d'assurance.

EXERCICES :

N. B. — Nous donnons ci-dessous deux exemples de la recherche du gold point basés sur les cours de 1914. Nous avons adopté la méthode conjointe parce qu'elle est la plus difficile à établir exactement Les débutants feront bien de vérifier, par la méthode directe, l'exactitude des résultats.

1. *Calculer le gold point à l'exportation du change Paris sur Londres sachant que l'or est coté à Paris à 1 °/₀₀ de prime, qu'il peut se vendre à Londres 77/9 l'oz. standard et que les frais d'achat sont évalués à 3 °/₀₀.*

Solution par conjointe.

Vente
$$\begin{cases} \text{X fr.} & = 1\ \pounds \\ 1\ \pounds & = 240\ \text{d.} \\ 933\ \text{d.} & = 1\ \text{oz. à } 11/12 \\ 12\ \text{oz. st.} & = 11\ \text{oz. fin} \\ 1\ \text{oz.} & = 31,1\ \text{gr.} \end{cases}$$

Achat
$$\begin{aligned} 1.000\ \text{gr.} &= 3.437\ \text{fr. (au pair)} \\ 1.000\ \text{fr.} &= 1.001\ \text{fr. (avec prime)} \\ 1.000\ \text{fr.} &= 1.003\ \text{fr. (frais compris).} \end{aligned}$$

$$X = \frac{1 \times 240 \times 1 \times 11 \times 31,1 \times 3.437 \times 1.001 \times 1.003}{1 \times 933 \times 12 \times 1 \times 1.000 \times 1.000 \times 1.000} = 25,305 \text{ fr.}$$

2. *Calculer le gold point d'importation du change Paris sur Berlin :*

Cours de l'or à Berlin 2.787 Mk.

Cours de l'or à Paris 1 °/₀₀ prime.

Frais d'envoi 3 °/₀₀.

Commission de vente 1/8 %.

$$\text{Achat} \begin{cases} \text{X fr.} &= 100 \text{ Mk.} \\ 1.003 \text{ Mk...} &= 1.000 \text{ Mk. (frais compris).} \\ 2.787 \text{ Mk.} &= 1 \text{ kg. or fin} \end{cases}$$

$$\text{Vente} \begin{cases} 1 \text{ kg. or fin} &= 3.437 \text{ fr. (au pair).} \\ 1.000 \text{ fr.} &= 1.001 \text{ fr. (prime).} \\ 800 \text{ fr.} &= 799 \text{ fr. (commission).} \end{cases}$$

$$X = \frac{100 \times 1.000 \times 1 \times 3.437 \times 1.001 \times 799}{1.003 \times 2.787 \times 1 \times 1.000 \times 800} = 122,9228 \text{ fr.}$$

ÉTUDE DES COTES DE CHANGE

Les cotes de change sont des bulletins publiés chaque jour dans les places importantes et qui relatent les prix auxquels les principaux établissements de change opèrent les négociations de papier sur l'étranger.

Dans les principales bourses du monde, la cote officielle qui publie les cours des valeurs mobilières donne également le cours des changes. Ces cotes reflètent la tendance générale des cours qui ont été pratiqués pendant la journée, mais la plupart des transactions sont faites à des cours convenus entre les parties, souvent par téléphone. Certains ordres d'achat et de vente en devises étrangères sont donnés comme devant être effectués au cours moyen. C'est alors le cours renseigné à la cote officielle qui est appliqué à ces ordres.

Avant la guerre, les grandes banques envoyaient journellement à leurs correspondants des *cartes-cotes* dont les cours constituaient des offres fermes valables généralement jusqu'à midi du jour de la réception. Actuellement, par suite de l'instabilité des cours, les cotes qu'elles adressent ne constituent qu'une simple indication sans engagement.

Néanmoins, ces cotes privées sont établies d'après les principes qui régissent la cote *officielle* de l'endroit; c'est pourquoi nous nous contenterons de l'étude de celle-ci pour les différentes places cambistes.

Et d'abord quelques généralités :

Pour chaque pays coté, la cote renseigne la *somme de monnaie nationale* qu'il faut payer pour obtenir un effet sur ce pays, d'un *certain nominal* à une échéance *déterminée*.

L'une de ces deux données est fixe et invariable et s'appelle *base*, l'autre subit des fluctuations et représente le *cours*.

Selon que le *cours* est exprimé ou on en monnaie nationale, on dit que la cote donne l'**incertain** ou le **certain**. Un exemple fera mieux comprendre :

Si la cote de Bruxelles indique :

Amsterdam, vue 288,82

cela signifie que pour obtenir une traite à vue sur Amsterdam — ou un disponible — de 100 fl. *(base)*, il faut payer 288,82 belgas *(cours)*. Tandis que le montant de la traite ou du disponible que l'on peut obtenir (100 fl.) ne varie pas, le cours oscille. C'est l'**incertain**.

A Londres, au contraire, si la cote indique :

Amsterdam, vue 12,125.

cela signifie que pour une *Livre sterling* (base) on obtient une traite à vue sur Amsterdam — ou un disponible — de 12,125 fl. C'est le **certain**. Ici, la somme à payer ne varie pas, est *certaine*, mais la quantité que l'on obtient varie.

Remarques :

1. Les cours pris comme exemples ci-dessus s'appliqueraient également s'il s'agissait de *vendre* à Bruxelles ou à Londres du papier sur Amsterdam.

2. Dans la plupart des cotes, la *base* censément connue n'est pas renseignée.

Quant à l'*échéance*, elle n'est plus exprimée ; tous les cours, sauf exceptions très rares, s'appliquent à du papier à vue.

Cote de Bruxelles

Le « cours authentique » relate chaque jour en première page le tableau des *changes étrangers*. Bruxelles donne l'*incertain* à toutes les places et cote à vue sur une base fixe de 100 unités étrangères (sauf pour Londres, New-York et Montréal qui sont cotées respectivement sur la base de 1 £ et de 1 $). Pour le calcul de l'escompte relatif au papier à terme, on compte l'année à 360 jours et les mois pour le nombre de jours qu'ils contiennent réellement. Le jour de l'opération *est compris* dans les calculs. Le taux à appliquer est celui de la banque régulatrice du pays coté. Il est renseigné dans la première colonne de la cote en face de la devise envisagée. Pour les effets sur l'Angleterre, certaines banques tiennent compte des *trois jours de grâce* dont bénéficie le tiré d'une lettre de change payable dans ce pays.

Le règlement arrêté par la Commission de la Bourse, avec le Conseil de direction de la Chambre de Compensation, et entré en vigueur depuis le 7 avril 1924, stipule notamment :

ARTICLE PREMIER. — Le cours officiel du change est arrêté par les banquiers réunis en Chambre de Compensation et porté à la connaissance du public par la Commission de la Bourse.

. . . .

. . . .

ART. 3. — Les changes sont cotés par un courtier agréé par la Commission de la Bourse et les membres de la Chambre de Compensation.

. . . .

ART. 4. — Le courtier est assisté de deux Commissaires désignés chaque semaine, l'un par la Commission de la Bourse, l'autre par les banquiers membres de la Chambre de Compensation.

. . . .

. . . .

ART. 7. — Les banques désireuses d'assurer l'exécution intégrale de leurs ordres d'achat et de vente de devises sont tenues de faire connaître, avant la séance, les ordres à exécuter au cours moyen ou à un cours dont la limite fixée préalablement est atteinte ; aucune rectification n'est admise après l'ouverture du marché.

ART. 8. — Le courtier annonce au moment de coter chaque devise, le solde positif ou négatif qui résulte de la Compensation des ordres communiqués avant la séance.

ART. 9. — Les devises à partir de 1 1/2 heure, appelées successivement dans l'ordre suivant (*ordre de la cote ci-dessous*). La clôture doit être prononcée au plus tard à 2 1/2 heures.

. . . .

. . . .

ART. 11. — Les cours pratiqués pour chaque devise sont publiés à la cote officielle. La cote indiquera, en regard deux cours extrêmes intitulés « Cours acheteur et vendeur » établis dans les limites fixées par le comité de direction de la Chambre de Compensation

EXEMPLE : *Cote de Bruxelles du 29 février 1928*

Escompte à l'étranger	CHANGES		Cours faits	Acheteur	Vendeur	Cours précédents
P. C.			Belgas	Belgas	Belgas	Belgas
$4\frac{1}{2}$	Londres	1 £	35 0125	34 9625	35 0625	34 9995
$3\frac{1}{2}$	Paris	100 r.	28 2335	27 9835	28 4835	28 2210
4	New-York	1 $	7 16875	7 15875	7 17875	7 1650
—	id. (câb[los])	1 $	7 17475	7 16475	7 18475	7 1725
$4\frac{1}{2}$	Amsterdam	100 fl.	288 75	288 25	289 25	288 65
3	Genève	100 fr.	138 1875	137 9375	138 4375	138 125
5	Madrid	100 pes.	121 36	120 86	121 86	121 50
7	Italie	100 lir.	37 9875	37 7375	38 2375	37 9875
$3\frac{1}{2}$	Stockholm	100 cou.	192 65	192 40	192 90	192 575
6	Oslo	100 cour.	191 20	190 70	191 70	191 0625
5	Copenhague	100 cou.	192 20	191 95	192 45	192 20
5	Prague	100 cour.	21 295	21 195	21 395	21 2750
—	Montréal	1 $	7 15	7 14	7 16	7 15
7	Allemagne	100 RM	171 32	171 07	171 57	171 325
6	Vienne	100 sch.	101 1625	100 9125	101 4125	101 15
9	Varsovie	100 zlot	80 525	79 525	81 525	80 55
—	Budapest	100 pengos	125 50	125 25	125 75	125 75

REMARQUE : Le cours fait représente toujours la moyenne arithmétique entre les cours acheteur et vendeur et l'écart entre ceux-ci est constant pour une même devise.

Application de la cote

Que vaut d'après le cours ci-dessus un effet de 2.400 fl. à 3 mois ? (Abstraction faite des frais : courtage et timbre).

1re méthode :

Valeur de l'effet à 3 mois	2.400 fl.
Escompte 3 mois à 4 $\frac{1}{2}$ %	27 fl.
Valeur de l'effet à vue	2.373 fl.

L'effet vaut donc au cours du jour
288,75 belgas × 23,73 = 6.852,04 belgas.

2ᵐᶜ méthode :

Valeur de 2.400 fl. à vue : 288,75 × 24 = 6.930   belgas
Escompte 3 mois à 4 ¹/₂ %   77,96 belgas

Valeur de 2.400 fl. à 3 mois   6.852,04 belgas

3ᵐᵉ méthode :   *Nivellement du cours*

Cours à vue   288,75
Escompte 3 mois à 4 ¹/₂ %   3,2484

Cours à 3 mois   285,5016
Valeur de 2.400 fl. à 3 mois : 285,5016 b. × 24 : 6.852,04 b.

4ᵐᶜ méthode :   *Règle conjointe.*

X fr.   = 2.400 fl. à 3 mois
400 fl. à 3 m. = 395,5 fl. à vue
100 fl. à vue = 668,50 fr.

$$X = \frac{2.400 \times 395,5 \times 288,75}{400 \times 100} = 6,852,04 \text{ belgas.}$$

Observation. — Ces quatre méthodes, dont la première et la quatrième sont les plus employées, ne donneront exactement le même résultat qu'à la condition d'être basées toutes quatre sur le même système d'escompte, c'est-à-dire sur l'escompte en dehors ou sur l'escompte en dedans. Au point de vue théorique, l'escompte en dedans est certes le plus rationnel, mais chacun sait que l'escompte en dehors est d'un emploi beaucoup plus fréquent.

Exercices :

1. *Dresser le bordereau de la négociation à Bruxelles le 22 avril 1924 des effets suivants :*

Kr. 7.000 au 15 mai sur Prague
Kr. 4.730 au 20 mai   »   »
Kr. 3.600 au 10 juin »   »

Bruxelles, le 22 avril 1924.

Kr.	7.000	Prague	15 mai	24	1680
	4.730	»	20 mai	29	1372
	3.600	»	10 juin	50	1800
	15.330				4852

67,40   Escompte à 5 % sur 4852
15.262,60   au change de 21,295 = 3.250,17 belgas.

N. B. Dans la pratique, il faudrait déduire en sus, le montant des timbres tcheco-slovaques qui devront être apposés, ainsi que la commission du banquier.

2. *Rechercher le montant nominal d'un effet sur New-York ayant 45 jours à courir et dont la négociation à Bruxelles au cours de 7,16875 moins 4 % a produit 21.398,72 belgas.*

$$X \text{ \$ à 45 jours} = 21.398,72 \text{ belgas}$$
$$7,16875 \text{ fr.} = 1 \text{ \$ à vue}$$
$$199 \text{ \$ à vue} = 200 \text{ \$ à 45 jours}$$
$$X = \frac{21.398,72 \times 1 \times 200}{7,16875 \times 199} = 1.500 \text{ \$.}$$

REMARQUE. — Pour le rapport relatif à l'intérêt, nous avons calculé le taux pour 45 jours soit $^1/_2$ %. Lorsque le nombre de jours n'est pas une partie aliquote de 360, on prend généralement comme nombre rond le diviseur fixe *théorique* correspondant au taux; sachant que ce diviseur rapporte une unité en un jour, on l'augmente ou on le diminue, suivant le cas, d'un nombre d'unités égal au nombre de jours pour obtenir le second terme du rapport. Nous aurions donc pu prendre :

$$8.955 \text{ £ à vue} = 9.000 \text{ £ à 45 jours.}$$

Cote d'Anvers

Anvers donne l'*incertain* à toutes les devises et cote à *vue* sur les mêmes bases que Bruxelles. Les cours sont accompagnés des initiales A ou P pour désigner les cours *demandés* (acheteurs) ou les cours *offerts* (vendeurs). La cote donne également les cours A et P des billets de banque des principaux pays.

Les usages relatifs aux calculs d'intérêts sont les mêmes qu'à Bruxelles.

Cote de Paris

La cote des changes de Paris établie chaque jour par un comité composé de trois courtiers et de quatre banquiers et publiée à la suite de la cote officielle de la Bourse des valeurs donne l'*incertain* à toutes les places et cote à *vue* sur la base de 100 unités étrangères, sauf pour Londres (1 £) et pour les pays à change déprécié pour lesquels la base est indiquée à la cote.

Pour calculer l'escompte sur les effets à terme, on se sert du taux officiel du lieu de paiement, on compte l'année de 360 jours et les mois tels quels. Le jour de l'opération *n'est pas compris* dans les calculs. Pour le papier sur l'Angleterre la plupart des banques ne tiennent plus compte des 3 jours de grâce.

L'aspect de la cote officielle a été modifié par la décision ci-dessous publiée dans le *Bulletin officiel* du 22 janvier 1924 de la Chambre Syndicale des Agents de change :

« A partir du lundi 28 janvier du présent mois, le *Bulletin de la Cote* publiera aux lieux et place du cours moyen qui ne doit plus désormais constituer une limite courante d'exécution, les cours successivement cotés sur le Marché des Changes pendant la séance de la Bourse.

» En outre, il indiquera les principaux cours relevés sur les transactions au comptant effectuées hors Bourse de 15 h. à 18 h. (cours de la veille) et de 9 h. à 12 h. (cours du jour) ».

En suite de cette décision la cote se présente actuellement comme suit (12 mars 1928) :

COTE DES CHANGES
VERSEMENT TÉLÉGRAPHIQUE

Derniers cours côtés en Bourse	10 mars — Cours relevé hors Bourse (15 h. à 18 h.)	DEVISES	12 Mars	
			Cours relevés hors Bourse (9 h. à 12 h.)	Cours côtés en Bourse
124f02¹/₂	.., ...	Londres	124f02 03........	124f03 02¹/₂.............
2541f50	....	New-York....	2541f25 75.......	2541f50 2542 ....
607f50	....	Allemagne...	607f25 75........	607f25 50............
....	....	Argentine....	....	....
354f50 .,..	....	Belgique	354 354f50	354f50 25............
		Brésil	....	....
18f87¹/₂ ..,.	....	Bulgarie......	....	....
....	....	Canada......	....	....
680f75 1/3/28	....	Danemark ...	681	681 ....
....	....	Egypte........	....	....
426	....	Espagne.....	426f25 429......	428f75 25 428 427f75.
....	....	Finlande	....	....
33f50 22/2/28	....	Grèce........,,	....	....
1022f50 . ..	................,...	Hollande....	1022f50 1023f50	1023 ....
446f50 24/1/28	....	Hongrie	....	....
134f20	....	Itaie........	134f15 50.......	134f10............
....	....	Japon........	....	....
....	....	Mexique......	....	....
677f50	....	Norvège.....	677f50	....
....	....	Pétrograd....	................,,	....
285 .. 9/3/28	....	Pologne	....	....
117 .. 7/3/28	....	Portugal	....	....
75f50	....	Prague..	75f30	75f40............
15f75	....	Roumanie ...	....	15f70 75............
44f70 .,..	....	Serbie........	....	....
681f75	....	Suède....,,...	683	682 681f50............
489f75	................,,	Suisse........	489f25 50	483f25 50............
		Uruguay.....	....	....
359 .. 5/3/28	....	Vienne....,,...	....	357 359............

La séance de la Bourse se tient de 13 à 15 heures et le samedi de 10 h. 30 à 11 h. 15. Cependant, du 30 avril au 31 octobre, il n'y a pas bourse des changes le samedi.

Le cours moyen officiel étant supprimé, les banquiers n'acceptent que les ordres à exécuter *au mieux* ou *à cours limité*.

On entend par *versement* l'ordre donné par un banquier à son correspondant d'une place étrangère de payer à une personne désignée ou simplement de lui porter en compte, une somme déterminée. Cette opération s'appelle encore « transfert télégraphique » ou « câble transfert ». Ainsi en payant à Paris le 12 mars 2.541,75 fr. environ, on pouvait obtenir le même jour à New-York le paiement de 100 dollars.

Droit de timbre. — Il est perçu au profit de l'Etat un droit de timbre de 0,25 fr. par mille francs ou fraction de mille francs du montant de toute opération de change.

Exercices :

1. *Quel est le produit de la négociation à Paris, le 13 mai, au cours de 426 moins 5 % d'un effet de 12.450 pesetas sur Madrid au 15 juin ?*

L'effet a donc 33 jours à courir.

Valeur de 12.450 pta à vue	53.037	fr.
Escompte 33 jours à 5 %	−243,09	fr.
Produit net	52.793,91	fr.

2. *La négociation à Paris, le 16 mai, au cours de 354,80 d'un effet sur Bruxelles au 15 juillet a produit 12.479,95 fr. Quel est le nominal de cet effet sachant que le taux appliqué était de 5 ¹/₂ % ?*

Du 16 mai au 15 juillet il y a 60 jours. Nivelons le cours à cette échéance.

Cours à vue	354,80
Escompte 60 j. à 5 ¹/₂ %	3,2523
Cours au 15 juillet	351,5477

Le nominal de l'effet était de

$$\frac{12.479,95 \times 100}{351,5477} = 3.550 \text{ belgas.}$$

Cote d'Amsterdam

La cote d'Amsterdam donne l'*incertain* à toutes les places. Les cours sont rapportés à 100 unités étrangères, sauf pour Londres (1 £) et New-York (1 $). Anciennement, la plupart des devises recevaient deux cours : à vue et à 2 ou 3 mois. Actuellement, comme presque partout d'ailleurs, la cotation à vue est exclusivement employée.

Dans les calculs d'intérêt, on compte l'année de 360 jours et les mois pour le nombre de jours qu'ils ont en réalité. La Nederlandsche Bank compte le jour de l'opération, mais la plupart des autres banques ne l'ajoutent pas ; les calculs s'établissent donc comme à Paris. Pour le Londres, les 3 jours de grâce sont généralement ajoutés.

On applique le taux officiel en vigueur sur la place de paiement, mais celui-ci n'est pas renseigné à la cote. Voici, à titre d'indication, un extrait de la cote du 1ᵉʳ mars 1928 :

Bruxelles *chèque*	34,635
Londres	12.1268
Berlin	59,365
Paris	9,78
Suisse	47,855
Vienne	35,025
Stockholm	66,725
Christiana	66,225
Italie	13,16
New-York	248,56

Exercices :

Quel est le produit de la négociation à Amsterdam le 1ᵉʳ mars 1928 d'un effet de 12.500 fr. payable à Bruxelles le 15 avril? Le taux d'escompte est 5 %.

Nivellement du cours

Cours au 1ᵉʳ mars	34,635
45 jours à 5 %	−0,216468
Cours au 15 avril	34,418532

Valeur de l'effet : $\dfrac{34,418532 \text{ fl.} \times 125}{5} = 860,46 \text{ fl.}$

Cote de Londres

La cote de Londres est d'une compréhension assez difficile pour les non-initiés, du fait que certaines places sont cotées en *certain*, tandis que d'autres reçoivent l'*incertain*.

La cote que nous donnons ci-dessous ainsi que les explications qui l'accompagnent suffiront, croyons-nous, à fixer les idées sur le système employé.

Code du 19 avril 1928

		Mode de cotation				Pair
Paris	123,95	francs	pour	1	£	25,22 1/2
Berlin	20,41 3/4	marks	»	1	£	20,43
Bruxelles	34,96 1/2	belgas	»	1	£	35
Amsterdam	12,10 3/8	florins	»	1	£	12,107
Italie	92,56	lires	»	1	£	92,46
Grèce	371	drachmes	»	1	£	25,22 1/2
Madrid	29,10	pesetas	»	1	£	25,22 1/2
Lisbonne	2 3/32	pence pour 1 escudo				53 1/4
Suisse	25,32 1/2	francs	pour	1	£	25,22 1/2
Stockholm	18,18 1/4	couronnes	»	1	£	18,159
Bucarest	777	lei	»	1	£	25,22 1/2
Prague	164 5/8	couronnes	»	1	£	24,02
Lettonie	25,15	lats	»	1	£	25,22 1/2
Varsovie	43 1/4	zloty	»	1	£	43,38
Lithuanie	48 1/2	litas	»	1	£	48,66
Vienne	34,71	schellings	»	1	£	34,58 1/2
Budapest	27,95	pengoë	»	1	£	27,82
Belgrade	277	dinars	»	1	£	25,22 1/2
Sofia	672	levas	»	1	£	25,22 1/2
Constantinople	950	piastres	»	1	£	110
Alexandrie	97 1/2	piastres	»	1	£	97 1/2
Calcutta	18	pence pour 1 roupie				1 s. 6 d.
New-York	4,88 5/16	dollars	pour	1	£	4,86 2/3
Rio de Janeiro	6	pence pour 1 milreis				10 d.
Valparaiso	39,62	dollars	pour	1	£	40

Comme on le voit, toutes les places européennes à l'exception de Lisbonne sont cotées en *certain*. De même, depuis la guerre, le cours du New-York est toujours exprimé en *dollars*. Quant aux autres places, elles reçoivent en général l'*incertain*.

Dans les calculs d'escompte, l'année est comptée à 365 jours et les mois pour leur nombre exact de jours. Les nivellements se font au taux de la place étrangère, mais on choisit de préférence le taux hors banque.

Exercices :

1. *Quelle est la valeur d'un effet de 8.200 fl. sur Amsterdam au 15 janvier, négocié à Londres le 13 novembre 1928 au cours de 12,125. Le taux d'escompte de la Nederlandsche Bank est de 4 %.*

L'effet a 63 jours à courir. On commence par chercher l'intérêt à 5 % par la règle de 3−10−10 exposée à la page 3 et l'on soustrait le cinquième du résultat trouvé afin d'obtenir 4 %.

Valeur de l'effet au 15 janvier		8.200,00 fl.
Escompte 63 jours à 5 %	70,77	
− 1 %	14,15	− 56,62
Valeur de l'effet au 13 novembre		8.143,38 fl.

$$\text{à 12,125 fl. la } \pounds = \frac{8.134,38}{12,125} = \pounds\, 671.12.4\ ^1/_2.$$

2. *Quel sera le produit de la négociation à Londres, le 8 décembre, d'un effet de 4.345 fr. sur Paris, payable le 15 janvier ? Taux d'escompte 5 $^1/_2$ %, commission $^1/_8$ %, cours du change 124,05.*

Solution par conjointe :

$$\begin{aligned}
&\text{X } \pounds &&= 4.345 \text{ fr. au 15 janvier} \\
&7.300 &&= 7.258,20 \text{ fr. au 8 décembre }[1] \\
&124,05 \text{ fr.} &&= 1\ \pounds \text{ (sans commission)} \\
&800\ \pounds &&= 799\ \pounds \text{ (commission déduite).}
\end{aligned}$$

$$X = \frac{4.345 \times 7.258,2 \times 799}{7.300 \times 124,05 \times 800} = \pounds\, 347\,.\,16\,.\,5.$$

Cote de Berlin

La cote de Berlin donne l'*incertain* à toutes les places et cote sur la base de 100 unités étrangères.

Dans les calculs d'escompte, on compte l'année à 360 jours et tous les mois à 30 jours ; cependant, pour les effets à courte

---

[1] Le diviseur fixe correspondant à 5 % est de 7.300 lorsque l'année est comptée à 365 jours. L'escompte à 5 % sur 7.300 pendant 38 jours (8 déc. au 15 janv.) est donc de 38. A 5 1/2 % il sera de 38+3.80 ou 41.80. D'où le rapport

7.300 fr. au 15 janvier = 7.258.20 fr. au 8 décembre.

échéance, on calcule le nombre exact de jours. Le taux d'escompte employé est celui de l'étranger.

Cours du 2 mars 1928

Hollande	168,40
Bruxelles	58,31
Stockholm	112,37
Londres	20,416
New-York	4,186
Paris	16,47
Suisse...	80,58
Danemark...	112,15
Vienne...	59,01
Prague...	12,40
Budapest	73,20

Cote de New-York

La cote de New-York donne actuellement l'*incertain* à toutes les places et cote sur la base de 100 unités étrangères sauf pour Londres (1 £).

Les calculs d'escompte ou d'intérêt se font comme en Angleterre. Cependant les banquiers font souvent usage des diviseurs fixes correspondant à l'année commerciale de 360 jours.

Cours du 7 mars 1928

Londres, 60 jours	4,83 $^5/_8$
» vue	4,87 $^7/_{16}$
» câble tr....	4,87 $^{13}/_{16}$
Paris...	3,93 $^5/_8$
Amsterdam	40,23 $^1/_2$
Stockholm	26,85
Christiana	
Copenhague	26,79
Madrid	16,79
Berne...	19,25 $^1/_2$
Rome	5,28 $^3/_4$
Athènes	1,32 $^1/_2$
Berlin	23,90 $^1/_2$
Budapest	17,50
Bruxelles	13,94 $^1/_2$
Prague...	2,96
Vienne...	14,12
Montréal	99,96

Cote de Vienne

Vienne donne l'incertain à toutes les places et cote sur la base de cent unités étrangères (1 £ pour Londres).

Dans les calculs d'escompte, on emploie le taux officiel à l'étranger ; on compte les mois pour le nombre de jours qu'ils ont en réalité et l'année de 360 jours.

Cote du 9 mars 1928

Paris	27,9250
Londres	34,6475
New-York...	710,10
Zurich...	136,73
Berlin	169,74
Belgrade	12;4887
Budapest...	124,2150
Prague	21,0412
Varsovie...	79,63

Cote de Genève

Genève donne l'*incertain* à toutes les places et cote sur la base de 100 unités étrangères.

Les calculs d'escompte se font comme à Paris.

Cours du 9 mars 1928

Paris...	20,43
Londres	25,34
New-York, chèque	518,93 $^3/_4$
New-York, trans-tél.	519,50
Bruxelles	72,41 $^1/_4$
Milan	27,46 $^1/_4$
Madrid...	87,07 $^1/_2$
Amsterdam...	208,
Allemagne	124,16 $^1/_4$
Prague	15,38 $^3/_4$
Stockholm...	139,38 $^3/_4$
Vienne	73,10
Copenhague	139,20
Belgrade	9,13 $^1/_2$
Sofia	3,75
Buenos-Aires	221,75

CHAPITRE IV

DES VOIES DE CHANGE

CHANGE DIRECT — CHANGE INDIRECT

Pour acquitter une dette à l'étranger, il y six voies de change également praticables. Les deux premières, qui ne nécessitent pas de place intermédiaire entre celle du débiteur et celle du créancier, forment le *change direct*; pour les autres, on se sert de *places médiates*, c'est-à-dire de places cambistes autres que celles habitées par le débiteur et par le créancier : ce sont les voies de *change indirect*.

1. — Change direct

1° *Voie de remise* : le débiteur achète dans son pays du papier payable dans la place habitée par son créancier et l'adresse à ce dernier.

2° *Voie de traite* : le débiteur prie son créancier de tirer sur lui. La traite est négociée sur place par celui-ci, tandis qu'elle est payée à l'échéance par le débiteur.

2. — Change indirect

1° *Remise détournée* : le débiteur achète du papier payable dans une place autre que celle habitée par le créancier. Celui-ci le négocie et recouvre ainsi la somme qui est due.

Cette méthode a l'avantage de se traiter exclusivement entre le débiteur et le créancier. La remise détournée, la traite et la remise simple forment *les trois voies de change ordinaires*.

Dans les méthodes qui vont suivre, les intéressés se servent d'un correspondant intermédiaire habitant une place médiate, que nous désignerons par I.

2° *Méthode du prix de revient* : l'intermédiaire achète du papier payable dans la place du créancier et l'adresse à ce dernier. Le débiteur couvre l'intermédiaire par une remise.

3° *Méthode de l'ordre en banque* : l'intermédiaire adresse une remise au créancier comme dans le cas précédent. Pour se rembourser, il tire une traite sur le débiteur.

4° *Méthode du prix de vente* : le débiteur prie son créancier de tirer une traite sur l'intermédiaire. Celui-ci se rembourse par une traite sur le débiteur.

On pourrait imaginer une septième voie de change dans laquelle le créancier tirerait sur l'intermédiaire qui se ferait rembourser par une remise du débiteur ; mais cette solution donnerait le même résultat qu'une remise détournée sur I. et contrairement à celle-ci, elle serait grevée de la commission à payer à l'intermédiaire.

OBSERVATION. — Les appellations *prix de revient, ordre en banque, prix de vente* sont tout à fait théoriques ; les cambistes ne les emploient jamais. Nous nous en sommes servis afin de pouvoir dans la suite nous faire comprendre aisément lorsque nous aurons à parler de l'une de ces voies de change.

Il est à remarquer que les termes *prix de revient* et *prix de vente* ne se justifient que pour autant qu'il s'agisse de régler une dette. S'il s'agissait d'un créancier, ayant à recouvrer une certaine somme à l'étranger, les traites seraient remplacées par des remises et vice-versa.

Si nous désignons la place habitée par l'arbitragiste par Ad. lorsqu'il est débiteur et par Ac. lorsqu'il est créancier, celle de son correspondant par C. et celle de l'intermédiaire par I., nous pourrons représenter les voies de change par les graphiques suivants :

Change direct	voie naturelle	Ad —remise→ C	Ac —traite→ C
	voie inverse	Ad ←traite— C	Ac ←remise— C
Change indirect	remise détournée	Ad —⌢M⌢→ C	Ac ←—⌢M⌢— C
	prix de revient	Ad —remise→ I —remise→ C	Ac —traite→ I —traite→ C
	ordre en banque	Ad ←traite— I —remise→ C	Ac ←remise— I —traite→ C
	prix de vente	Ad ←traite— I ←traite— C	Ac ←remise— I ←traite— C

Ces solutions pourraient se compliquer du fait que l'arbitragiste peut employer des remises détournées au lieu de remises simples lorsqu'il y trouve avantage.

Nous n'examinerons pas les cas où les parties se serviraient de deux ou plusieurs intermédiaires. Les différences entre les cours sont généralement minimes, et les faibles bénéfices qui peuvent en résulter ne suffiraient pas à payer les frais de port, de télégrammes, de courtages, de commissions, etc., qu'entraînent ces combinaisons.

ARBITRAGES DE BANQUE

Faire un arbitrage de banque, c'est discerner entre les différentes voies de change la plus avantageuse d'entre elles pour opérer des paiements ou des recouvrements à l'étanger.

Remarquons d'abord que *seul* celui qui est débiteur ou créancier d'une somme exprimée en monnaie *étrangère* a intérêt à faire un arbitrage; celui dont la monnaie est exprimée ne devant recevoir ou débourser que la somme indiquée. Il s'ensuit que tous les frais incombent à l'arbitragiste.

On a également recours à l'arbitrage lorsqu'on veut *spéculer* sur les changes, c'est-à-dire conclure des opérations fictives dans le but de réaliser un bénéfice.

Avant d'aborder l'étude des arbitrages de banque, nous dirons un mot du

Papier court et papier long

Supposons un commerçant bruxellois débiteur de 1.000 £ à vue. Son créancier le laissant libre de lui envoyer un chèque ou du papier à terme, que fera le débiteur sachant que Bruxelles cote l'Angleterre 34,90, que le taux officiel à Londres est de 4 % et le taux hors banque 3 ¹/₄ % ?

Le **taux hors banque**, toujours inférieur au taux officiel, est celui que l'on applique à l'escompte d'effets d'un import assez élevé (3.000 à 4.000 fr. minimum en France et en Belgique) ayant *au moins* 45 jours d'échéance et revêtus de signatures de *premier ordre*. Ces effets, qui forment ce que l'on appelle le **papier négociable**, constituent pour le banquier un placement sûr et d'une réalisation facile; c'est pourquoi on leur applique un taux de faveur qui varie avec l'abondance plus ou moins grande des capitaux et avec l'état du marché. Lorsque le taux hors banque est aussi élevé que le taux officiel, on dit qu'il n'y a pas de taux privé.

Si donc, le débiteur bruxellois se libère au moyen d'un chèque, il déboursera, indépendamment des frais, 34.900 belgas.

Si au contraire, il achète du papier à 3 mois, le nivellement du cours se faisant au taux officiel de 4 % il paiera la $£$

$$34,90 - \frac{34,90 \times 4 \times 3}{100 \times 12} = 34,551$$

Mais quel sera le nominal de l'effet à acheter? Celui-ci pouvant être escompté à Londres à $3\,{}^1/_4$ % doit avoir une valeur actuelle de 1.000 $£$.

Si l'effet avait une valeur nominale de 100 $£$, sa valeur actuelle serait

$$100 - \frac{3,25 \times 3}{12} = 99,1875$$

Par une simple règle de trois, nous trouvons que le nominal de l'effet à acheter est de

$$\frac{100 \times 1000}{99,1875} = 1008,1915 \text{ ou } £\ 1008.3.10.$$

qui au cours de 34,551 coûteront 34.834,02 belgas.

Le papier long est donc plus avantageux.

REMARQUE. — Dans la pratique, l'arbitrage se fait en opérant uniquement sur le cours. La différence entre le taux officiel et le taux hors banque étant de $^3/_4$ % on en conclut que si l'on règle au moyen de papier à 3 mois le coût de la $£$ sera approximativement de

$$34,90 - \frac{34,90 \times 0,75}{400} = 34,83456$$

Raisonnons : par le nivellement nous gagnons 4 % du cours mais le réescompte nous fait perdre 3,25 % du fait qu'il nous oblige à acheter un nominal plus fort. Nous gagnons donc 0,75 % et comme il s'agit de papier à 3 mois le bénéfice se réduit à $\dfrac{0,75}{4}$ %. D'où, l'opération ci-dessus qui nous donne le cours *approximatif* attendu qu'il est basé sur l'escompte en dedans tandis que le prix de revient exact trouvé plus haut était basé sur l'escompte en dehors.

*
* *

Dans les places où une même devise reçoit plusieurs cours pour des échéances différentes, il y a lieu de rechercher quel est le plus avantageux, d'entre eux, même si le taux hors banque de la place arbitrée se confond avec le taux officiel.

Supposons que New-York doive 1.000 £ à vue à Londres et que la cote renseigne :

$$\text{Londres, 60 jours } \ldots \ldots \ldots \ldots \quad 4,83\ {}^{5}/_{8}$$
$$\text{» \quad câble tranf. } \ldots \ldots \ldots \ldots \quad 4,87\ {}^{13}/_{16}$$

Escompte à Londres 4 ${}^{1}/_{2}$ %.

Faut-il régler par transfert télégraphique ou adresser du papier à 2 mois ?

Le transfert télégraphique coûterait $ 4.878,12.

Si l'on achète du papier à 2 mois il faudra que la valeur actuelle de l'effet soit de 1.000 £. Le taux de l'escompte étant 4 ${}^{1}/_{2}$ % le nominal sera de

$$\frac{100 \times 1000}{99,25} = 1007,556 \text{ ou } £\ 1007.11.1\ {}^{1}/_{2}.$$

qui au cours de 4.83625 coûteront $ 4.872,79. Le papier long sera donc préférable.

Pratiquement, on procédera comme suit :

Afin de compenser la perte subie par le créancier lors du réescompte de l'effet à 60 jours, le nominal à acheter devra être approximativement de ${}^{3}/_{4}$ % plus élevé que le montant de la dette. En majorant le cours de ce pourcentage nous obtiendrons le prix de revient de la £ dans le cas du règlement au moyen de papier long. D'où

$$4,83625 + \frac{4,83625 \times 3}{100 \times 4} = 4,87252 \text{ \$}$$

Le créancier d'une somme exprimée en monnaie étrangère peut également rechercher quel est pour lui le papier le plus avantageux. Nous ne croyons pas nécessaire de résoudre d'autres exemples de ces arbitrages qui se bornent à de simples calculs d'escompte et d'intérêt.

Arbitrages des voies de change

Les arbitrages sont dits *simples* ou *composés* suivant qu'ils portent sur les voies de change *direct* ou *indirect*. Mais nous avons vu déjà que la remise détournée, la traite et la remise simple forment les trois voies de change ordinaires, à l'examen desquelles se borne souvent l'arbitragiste qui ne veut ou ne peut pas employer d'intermédiaire. Nous commencerons donc par l'étude des

Arbitrages des trois voies ordinaires

Envisageons le cas d'un commerçant belge débiteur de 100 florins à vue à Amsterdam.

Les cotes se présentent comme suit :

Cote d'Amsterdam		Cote de Bruxelles	
Bruxelles	34,73	Amsterdam	287,99
Paris	9,78 $^3/_4$	Paris	28,18 $^1/_8$
Londres	12,13 $^5/_8$	Londres	34,95 $^1/_4$
New-York	2,49 $^3/_8$	New-York	7,1795 $^1/_2$

Que fera le débiteur?

Voyons quelle sera la somme déboursée par le débiteur dans les différents cas :

1° *Remise*. — S'il remet à son créancier un effet de 100 fl., il paiera 287,99 belgas.

2° *Traite*. — S'il prie son créancier de tirer sur lui une traite qui, vendue à Amsterdam, produise 100 fl., le montant de celle-ci sera de $\dfrac{100 \text{ b.} \times 100}{34,73} = 287,9355$ belgas.

3° *Remise détournée*

a) Sur *Paris* :

Si le débiteur achète des francs français qui, vendus à Amsterdam, produiront 100 fl., quelle sera la somme à débourser ?

La quantité de francs français à acheter est de $\dfrac{100 \times 100}{9,7875}$

Ces francs coûteront à Bruxelles $\dfrac{100 \times 100 \times 28,18125}{9,7875 \times 100} = 287,931$ b.

b) Sur *Londres* :

Employons la règle conjointe plus rapide.

$$\begin{aligned} \text{X b.} \quad &= 100 \text{ fl.} \\ 12,13625 &= 1 \; \pounds \\ 1 \; \pounds \quad &= 34,9525 \text{ belgas} \end{aligned}$$

$$X = \frac{100 \times 1 \times 34,9525}{12,13625} = 288.00 \text{ belgas.}$$

c) Sur *New-York* :

$$\begin{aligned} \text{X b.} \quad &= 100 \text{ fl.} \\ 2,49375 &= 1 \; \$ \\ 1 \; \$ \quad &= 7,17955 \text{ b.} \end{aligned}$$

$$X = \frac{100 \times 1 \times 7,17955}{2,49375 \times 1} = 287,9017 \text{ belgas.}$$

En conséquence, le débiteur choisira la remise détournée sur New-York, c'est-à-dire qu'il achètera des dollars en nombre suffisant pour que, négociés à Amsterdam, ils y produisent 100 fl.

Voyons maintenant quelle serait la solution la plus avantageuse dans le cas où Bruxelles serait *créancier* de 100 fl. à Amsterdam.

1° *Traite* : S'il tire une traite de 100 fl. la vente de celle-ci lui rapportera 287,99 belgas.

2° Remise : S'il prie son débiteur de lui faire remise, Amsterdam consacrera la somme de 100 fl. à acheter un effet sur Bruxelles, dont le nominal sera de

$$\frac{100 \text{ b.} \times 100}{34,73} = 287,9355 \text{ b.}$$

3° Remise détournée :

Si le débiteur, au lieu d'acheter du papier sur Bruxelles, achète du papier sur une autre place, la vente de celui-ci procurera au créancier :

a) si la remise est tirée sur Paris : 287,931 b.
b) » » » » » » Londres : 288,000 b.
c) » » » » » » New-York : 287,9017 b.

En conséquence, le créancier choisira la *remise détournée sur Londres*, c'est-à-dire qu'il demandera à Amsterdam de consacrer 100 fl. à acheter du papier sur Londres, lequel sera vendu à Bruxelles au cours de 34,95 $^1/_4$.

Afin de pouvoir faire choix entre les différents moyens de régler l'opération, l'arbitragiste calcule le prix de revient ou le rendement de chaque méthode et ce, en supposant une dette ou une créance de 100 fl., c'est-à-dire d'une somme égale à la *base* du change Bruxelles s/Amsterdam. Les résultats obtenus de cette façon prennent le nom de **parités**.

La *parité simple* (287,9355) dérive du change *direct*. Les cours donnés ci-dessus

Bruxelles s/Amsterdam   287,99
Amsterdam s/Bruxelles   34,73

ne peuvent être comparés directement parce qu'ils ne présentent pas de point de comparaison : l'un correspond à 100 fl. à vue, l'autre à 100 b. à vue. Si nous évaluons le second sur la base de 100 fl. à vue, nous obtiendrons la *parité simple* de ce cours

34,73 fl. valent 100 belgas

$$100 \text{ fl. valent} \frac{100 \times 100}{34,73} = 287,9355 \text{ b.}$$

Lorsque le deux places envisagées se donnent réciproquement l'incertain, la parité simple d'un cours s'obtient en divisant le produit des bases par le cours de la place adverse.

Deux cours sont dits *à la parité* lorsqu'il y a équivalence entre le cours et sa parité simple.

Les *parités composées* dérivent des combinaisons de change *indirect* et s'obtiennent généralement par la règle conjointe.

Le tableau suivant résume les résultats obtenus :

Cote d'Amsterdam chiffrée à Bruxelles

Bruxelles	287,99
Amsterdam	287,9355
Paris	287,931
Londres	288
New-York	287,9017

De l'exemple qui précède, nous pouvons déduire la règle suivante :

L'arbitragiste dont la place donne l'incertain à la devise envisagée (Amsterdam, pour le cas qui nous occupe) *choisit la parité la plus faible, s'il est débiteur, et la parité la plus élevée, s'il est créancier.*

Remarquons que le *cours* de la place de l'arbitragiste (287,99) représente le prix de revient de la *remise simple* s'il est débiteur, et le rendement de la *traite*, s'il est créancier. La parité *simple* (287,9355) indique le coût ou le rendement de la voie *inverse* de change direct. (Voir graphique page 87.)

Si la place de l'opérateur donne le *certain* à la devise adverse, le principe est renversé :

L'arbitragiste choisit la parité la plus élevée s'il est débiteur et la parité la plus faible s'il est créancier.

Appliquons ce dernier principe à l'exemple suivant :

Les cotes de Londres et de Paris renseignent les cours ci-dessous :

Cote de Londres		*Cote de Paris*	
Paris	124,03	Londres	124,02
Bruxelles	34,94 $^3/_4$	Bruxelles	355
New-York	4,86 $^5/_8$	New-York	25,4850
Amsterdam	12,13 $^1/_2$	Amsterdam	1022,25
Madrid	27,88	Madrid	444,875

Afin de faire l'arbitrage, Londres va calculer les *parités* correspondant aux différentes méthodes. Nous avons dit que ces parités sont toujours évaluées de la même façon que le cours de la place de l'arbitragiste sur la place arbitrée. Londres cherche donc, s'il est débiteur, quelle portion de sa dette il libère lorsqu'il débourse une £; s'il est créancier, il calcule quelle portion de sa créance il récupère chaque fois qu'il encaisse une £.

1. — Parité simple

Les cours 124,03 et 124,02 correspondant tous deux à une £ à vue, il n'y a pas de calcul préalable à faire. Le cours Paris sur Londres (124,02) représente en même temps la parité simple.

II. — Parités composées

a) *Remise détournée sur Londres.*

Si Londres consacre 1 £ à acheter du papier sur Bruxelles, il obtiendra 34,94 $^1/_4$ belgas qui, vendus à Paris au cours de 355, produiront

$$\frac{34,9425 \times 355}{100} = 124,063 \text{ fr.}$$

b) *Remise détournée sur New-York.*

$$X \text{ fr.} = 1 \text{ £}$$
$$1 \text{ £} = 4,86625 \text{ \$}$$
$$1 \text{ \$} = 25,485 \text{ fr.}$$

$$X = \frac{1 \times 4,86625 \times 25,485}{1 \times 1} = 124,0163 \text{ fr.}$$

c) *Remise détournée sur Amsterdam.*

$$X \text{ fr.} = 1 \text{ £}$$
$$1 \text{ £} = 12,135 \text{ fl.}$$
$$100 \text{ fl.} = 1022,25 \text{ fr.}$$

$$X = \frac{1 \times 12,135 \times 1022,25}{1 \times 100} = 124.050 \text{ fr.}$$

d) *Remise détournée sur Madrid.*

$$X \text{ fr.} = = 1 \pounds$$
$$1 \pounds = 27,88 \text{ Pta.}$$
$$100 \text{ Pta.} = 444,875 \text{ fr.}$$

$$X = \frac{1 \times 27,88 \times 444,875}{1 \times 100} = 124.031 \text{ fr.}$$

La cote de Paris chiffrée à Londres s'établit donc comme suit :

Londres	124,03
Paris	124,02
Bruxelles	124,063
New-York	124,016
Amsterdam	124,05
Madrid...	124.031

Si nous appliquons la seconde règle énoncée ci-dessus, Londres, *débiteur*, choisira la parité la plus élevée (124,063) et en conséquence achètera du papier sur Bruxelles qui sera revendu à Paris. Il déboursera ainsi pour une dette de 1.000 fr. :

$$\pounds \frac{1000}{124.063}$$

Si Londres est *créancier,* il donnera la préférence à la parité la plus *faible* ; il demandera à son débiteur de consacrer le montant de sa créance à l'achat de papier sur New-York qui sera négocié à Londres et rapportera pour une créance de 1.000 fr. :

$$\pounds \frac{1000}{124.016}$$

Arbitrage des six voies de change

Les règles que nous avons énoncées concernant les arbitrages des trois voies ordinaires sont également applicables à ceux-ci.

EXEMPLE :

Un industriel parisien doit régler une dette de 60.000 fl. à vue.

Les cours se présentent comme suit :

Paris sur Amsterdam	1.027,50
Paris sur Londres	124,02
Amsterdam sur Paris	9,735
Amsterdam sur Londres	12,0737
Londres sur Paris	124,025
Londres sur Amsterdam	12,0662

Quelle est la voie de change la plus avantageuse ?

Recherchons les parités correspondant aux différentes voies.

1° *Remise*   1.027,50 fr.

2° *Traite* : $\dfrac{100 \text{ fr.} \times 100}{9,735} =$ 1.027,221 fr.

3° *Remise détournée sur Londres* :

$$X \text{ fr.} \quad = 100 \text{ fl.}$$
$$12,0737 = 1 \text{ £}$$
$$1 \text{ £} \quad = 124,02 \text{ fr.}$$

$$X = \frac{100 \times 124,02}{12,0737} = \qquad 1.027,1913 \text{ fr.}$$

4° *Prix de revient* :   P——————→ £ ——————←— A

Pour envoyer à Amsterdam une remise de 100 fl., Londres déboursera £ $\dfrac{100}{12,0662}$ et ces *livres* achetées à Paris coûteront

$$124,02 \text{ fr.} \times \frac{100}{12,0662} = \qquad 1.027,8298 \text{ fr.}$$

5° *Ordre en banque* :   P←—————— £ ——————→ A

Comme dans le cas précédent, Londres déboursera pour couvrir Amsterdam £ $\dfrac{100}{12,0662}$ et se remboursera en tirant sur Paris une traite de

$$124,025 \text{ fr.} \times \frac{100}{12,0662} = \qquad 1.027,8712 \text{ fr.}$$

6° *Prix de vente :*   P ⟵——————— £ ⟵——————— A

Procédons par conjointe :

$$X \text{ fr.} = 100 \text{ fl.}$$
$$12,0737 = 1 \text{ £}$$
$$1 \text{ £} = 124,025 \text{ fr.}$$

$$X = \frac{100 \times 124,025}{12,0737} = \qquad 1.027,2327 \text{ fr.}$$

Etant débiteur, l'industriel parisien choisira la parité la plus faible, c'est-à-dire 1.027,1913. Il enverra donc à Amsterdam du papier sur Londres qu'il se procurera à Paris.

S'il s'agissait au contraire de recouvrer une créance, Paris choisirait la parité la plus élevée ; il demanderait à Londres de tirer une traite de 60.000 fl. sur Amsterdam et de consacrer le produit de la négociation de cette traite à l'achat de francs français qui seraient envoyés à Paris.

Spéculations sur les changes

Toute spéculation comprend deux opérations de sens contraire : un achat et une vente.

Les règles à suivre, quant à l'arbitrage, pour traiter ces opérations, ne diffèrent pas de celles qui ont été données précédemment.

Le spéculateur est dans la situation du débiteur quant à l'achat ; pour la vente, il opère comme le ferait le créancier.

Nous avons dit déjà que les marges existant entre les cours sont minimes et que les bénéfices que peuvent laisser ces opérations sont restreints. C'est pourquoi, dans la plupart des cas, le spéculateur, afin de ne pas multiplier les frais, traite des opérations qui ne nécessitent pas l'intervention d'intermédiaires entre ses correspondants et lui, c'est-à-dire qu'il borne généralement son arbitrage aux troies voies de change ordinaires.

Exemple :

1. Reprenons la cote d'Amsterdam chiffrée à Bruxelles (p. 94).

Bruxelles	287,99
Amsterdam	287,9355
Paris	287,931
Londres	288
New-York	287,9017

Le spéculateur bruxellois pourra traiter les opérations suivantes :

1° Acheter à Bruxelles des dollars qui seront négociés à Amsterdam. Nous avons vu que pour se procurer à Amsterdam un disponible de 100 fl. Bruxelles déboursera 287,9017 b.

2° Le disponible ainsi créé à Amsterdam y sera transformé en livres sterlings qui, négociées à Bruxelles, produiront 288 b.

Le bénéfice réalisé par Bruxelles sera donc de 0,0983 b. pour une dépense de 287,9017 b., soit 0,34 °/₀₀ abstraction faite des frais.

2. Si l'on examine la cote de Paris chiffrée à Londres (p. 96).

Londres...	124,03
Paris	124,02
Bruxelles	124,063
New-York	124,016
Amsterdam...	124,05
Madrid	124,031

on voit qu'un spéculateur londonien peut effectuer les deux opérations ci-dessous :

1° Faire remise à Paris de papier sur Bruxelles ; pour chaque £ dépensée, le disponible créé sera de 124,063 fr.

2° Demander à Paris de consacrer ce disponible à l'achat de dollars qui, négociés à Londres, produiront £ $\dfrac{124,063}{124,016}$ ou £ 1.000,378, soit donc un bénéfice de 0,378 °/₀₀.

3. Si nous examinons les parités trouvées dans l'exemple d'arbitrage entre les six voies de change, nous voyons qu'un spéculateur parisien devrait :

1° Se créer un disponible à Amsterdam en lui adressant du papier sur Londres acheté à Paris.

2° Demander à Londres de disposer sur Amsterdam pour le montant du disponible créé et de consacrer le produit de la négociation de la traite à l'achat de francs français qui seraient envoyés à Paris.

Si le disponible créé à Amsterdam est de 100 fl., le prix de revient pour Paris sera de 1.027,1913 fr., tandis que le rendement de la seconde opération se chiffrera par 1.027,8712 fr. Le bénéfice sera ainsi de 0,679 °/₀₀ indépendamment des frais.

Du marché des changes à terme

Depuis la guerre, nous avons assisté à une très grande instabilité du marché des changes, certaines monnaies (qui avaient cours forcé) se dépréciaient rapidement et leur cours sur les différentes places cambistes donnaient lieu à des fluctuations désordonnées.

Dans ces conditions, le commerce international devenait extrêmement difficile et dangereux. Tout débiteur ou créancier à terme d'une somme libellée en monnaies étrangères, ne savait pas quel serait, le jour de l'échéance, la contre-valeur en monnaie nationale de sa dette ou sa créance.

Pour parer à cet inconvénient, les banquiers ont créé le marché des changes à terme où les créanciers de monnaies étrangères peuvent réaliser de suite leur créance et où les débiteurs achètent au moment de la transaction, les devises nécessaires pour liquider leur dette à l'échéance.

Ces opérations ne sont réglées en espèces qu'à une date postérieure convenue d'avance et au cours fixé.

Pour la détermination de ces cours, on cote le *report* ou le *déport*, c'est-à-dire la somme qu'il y a lieu d'ajouter (R) au cours du comptant ou d'en soustraire (D) pour obtenir la valeur de la base cotée.

EXEMPLES :

Si le cours de la £ à vue est de 35,02, et que l'on cote pour la £ à 1 mois R 0,004, on pourra acheter une £ livrable dans un mois pour 35.024 belgas payables au moment de la livraison.

De même si la cote renseigne : Fl. à 3 mois : D 0,30, il y aura lieu de diminuer 0,30 b. du cours du comptant pour acheter ou vendre 100 fl. à 3 mois.

REMARQUE: Le déport s'indique parfois par la lettre B (bénéfice).

Voici, à titre indicatif, la cote officielle du change à terme de Paris du 12 mars 1928.

NÉGOCIATIONS DE CHANGE A TERME

Report : R. — Déport : B

DEVISE	1 mois	2 mois	3 mois
Londres	0.10 B à Pair	0.18 B à 0.02 B.	0.25 B à 0.05 B.
New-York ...	0.02 B à 0.01 R.	0.93 B à 0.01 R.	0.04 B à 0.01 R.

CONSIDÉRATIONS GÉNÉRALES

Le plus souvent, les opérations de change se font par simples virements entre banquiers correspondants; les ordres se transmettent par téléphone ou télégraphe. On gagne ainsi un temps appréciable et on économise les timbres qui seraient nécessaires si l'on employait des effets de commerce.

Toutefois, il arrive que les arbitrages portent sur des effets-terme. Alors, ainsi que nous l'avons vu dans les exercices précédents, la question de l'escompte intervient. Le banquier doit rechercher, étant donnés le taux de l'escompte officiel et celui de l'escompte hors banque, combien il peut donner pour des effets longs pour opérer à la parité du chèque. Si la différence entre les deux taux d'escompte est par exemple de $^1/_2$ %, pour un effet à 3 mois, le banquier bénéficiera au réescompte de $^1/_8$ %. Il pourra donc payer, pour un effet à cette échéance, le cours du chèque majoré de $^1/_8$ %. Mais, il est évident que, pour qu'il consente à engager sa signature pour trois mois, il exigera des conditions plus avantageuses; lorsqu'il y aura parité, il donnera toujours la préférence au chèque. Enfin, n'oublions pas qu'il est nécessaire de tenir compte dans ces calculs des frais de timbres, des jours de grâce, etc.

Toutes ces opérations doivent être faites très rapidement, vu le temps restreint dont on dispose. Aussi on se servait anciennement de tables de parité qui donnaient des approximations très suffisantes. Aujourd'hui, grâce à l'emploi des machines à calculer, on obtient sans fatigue et avec une étonnante rapidité les résultats absolument justes. L'habitude de ces calculs permet du reste aux cambistes les plus réputés de résoudre mentalement la plupart de leurs combinaisons. Ils procèdent par comparaison, par analogie et se fient à leur grande routine.

Ajoutons que l'instabilité actuelle des cours a rendu très difficiles pour ne pas dire impossibles les arbitrages quelque peu compliqués.

Courtages de change et droits de timbre

Dans tous les exemples que nous avons résolus jusqu'à présent, nous n'avons pas tenu compte des frais, qui cependant, peuvent modifier singulièrement les résultats obtenus. Dans les calculs d'arbitrage, les professionnels ont pour habitude de faire, en dernier lieu seulement, les redressements nécessaires. Suivant qu'ils sont acheteurs ou vendeurs, chaque parité est augmentée ou diminuée des frais qui la concernent.

Ces frais sont loin d'être fixes ; ils comprennent les *courtages* d'achat ou de vente, les *commissions* aux intermédiaires et, pour les opérations qui portent sur des effets de commerce, les *timbres* qui doivent être apposés dans le pays où ils sont créés, dans celui où ils sont payables ainsi que dans les pays intermédiaires où ils sont endossés. Voici quels sont, pour la Belgique, ces droits de timbre :

Effets de commerce créés en Belgique ou à l'étranger :

a) payables en Belgique : 0,10 fr. par tranche indivisible de 100 fr. pour les effets d'un import maximum de 500 fr. ; 0,50 fr. par tranche indivisible de 500 fr. pour les effets supérieurs à 500 fr.

b) payables à l'étranger : la *moitié* du tarif ci-dessus avec un minimum de 0,10 fr.

Chèques :

a) tirés sur banquiers : droit fixe de 0,20 fr.

b) tirés sur non banquiers : mêmes tarifs que pour les effets de commerce selon qu'ils sont payables en Belgique ou à l'étranger.

EXERCICES RÉSOLUS

1. *Paris doit 10.000 £ à vue. Il achète des florins au cours 1.022,70 que Londres réalise à 12,12 ¹/₂. Courtage de vente 1 °/₀₀. Quelle est la somme déboursée à Paris ?*

X fr. $= 10.000 \pounds$
999 $\pounds$ $= 1.000 \pounds$ (courtage 1 $^o/_{oo}$) [1]
1 $\pounds$ $= 12,125$ fl.
100 fl. $= 1.022,70$ fr.

$$X = \frac{10.000 \times 1000 \times 12,125 \times 1.022,70}{999 \times 1 \times 100} = 1.241.265,15 \text{ fr.}$$

2. *Un banquier de Bruxelles charge son correspondant de Paris de lui acheter 50.000 lires à 2 mois moyennant couverture en papier à vue.*

Quel sera le prix des 50.000 lires sachant que

Bruxelles cote Paris 28,21

Paris cote l'Italie 134,35 — 7 %.

Le correspondant prélève une commission de $^1/_2$ $^o/_{oo}$.

X belgas $= 50.000$ lires à 2 mois
600 lires à 2 mois $= 593$ lires à vue
100 lires à vue $= 134,35$ fr. français
2.000 fr. français $= 2.001$ fr. français (commiss. $^1/_2$ $^o/_{oo}$)
100 fr. français $= 28,21$ belgas.

$$X = \frac{50.000 \times 593 \times 134,35 \times 2.001 \times 28,21}{600 \times 100 \times 2.000 \times 100} = 187.383,47 \text{ fr.}$$

3. *Paris doit 100.000 fl. à Amsterdam. Il charge Londres d'envoyer à son créancier des couronnes scandinaves à 3 mois et de se rembourser par une traite à vue sur débiteur. Quel sera: 1° le nominal en couronnes de l'effet adressé à Amsterdam: 2° le prix de revient pour Paris de ce mode de règlement ?*

Les cours sont:

Amsterdam s/Stockholm	*66,70*
Londres s/Stockholm	*18,17* $^3/_4$
Londres s/Paris	*124,06*

---

[1] Lorsque Londres vend des florins pour une valeur de 1.000 $\pounds$ il ne touche que 999 $\pounds$ par suite du courtage qui se soustrait. Ce courtage a pour effet d'augmenter le prix de revient pour Paris. D'où le rapport *soustractif croissant* 999 = 1000.

L'escompte à Stockholm est de 7 %. Amsterdam paie un courtage de $^3/_4\ ^0/_{00}$. *Londres prélève une commission de 1 pour 10.000.*

1° X couronnes à 3 mois = 100.000 fl. à vue
    3.997 fl. à vue   = 4.000 fl. (court. $^3/_4\ ^0/_{00}$)
    66,70 fl.   = 100 cour. à vue
    393 c. à vue   = 400 cour. à 3 mois ($^7/_4$ %)

$$X = \frac{100.000 \times 4.000 \times 100 \times 400}{3.997 \times 66,70 \times 393} = 152.862,96 \text{ couronnes.}$$

2° X francs   = 100.000 fl. à vue
    3.997 fl.   = 4.000 fl. (court. $^3/_4\ ^0/_{00}$)
    66,70 fl.   = 100 cour. à vue [1]
    18,1775 cour. à vue = 1 £
    10.000 £   = 10.001 £ (commission 1 $^0/_{000}$)
    1 £   = 124,06 fr.

$$X = \frac{100.000 \times 4.000 \times 100 \times 1 \times 10.001 \times 124,06}{3.997 \times 66,70 \times 18,1775 \times 10.000 \times 1} = 1.024.096,90 \text{ fr.}$$

4. *Un commerçant d'Amsterdam possède un disponible de 300.000 fr. à Genève. Il charge son débiteur de lui acheter des belgas à 1 mois et de les adresser pour son compte à la Martin's Bank de Londres. Il dispose sur Londres par un chèque qu'il négocie immédiatement. Quel sera :*

1° le nominal de l'effet acheté à Genève ;

2° le produit net en florins ?

Genève cote Bruxelles   72,41 $^1/_4$
Londres cote Bruxelles   34,98 $^3/_4$
Amsterdam cote Londres   12,12 $^9/_{16}$

L'escompte à Bruxelles est de 5 $^1/_2$ %. Genève paie un courtage de $^1/_2\ ^0/_{00}$, Londres prélève 1 $^0/_{000}$ de commission.

---

[1] Il est inutile de passer par les couronnes à 3 mois, Londres cotant Stockholm à vue. Après avoir fait intervenir les couronnes à 3 mois, il faudrait les ramener à vue et les deux rapports à introduire s'annuleraient l'un l'autre :
    393 couronnes à vue   = 400 couronnes à 3 mois
    400 couronnes à 3 mois = 393 couronnes à vue.

1°   X belgas à 1 mois $= 300.000$ fr. suisses à vue
2.001 fr. suisses $= 2.000$ fr. s. (court. $^1/_2$ $^0/_{00}$)
72,4125 fr. suisses $= 100$ belgas à vue
2.389 b. à vue $= 2.400$ b. à 1 mois ($^{11}/_{24}$ %)

$$X = \frac{300.000 \times 2.000 \times 100 \times 2.400}{2.001 \times 72,4125 \times 2.389} = 420.152,60 \text{ belgas.}$$

2°   X fl. $= 300.000$ fr. suisses à vue
2.001 fr. suisses $= 2.000$ fr. s. à vue (court. $^1/_2$ $^0/_{00}$)
72,4125 fr. suisses $= 100$ belgas à vue
34,9875 b. à vue $= 1$ £
10.000 £ $= 9999$ £ (commission 1 $^0/_{000}$).
1 £ $= 12,125625$ fl.

$$X = \frac{300.000 \times 2.000 \times 100 \times 1 \times 9.999 \times 12,125625}{2.001 \times 72,4125 \times 34,9875 \times 10.000 \times 1} = 143.495,54 \text{ fl.}$$

EXERCICES A RESOUDRE

1. On a fondu ensemble 2 lingots d'or pesant l'un 8 k. 725 à 0,845, l'autre 9 k. 470 à 0,925.

Quel est le titre du lingot obtenu?

2. On possède un lingot d'or de 5 k. 720 au titre de 0,820.

Quelle quantité d'or pur faudra-t-il y ajouter pour porter le titre à 0,9?

3. Quelle quantité de cuivre faudra-t-il ajouter à un lingot d'argent. de 30 k. 450 à 0,870 pour ramener le titre à 0,835?

4. Problèmes à résoudre par la *règle conjointe* :

Pièce de 20 francs suisses.

1° Connaissant la taille (155) et le titre (0,9) trouver le pied.
2° Connaissant la taille et le titre, trouver le poid du fin.
3° Connaissant la taille et le pied (172 $^2/_9$) trouver le titre.
4° Connaissant le pied et le titre, trouver le poids droit.

Pièce de 20 Reichmark.

Exercices analogues sachant que :
Taille $= 125$ $^5/_9$ — Pied $= 139$ $^1/_2$ — titre $= 0,9$.

Pièce de 2 $^1/_2$ florins (argent).

Mêmes exercices.
Taille $= 40$ — Pied $= 42,328$ — Titre $= 0,945$.

5. Calculer en francs-or et en belgas le pair intrinsèque de la pièce de 20 Reichmark.

6. Calculer la valeur d'un lingot d'or pesant
4 lb. 10 oz. 9 dwts. 12 gr. au titre W 2 c. 1 gr.
Le cours de l'or à Londres est de 95/10 l'oz. de fin.

7. Exprimer en millièmes les titres suivants :
B. 1 c. 2 gr.   W 4 dwts.

8. Le platine est coté à Paris 95.500 fr. et à New-York 116 $.

Les frais de transport et d'assurance de New-York à Paris sont évalués à 4 $^1/_4$ $^0/_{00}$ et le change est de 1 $ = 25 fr. 60.

Où faut-il acheter ?

9. Calculer le gold point *inférieur* du change Paris sur Londres sachant que l'or s'achète à Londres 77/10 $^1/_2$ l'oz. st. et Paris le cote à 2 $^0/_{00}$ de prime (cotation de 1914).

Les frais d'envoi de Londres à Paris sont évalués à 3 $^1/_2$ $^0/_{00}$ et l'on paie à Paris une commission de vente de $^3/_8$ %.

10. Calculer le gold point *supérieur* du change Berlin sur Paris.

L'or est coté à Berlin 2.789 Mk.

à Paris 16.995 fr.

Les frais d'envoi de Berlin à Paris s'élèvent à 2 $^1/_4$ $^0/_{00}$ et l'on paie à Paris une commission de vente de $^3/_8$ %

11. Quel devra être le cours de l'or à New-York pour qu'il y ait parité sachant que l'or cote à Londres 84/11 et que New-York cote Londres 4.882 ?

12. Dressez le bordereau de la négociation Paris 2 mai des effets suivants :

5.000 Fl. au 10 juin.

4.800 Fl. au 15 juin.

1.400 Fl. au 25 juin

1.650 Fl. au 10 juillet.

La cote indique :

Amsterdam 1.022,70 − 4 1/2 %.

13. X de Bruxelles doit 8.000 fr. à vue à C d'Amsterdam.

C demande à X de lui faire parvenir du papier à 30 jours.

Quel sera le montant nominal de cet effet sachant que Bruxelles cote Amsterdam 288,75 moins 4 $^1/_2$ % ?

14. Je dois 8500 $ à vue à New-York.

J'achète du versement chez le banquier X de Paris qui règle par transfert télégraphique.

Quelle somme aurai-je à débourser, sachant que la cote porte :

New-York : 25.427

et que je paie une commission de $^1/_8$ % ?

15. Un commerçant parisien doit 20.000 Fl. exigibles à Rotterdam dans un mois.

Pour se libérer, il envoie :

1° un effet de 8.000 Fl. à 2 mois.

2° un effet de 6.000 Fl. à 3 mois.

3° un effet de   X ^{v} Fl. à 4 mois.

Sachant que Paris cote la Hollande 1022.75 moins 4 1/2 %, quel est le montant nominal de l'effet à 4 mois et à combien s'élève le total des déboursés du débiteur ?

16. Niveler les cours suivants à l'échéance de 1 mois :

Bruxelles sur Amsterdam		288,80	4 $^1/_2$ %
Paris sur Londres		124,05	4 %
Genève sur Bruxelles		72,40	5 $^1/_2$ %
Londres sur New-York	vue	4,88 $^1/_4$	4 %
Londres sur Buenos-Ayres	vue	47 $^3/_{16}$	6 %
New-York sur Paris		3,93 $^5/_8$	5 $^1/_2$ %
New-York sur Londres	60 jours	4,83 $^5/_8$	4 %

17. Paris doit à Bruxelles 100.000 fr. à vue

    Paris cote Bruxelles 354,75

    Bruxelles cote Paris 28,21

    Amsterdam cote Paris 9,77

    Amsterdam cote Bruxelles 34,56 1/2.

Quels sont, d'après les cotes données, les différents moyens que Paris peut employer pour acquitter sa dette ? Quelle est la voie la plus avantageuse ?

18. Le 26 février 1920 Paris devait à Londres 20.000 francs exigibles dans deux mois. Le débiteur offrait de payer immédiatement sous déduction de l'escompte à 6 % l'an. Que devait faire le créancier, sachant que Londres cotait Paris 48,10 à vue et 48,85 à 3 mois (escompte 5 %) ?

19. Le 15 mai 1914, un spéculateur parisien achète à Londres 200 livres troy d'or au titre W. 1 c. 3 gr. au cours de 77/10 l'oz. standard. Les frais de transport et d'assurance sont évalués à $2\ ^0/_{00}$.

Pour solder son achat, il choisit la voie la plus avantageuse en se basant sur les cours ci-après:

Paris sur Londres	vue	25,155
Paris sur Berlin	vue	122,60
Londres sur Paris	3 mois	25,36 moins 3 $^1/_2$ %
Londres sur Berlin	3 mois	20,66 moins 4 %

Il revend son or à Paris où il est coté à $2\ ^0/_{00}$ de prime, et paie un courtage de vente de $^1/_2$ %.

Dites :

1° Quelle voie choisira le spéculateur pour couvrir Londres et justifiez ce choix ?

2° Quel sera le bénéfice réalisé sur l'opération ?

20. Un industriel belge possède chez un banquier de Paris du disponible qu'il désire convertir en francs belges.

Sachant que les cours sont

    Bruxelles sur Paris   28,21

    Paris sur Bruxelles 354,75

doit-il faire acheter des francs belges à Paris ou faire vendre des francs français à Bruxelles ?

21. Etant donnés les cours *à vue* ci-dessous :

Bruxelles sur Londres	34,99
Bruxelles sur Amsterdam	288,62
Bruxelles sur Paris	28,20
Londres sur Amsterdam	12,12 $^1/_2$
Londres sur Paris	124,06
Londres sur Bruxelles	34,98 $^3/_4$
Amsterdam sur Londres	12,12 $^9/_{16}$

Que fera Bruxelles :

a) s'il est débiteur à Londres de 10.000 £ à vue ;

b) s'il est créancier de la même somme ;

c) s'il veut spéculer sur les changes en compte à demi avec son correspondant de Londres ?

N. B. — L'entremise éventuelle de la place d'Amsterdam grève l'opération d'une commission de 1 par 10.000.

22. Un banquier bruxellois doit 100.000 florins à vue à Amsterdam. Il prie son correspondant Blydenstein de Londres d'adresser pour son compte à Amsterdam du Paris à 2 mois. Le même jour il couvre Londres par une remise à vue.

Quelle sera la somme déboursée à Bruxelles sachant que le courtage de vente supporté à Amsterdam est de 1/4 $^0/_{00}$, que Blydenstein réclame une commission de 1/4 $^0/_{00}$ et que les cotes portent :

Bruxelles sur Londres   34,99
Londres sur Paris   124,06
Amsterdam sur Paris   9,77

Taux d'escompte à Paris 6 %.

23. Paris est créancier de 1.000 £. Il demande à Londres de lui adresser des florins à 2 mois. Londres achète au cours de 12,125, moins 5 %. Paris réalise à 1022,50 et paie un courtage de 1 $^1/_4$ $^0/_{00}$. Quelle sera la somme encaissée ?

24. Londres doit 200.000 florins à vue à Amsterdam. Il prie Paris de couvrir son créancier par une remise en francs belges et de se rembourser en disposant à vue sur lui. Quelle sera la somme déboursée par Londres sachant que

Paris cote Londres   124,05
Paris cote Bruxelles   354,75
Amsterdam cote Bruxelles   34,65

que Amsterdam paie un courtage de vente de 1 $^0/_{00}$ et que Paris prélève une commission de 1/8 $^0/_{00}$.

25. Bruxelles a en portefeuille

753 £ à 1 mois
645 £ à 2 mois
846 £ à 3 mois.

Il les envoie à Londres aux fins d'escompte aux conditions suivantes :

Taux : 5 % ; Commission : 1/8 % ; Timbré : 1 sh. par 100 £ sans fraction.

Londres consacre le produit net de la négociation à l'achat d'un chèque sur Amsterdam au cours de 12.12 tel quel et l'envoie à Paris qui le négocie à 1.021, commission de 1/2 $^0/_{00}$. Paris couvre Bruxelles au cours de 354,60. Quel est le rendement net pour ce dernier ?

26. Un banquier bruxellois spécule sur les changes en *compte à demi* avec son confrère de Londres et dispose des cours suivants :

Bruxelles sur Londres   34,987
Londres sur Bruxelles   34,995
Bruxelles sur Paris   28,21
Londres sur Paris   124,02
Paris sur Londres   124,00
Bruxelles sur Amsterdam   289,23
Londres sur Amsterdam   12,10

Etablissez la cote de Londres chiffrée à Bruxelles en tenant compte que l'intervention effective d'une place étrangère (Paris ou Amsterdam) grève l'opération d'une commission de 1/2 $^0/_{00}$ et expliquez en quelques mots ce que fera le banquier bruxellois. — 2. Quel sera le bénéfice par Livre sterling.

DEUXIÈME PARTIE

BOURSE DES VALEURS

CHAPITRE PREMIER

GENERALITES

Définition. — La Bourse est un lieu de réunion où s'opèrent spécialement l'achat et la vente des *valeurs mobilières*.

Historique. — L'institution des Bourses est d'origine très ancienne. Au temps des Romains, on avait déjà fondé un « *Collegium mercatorum* ».

En Belgique, dès le début du XIV⁰ siècle, les négociants se réunissaient à Bruges à l'Hôtel *Van der Beurse*.

En 1304, Philippe IV créa à Paris la première Bourse qui eut son emplacement sur un pont appelé Pont au Change.

C'est la ville d'Anvers qui la première construisit en 1460 un bâtiment spécialement affecté à la tenue de la Bourse. A Paris, ce ne fut que le 6 novembre 1826 que la Bourse fut installée dans l'édifice spécial qu'elle occupe aujourd'hui.

Valeurs mobilières. — Les valeurs mobilières peuvent être classées en trois catégories bien distinctes :

1° Les **fonds publics**, c'est-à-dire les titres qui représentent les emprunts des Etats, des provinces, des communes, etc.

Lorsque les Etats doivent faire face à des dépenses extraordinaires ou imprévues (travaux publics, transformation du matériel militaire, guerre, etc.), le revenu des impôts ne suffit plus et ils ont recours à des *emprunts* définitifs ou provisoires.

Les emprunts *définitifs* peuvent être contractés avec ou sans stipulation du mode et du terme de remboursement. Dans le premier cas, les titres qui en résultent forment la *rente amortissable*; dans le second, ils portent le nom de *rente perpétuelle.*

Les emprunts *provisoires* sont remboursables à bref délai. Ils sont généralement contractés en attendant la rentrée normale des impôts; les titres qui en résultent portent le nom de *bons du Trésor.*

L'ensemble des emprunts définitfs d'un Etat constitue sa *Dette consolidée,* tandis que les emprunts provisoires forment sa *Dette flottante.*

Les provinces et les communes peuvent également, avec l'autorisation du Gouvernement, contracter des emprunts. Les titres qu'elles émettent sont souvent remboursables par voie de *tirages au sort* et, lorsque des primes sont attribuées aux premiers numéros sortants, ces titres sont appelés *obligations à prime* ou *valeurs à lots.*

2° Les **obligations** : Celles-ci résultent des emprunts des sociétés commerciales. Elles donnent droit à un *intérêt fixe* qu'il y ait bénéfice ou perte. De même que les *fonds publics,* elles représentent une *créance* sur ceux qui les émettent.

En principe, elles sont remboursées toutes, par la même somme, par voie de tirages au sort. Cependant, certaines sociétés procèdent au remboursement anticipatif de leurs obligations par des rachats en bourse ou par soumissions; dans ce dernier cas, les obligataires désireux de rentrer en possession de leurs fonds sont invités à faire connaître le prix auquel ils consentent à céder leurs titres; la société rembourse alors les moins exigeants jusqu'à concurrence de la somme à ce destinée.

Il peut arriver que la société se trouve dans l'impossibilité de servir l'intérêt des obligations. Les obligataires, réunis en assemblée, peuvent alors accepter certains arrangements, par exemple, de toucher chaque année, à titre d'intérêts, les bénéfices nets de l'entreprise jusqu'à ce que la situation normale soit rétablie. De là provient la catégorie d'*obligations à revenu variable,* renseignée à la cote de la Bourse.

Signalons enfin les *obligations à échéance fixe* qui sont remboursables chacune 2, 3, 5... ou 10 ans après leur date d'émission. Ces titres sont surtout usités dans les banques et se négocient rarement à la Bourse.

3° Les **actions** : Le capital de la plupart des sociétés commerciales est représenté par un certain nombre de titres appelés *actions*. Il existe plusieurs espèces d'actions auxquelles on donne des noms très divers ; pratiquement, on peut les classer comme suit :

a) Les *actions de capital* qui représentent une portion du fonds social. Elles donnent droit : 1° chaque année, si les bénéfices le permettent, à un *premier* dividende fixe qui représente l'intérêt du capital et à un *second* dividende variable ; 2° en cas de dissolution, à un part du fonds social.

Si les statuts l'autorisent, on peut prévoir le remboursement anticipatif de ces actions par tirages au sort au moyen de prélèvements sur les bénéfices.

b) Les *actions de jouissance* (sans attribution de valeur nominale) sont remises aux possesseurs d'*actions de capital* qui ont été remboursées. Elles donnent droit au second dividende et, en cas de dissolution, à une part du fonds social lorsque toutes les *actions de capital* auront été amorties.

c) Les *actions de dividende* (sans attribution de valeur nominale) qui, ainsi que leur nom l'indique, donnent droit à une part des bénéfices. Leurs détenteurs n'ont aucun droit sur le fonds social. Elles sont souvent remises gratuitement aux premiers souscripteurs ou aux personnes qui ont rendu de services à la société.

d) Les *parts de fondateurs* sont créées en faveur des fondateurs de la société en rémunération des travaux auxquels ils ont dû se livrer. Les privilèges attribués à ces titres varient suivant les statuts de la société ; tantôt elles donnent droit exclusivement à un certain dividende, tantôt elles constituent également un titre de propriété sur le capital.

e) Les *actions privilégiées ou de priorité* sont des actions à *revenu fixe*. Elles donnent droit à un *dividende invariable* payé avant toute autre répartition et en cas de dissolution, elles ont également la priorité pour le remboursement du capital. Elles sont ordinairement remboursées par voie de tirages au sort. Souvent aussi elles participent à la répartition des bénéfices après l'octroi du premier dividende qui leur est réservé en qualité d'*actions privilégiées*.

Forme des titres. — Les titres peuvent être *nominatifs, au porteur* ou *mixtes*.

1° Les *titres nominatifs* portent les nom et prénoms de leur propriétaire. Le paiement des arrérages est constaté par l'apposition d'une estampille au verso du titre lui-même ou par l'acquit donné par l'actionnaire sur une quittance rappelant le montant des arrérages touchés et le nombre des titres qui y donnaient droit.

La négociation ou la cession de ces titres se fait par une *déclaration de transfert* sur le registre de la société. Cette déclaration est *datée* et *signée* par le cédant et par le cessionnaire. Elle peut également être faite sur une formule détachée. Mention en est faite alors au livre des actionnaires, avec signature des fondés de pouvoir de la société.

2° Les *titres au porteur* peuvent être transmis de la main à la main, sans aucune formalité. Ils sont munis de coupons pouvant être détachés et contre remise desquels, on paie les arrérages.

3° Les *titres mixtes* qui portent aussi le nom de leur propriétaire et sont transmis comme les titres nominatifs, mais les arrérages sont payés contre remise de coupons au porteur. Très peu de titres revêtent cette forme.

Intermédiaires de Bourse. — La négociation des valeurs mobilières s'opère par l'entremise de certains intermédiaires dont les noms diffèrent suivant les pays mais dont chaque catégorie a des attributions spéciales nettement déterminées par les règlements et les usages locaux. Nous aurons l'occasion d'étudier les noms et attributions de ces différents intermédiaires dans les principales places du monde.

D'une façon générale, on peut distinguer les intermédiaires officiels ou *agents de change* et ceux du marché libre appelés *coulissiers, courtiers, commissionnaires*. Les agents de change ont le monopole des transactions sur les valeurs dites « *de parquet* », c'est-à-dire celles qui sont renseignées à la cote officielle, tandis que les coulissiers opèrent sur les valeurs non cotées et dites « *de coulisse* ».

Depuis longtemps déjà, la négociation des effets de commerce de même que les transactions sur monnaies et métaux précieux sont traitées presque exclusivement par les *banquiers*.

Couverture. — La couverture est une garantie exigée par l'intermédiaire avant de conclure une opération. Elle est destinée à couvrir la perte éventuelle que peut subir le spéculateur ; elle peut consister en espèces ou en valeurs. L'importance de la couverture varie suivant le genre d'opérations à conclure ainsi que d'après les circonstances et événements politiques capables d'influencer le marché.

Cotes des valeurs. — Dans les différentes Bourses, il existe une commission spéciale (Commission de la Bourse à Bruxelles, Chambre syndicale des agents de change à Paris), chargée de publier chaque jour la cote officielle, c'est-à-dire un bulletin relatant les cours auxquels ont été effectuées les différentes transactions. Cette commission s'occupe également de l'admission à la cote des valeurs mobilières et de leur radiation.

Il faudrait se garder de conclure que les valeurs cotées officiellement sont plus recommandables que celles qui ne se traitent qu'en coulisse. Il suffit, pour qu'une valeur soit admise à la cote, que la société qui l'émet soit dans les conditions et remplisse les formalités prescrites par la loi et qu'elle se soumette aux exigences déterminées par les règlements locaux.

La disposition des cotes dans les différentes places est très variable. Tantôt on mentionne, pour chaque valeur traitée, le cours le plus *bas* et le cours le plus *haut* ; tantôt, la moyenne arithmétique entre ces deux cours *(cours moyen)* est seule renseignée ; parfois aussi, on indique par un signe spécial (F. A. ou P.) les cours *Faits*, c'est-à-dire ceux auxquels il y a eu des transactions réelles, les cours *Argent* ou demandés et les cours *Papier* ou offerts. Mais la distinction la plus importante consiste dans ce que les valeurs à revenu fixe peuvent être cotées *intérêts compris,* ou *non compris,* dans les cours. Dans ce dernier cas, la valeur actuelle du titre s'obtient en ajoutant au chiffre de la cote l'intérêt couru depuis le détachement du dernier coupon jusqu'à la date de la livraison ; il est donc de la plus haute importance de connaître le système de cotation en usage pour la valeur envisagée.

Les résultats des transactions opérées au *marché en Banque* sont enregistrés dans les cotes privées, rédigées par les intermédiaires de ce marché.

NÉGOCIATION DES VALEURS MOBILIÈRES

Les valeurs mobilières se négocient au *comptant* ou à *terme*.

A. — Du marché au comptant

Définition. — Les marchés au comptant sont ceux dans lesquels la livraison des titres ou du numéraire a lieu dès que l'opération est conclue ou dans un délai très rapproché.

Façon de donner les ordres au comptant. — Un ordre de Bourse doit stipuler exactement le sens de l'opération, le nombre et la nature des titres sur lesquels elle doit porter, la durée de validité de l'ordre, ainsi que le cours à appliquer. L'ordre, en effet, peut être donné :

1° *A cours fixe*, lorsque l'opérateur stipule le cours auquel il veut traiter.

Si l'opération est faite au cours fixé et si ce cours est compris dans ceux qui ont été pratiqués à la bourse du jour, le donneur d'ordre est tenu de l'accepter.

2° *A cours limité*, si l'on fixe un maximum pour l'achat et un minimum pour la vente.

Les ordres donnés à cours fixe et à cours limité ne sont exigibles que si un cours inférieur en cas d'achat, ou, en cas de vente, un cours supérieur au chiffre donné à été coté. En effet, la limite fixée a pu être atteinte sans que l'agent ait été en mesure d'effectuer l'opération, l'offre ne répondant pas toujours à la demande et vice-versa.

3° *Au cours moyen*. Le cours moyen, nous l'avons dit, est la moyenne arithmétique entre le cours le plus haut et le cours le plus bas de la journée.

Les ordres données au cours moyen sont les plus fréquents. Dès le commencement de la bourse et même plus tôt, on échange ces ordres qui sont donc traités à un cours qui ne sera connu qu'à la clôture de la bourse. Il va sans dire que si aucun cours n'est coté, ces ordres ne sont pas exécutés.

4° *Au mieux*, lorsque toute latitude est laissée à l'agent de change.

Les ordres donnés sans stipulation relative au cours à appliquer sont aussi exécutés au mieux.

ORDRE LIÉ. Un ordre lié comprend deux opérations de sens contraire qui sont subordonnées l'une à l'autre.

Ex. : Vendez 10 Cockerill.

Achetez 6 Ougrée-Marihaye. — Ordre lié, au mieux.

Cet ordre signifie que l'agent ne pourra faire isolément une des deux opérations s'il ne peut conclure l'autre. L'ordre peut cependant être exécuté partiellement mais dans les proportions données. L'agent pourrait, par exemple, vendre 5 Cockerill et acheter 3 Ougrée.

Délai de livraison. — Les titres vendus au comptant devraient toujours être livrés immédiatement mais les règlements des différentes places accordent un délai de quelques jours. Les titres nominatifs jouissent d'un délai plus long que les autres, par suite des formalités de transfert qu'ils nécessitent.

*
* *

Le marché au comptant est surtout fréquenté par des capitalistes désireux de faire des placements sûrs et durables. Cependant, certains spéculateurs y opèrent également ; ils profitent de ce que les cours sont bas pour acheter et lorsque la hausse se produit, ils revendent en bénéficiant de la différence des cours. Mais, pour opérer de cette façon, il faut posséder des capitaux importants, et pouvoir attendre le moment favorable ; de plus, sur les valeurs sûres, les fluctuations que subissent les cours en période normale sont en général trop faibles pour assurer au spéculateur une rétribution suffisante des capitaux engagés. Il est vrai que dans ces sortes de spéculation, l'opérateur n'est tenu par aucun engagement, et si ses prévisions ne se réalisent pas, il est libre d'attendre. Mais cette sécurité relative importe peu à la grande masse des spéculateurs que domine la passion du jeu et le véritable terrain de ceux-ci est le *marché à terme*, où les risques sont beaucoup plus grands, mais où l'on peut jouer gros jeu sans posséder de grands capitaux.

B. — **Du marché à terme**

Définition. — Les marchés à terme sont ceux dans lesquels la livraison des titres ou du numéraire n'a lieu qu'à une certaine date fixée d'avance par la commission de la Bourse et appelée jour de *liquidation*.

*
* *

Nous avons dit que le marché à terme est surtout fréquenté par les spéculateurs. Ceux d'entre eux qui croient à la hausse *(haussiers)* achètent *à terme* dans l'espoir de revendre à un taux plus élevé avant la liquidation ou, au plus tard, ce jour-là même. Ceux qui croient à la baisse *(baissiers)* vendent à terme des titres qu'ils ne possèdent pas, mais qu'ils espèrent pouvoir acheter avant la liquidation à un cours plus bas.

Il ne faudrait pas croire cependant que seuls les acheteurs *en blanc* (sans capitaux) et les vendeurs *à découvert* (sans titres) opèrent au marché à terme. Souvent les capitalistes désireux d'acheter ou de vendre une forte quantité de titres sont forcés de s'adresser au marché à terme, parce qu'ils ne trouveraient pas une contre-partie suffisante sur le marché au comptant et qu'une demande ou une offre trop forte sur ce marché risquerait fort d'influencer les cours à leur détriment.

En France, la validité des marchés à terme n'a été reconnue qu'en 1885. A cette époque, chaque fois qu'il ne pouvait être prouvé que le vendeur eût la libre disposition des titres au moment de la conclusion du contrat, les parties pouvaient invoquer l'exception de jeu et se refuser à remplir leurs engagements. Aussi, les intermédiaires dont les clients n'avaient pas réussi dans leurs spéculations se voyaient souvent exposés à des pertes considérables. La loi du 28 mars 1885, en proclamant la légalité des marchés à terme, a mis fin à ce regrettable état de choses. En Belgique, les marchés à terme ne sont pas encore reconnus par la loi. Lorsque le débiteur malhonnête tente d'invoquer l'exception de jeu, le juge possède un pouvoir discrétionnaire pour déterminer le caractère des opérations qui font l'objet du litige. C'est dire qu'il est impossible de donner d'une façon précise les caractéristiques d'une opération licite, la jurisprudence étant loin d'être uniforme à cet égard.

D'une façon générale on peut qualifier de jeu une suite

d'opérations pour lesquelles il a été expressément ou tacitement convenu entre les parties que seules les différences seraient payées ou encaissées. Toutefois, pour arriver à cette conclusion, les éléments de preuve sont excessivement variables et c'est la raison pour laquelle on ne saurait trop désirer qu'une loi établisse enfin la légalité des marchés à terme.

Bien des moralistes se sont élevés contre les marchés à terme qu'ils assimilent à la roulette ou aux petits chevaux. Sans doute, pour la grande masse des petits spéculateurs, les marchés à terme constituent de véritables jeux de hasard, mais il n'en est pas moins vrai que la spéculation a son utilité. Sans elle, il serait presque impossible de lancer sur le marché les actions d'une nouvelle affaire ; souvent les capitalistes qui cherchent des placements sûrs ne consentiraient pas à s'intéresser à une affaire qu'ils ne connaissent pas, s'ils n'étaient entraînés par un courant. Ce courant, c'est la spéculation qui le crée.

Façon de donner les ordres à terme. — A terme, les ordres sont donnés *au mieux*, à *cours limité*, en *ouverture*, en *clôture*, au *premier cours,* au *dernier cours.*

Le cours *moyen* n'est pas applicable à ces ordres.

Les ordres donnés en *ouverture* ou en *clôture*, sont exécutés pendant le premier ou dernier quart d'heure de bourse. Ceux qui sont donnés au *premier* ou au *dernier cours* sont exécutés après la bourse aux cours renseignés à la cote comme premier et dernier.

Quotité négociable. — Au marché à terme, on ne peut opérer que sur un nombre déterminé de titres ou sur un multiple de cette *quotité.*

De plus, il n'y a que certaines valeurs désignées qui puissent être traitées à terme.

Division du marché à terme. — On distingue deux catégories d'opérations à terme :

Les premières ne peuvent être résiliées ; elles sont irrévocables pour les deux parties et sont appelées **opérations fermes.**

Les secondes peuvent être résiliées moyennant une certaine indemnité *(prime),* à fournir par l'une des parties à l'autre. Ce sont les **opérations à prime.**

Liquidation. — Nous avons vu que les opérations à terme se règlent à certaines époques périodiques appelées *liquidations*.

Suivant l'importance des Bourses, une liquidation dure trois, quatre, cinq jours et présente trois périodes bien distinctes ; à chacune desquelles sont réservés un ou plusieurs jours.

La *première période* est consacrée à la *réponse des primes*. Les spéculateurs qui ont traité pendant la quinzaine ou le mois précédent des opérations à prime doivent informer la contrepartie de leur décision : ils peuvent *abandonner la prime*, c'est-à-dire résilier le marché en payant la prime convenue ; ou bien ils peuvent *lever la prime*, c'est-à-dire consolider le marché qui devient alors *une opération ferme*. Naturellement ce droit n'appartient jamais qu'à l'une des parties.

Pendant la *deuxième période*, les opérations fermes doivent être liquidées par une des trois façons, qui sont exposées à la suite de l'exemple que l'on trouvera ci-dessous. Les intermédiaires dressent alors pour chacun de leurs confrères un compte de liquidation qui fait ressortir le solde en espèces et en titres relatif à chacun d'eux. Ces divers comptes étant pointés et reconnus exacts, l'intermédiaire les résume sur sa *feuille de liquidation*. Il envoie ensuite à chacun de ses clients un compte de liquidation où sont relatées toutes les opérations à terme faites pour son compte et qui lui avaient été renseignées au fur et à mesure de leur conclusion.

La *dernière période* est réservée aux règlements réciproques. Les clients débiteurs d'espèces ou de titres règlent leurs comptes ; les clients créditeurs encaissent les bénéfices qu'ils ont réalisés ou prennent livraison des titres levés. Les agents règlent ensuite leurs comptes entre eux par l'intermédiaire du *Comité de liquidation*.

a) Opérations fermes

Les opérations fermes peuvent se résumer comme suit :

Les *haussiers* achètent à terme des valeurs qu'ils espèrent revendre à un cours plus élevé.

Les *baissiers* vendent à terme des valeurs qu'ils espèrent racheter à un cours plus faible.

Supposons que par l'intermédiaire de leurs agents respectifs, A. ait acheté fin courant à V. 5.000 fr. de rente française 5 % à 98,20. A attend son bénéfice de la *hausse* du cours ; V espère la *baisse*. Nous pouvons représenter par un seul diagramme le résultat de ces deux opérations.

Remarquons d'abord que acheter 5.000 fr. de rente française signifie acheter un nombre suffisant de titres pour avoir une rente de 5.000 fr. ; soit donc à 5 %, 1000 titres de 100 fr. ou des titres d'une valeur nominale quelconque mais représentant ensemble un capital de 100.000 fr. Une hausse de 0,05 fr. dans le cours produira pour A un bénéfice de 50 fr. et pour V une perte de même import. C'est ce qu'indique le graphique ci-dessous.

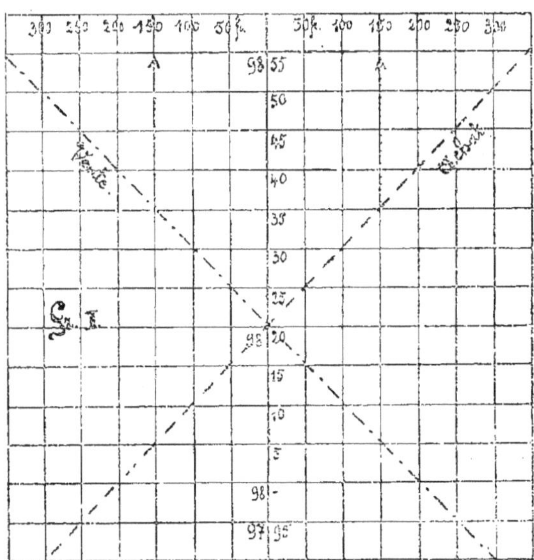

Si nous supposons, qu'au jour de la liquidation, le cours est de 98,35, le diagramme indique pour A un gain de 150 fr., pour V une perte de 150 fr. En effet, A peut revendre à 98,35 les titres que V doit lui fournir à 98,20, et réaliser ainsi un bénéfice de $(98,35 - 98,20) \times 1000 = 150$ fr., tandis que V doit acheter à 98,35 des titres qu'il s'est engagé à livrer à 98,20. Il subit donc une perte de 150 fr.

Si le cours était resté à 98,20, les deux spéculateurs se seraient liquidés sans gain ni perte. Evidemment nous ne tenons pas compte ici ni des courtages ni des frais qui grèvent les opérations de Bourse.

*
* *

Au jour de la liquidation, il y a trois manières de régler les opérations fermes :

1° L'opérateur peut exécuter simplement le marché conclu.

S'il est acheteur, il paie le prix convenu et lève les titres.

S'il est vendeur, il livre les titres et en reçoit le montant.

Cette solution est la moins employée, car elle suppose que l'acheteur possède les capitaux nécessaires pour payer les titres et que, d'autre part, le vendeur est en possession des titres qu'il a vendus. Or, nous avons vu que c'était là l'exception.

2° L'opérateur peut se liquider en traitant une opération *inverse* de celle qu'il avait conclue.

L'acheteur revend en liquidation les titres qu'il avait achetés à terme. Le vendeur rachète en liquidation les valeurs qu'il s'est engagé à fournir.

La différence entre le montant de ces deux opérations de sens contraire constitue le bénéfice ou la perte que le spéculateur encaisse ou paie chez son agent. Cette solution est la plus employée ; c'est elle que nous avons supposée dans l'exemple ci-dessus.

3° L'opérateur peut se faire *reporter*.

Il peut arriver que les prévisions du spéculateur, quant à la hausse ou à la baisse des valeurs sur lesquelles il a opéré, ne se soient pas réalisées au jour de la liquidation. Mais si néanmoins, l'opérateur persiste à croire que la hausse ou la baisse qu'il avait prévue se produira il peut faire *reporter* sa position, c'est-à-dire la conserver pour la liquidation suivante.

Report. — A la Bourse, le mot *report* a diverses acceptions :

a) En temps normal, si l'on examine pour une même valeur, le cours du comptant et celui du terme, on constatera que le second est plus élevé que le premier. La différence que l'on nomme *report* représente censément l'intérêt du cours du comptant jusqu'au jour de la liquidation suivante et est d'autant plus élevée que la liquidation est plus éloignée.

b) Lorsque l'*écart* entre les deux cours est assez important, il permet aux capitalistes de se livrer à une opération qui leur procure un bénéfice plus ou moins élevé, sans courir de risques.

EXEMPLE :

Le 2 mars, la cote de Bruxelles renseigne que le Rio-Tinto est coté 1.728 fr. au comptant et 1.733 fr. à terme 15 courant. Un capitaliste achète *comptant* 100 Rio qu'il revend *à terme* à la même bourse. Il se dessaisit donc de son capital pendant 15 jours et réalise un bénéfice de $(1.733 - 1.728) \times 100 = 500$ fr., moins les courtages et impôts.

Cette opération constitue un *placement en report*.

c) Enfin, on appelle également *report* l'opération de bourse qui a pour effet de proroger une situation à la hausse ou à la baisse.

Nous avons vu que le spéculateur dont les prévisions ne se sont pas réalisées ou qui a d'autres raisons pour ne pas liquider sa position au terme fixé peut demander à son agent de le *reporter*. Si l'acheteur et le vendeur désiraient tous deux se faire reporter, il leur suffirait de proroger leurs engagements, mais ceci constitue l'exception, car les circonstances défavorables à l'une des parties sont souvent favorables à l'autre, et il s'ensuit que leurs décisions respectives ne concordent ordinairement pas. Un intermédiaire est donc nécessaire, c'est le *capitaliste*.

Reprenons notre exemple : A a acheté fin courant à V 5.000 francs de rente à 98,20. Au jour de la liquidation, la rente cote 98. A ne peut lever les titres faute d'argent ; s'il revend, il subit une perte de 200 fr. ainsi que l'indique le diagramme ; comme il a de bonnes raisons de croire que cette baisse n'est que momentanée et que la hausse se produira à la quinzaine suivante, il demande à *reporter* sa position. Mais V, à qui cette baisse fournit un bénéfice, entend livrer les titres. Par l'intermédiaire de son agent, A va conclure avec un *capitaliste* les deux opérations suivantes :

1° Il lui *vendra* comptant les 5.000 fr. de rente à un cours de convention appelé *cours de compensation* (voir ci-après) que nous supposerons être de 98. Il déposera chez son agent la différence résultant de l'écart entre ce cours et 98,20, soit 200 fr. et

V pourra ainsi toucher 98.200 fr., montant global du marché qu'il a conclu.

2° En même temps, A achètera au capitaliste ces mêmes titres *à terme* pour la liquidation suivante, au cours de compensation majoré du *report* soit par exemple à 98,10.

De cette façon, le capitaliste *(reporteur)* fait un *placement en report* et permet à A *(reporté)* de conserver sa position à la hausse.

Si l'on ne tient pas compte des courtages et impôts, pour que A puisse se liquider sans gain ni perte, il faudra que la rente monte à 98,30. Si la hausse ne se produit pas, il pourra de nouveau se faire reporter.

Beaucoup de maisons de banque emploient une partie des fonds qui leur sont confiés dans des placements en reports qui constituent des opérations à court terme, sûres et assez lucratives. Cependant, il est rare que les *reports* sur bonnes valeurs soient très élevées, car il y a généralement sur le marché beaucoup de capitaux disponibles et, de plus, si un report trop avantageux se manifestait sur une valeur, la masse des capitalistes qui voudraient en profiter, ne tarderait pas à produire une baisse appréciable.

Le vendeur peut également user du *report*.

Supposons que la rente ait haussé. V., qui croit toujours à une baisse prochaine, désire se faire reporter. Son agent cherchera un capitaliste possesseur de *titres* de même espèce que ceux faisant l'objet du marché et avec lequel V conclura la double opération suivante :

1° Il lui achètera comptant les 5.000 fr. de rente au cours de compensation que nous supposerons être 98,35. Il devra donc débourser 150 fr. qui, ajoutés aux 92.200 fr. payés par A, fourniront le coût de ces titres.

2° En même temps, V revendra au capitaliste ces mêmes titres pour la liquidation suivante au cours de compensation majoré du report, soit 98,45, si le report est de 0,10 fr. [1].

Ici, c'est en réalité le spéculateur à la baisse qui est le *reporteur*, tandis que le capitaliste est le *reporté*. Ce dernier subit

---

[1] REMARQUE : Parfois, le spéculateur n'attend pas la liquidation pour se faire reporter, mais les deux opérations prennent quand même date au jour fixé par la Commission de la Bourse pour les règlements par reports.

une perte puisqu'il rachète à un cours supérieur à celui auquel il a vendu ; mais, en revanche, il disposera pendant 15 jours ou un mois de capitaux qui pourront lui rapporter un bénéfice supérieur à la perte subie, soit par exemple, en *reportant* un spéculateur à la hausse.

Pour nous résumer, nous dirons donc que *le report se compose de deux opérations simultanées de sens contraire dont l'une est conclue au comptant et l'autre à terme et qui toutes deux portent sur une égale quantité de titres de même espèce.*

Déport. — Il peut arriver que le cours auquel se traite l'opération à terme, soit inférieur au cours appliqué à celle traitée en liquidation courante, c'est-à-dire au *cours de compensation* dont nous parlons plus loin. L'écart entre les cours porte alors le nom de *déport*. Le déport résulte de l'état du marché : si celui-ci est fortement *à découvert*, c'est-à-dire si un grand nombre de baissiers ont vendu sans les posséder des titres qu'ils escomptaient racheter à un cours plus faible et si en même temps peu de haussiers sont disposés à se faire reporter, les vendeurs, soit pour livrer les titres vendus, soit pour faire reporter leur position, devront s'adresser ou à des capitalistes possesseurs des titres désirés ou à des spéculateurs qui ont à dessein accaparé la majeure partie des titres se trouvant sur le marché. Les détenteurs de titres ne consentiront à les prêter que moyennant un certain loyer (*déport*). Ils les vendront en liquidation courante au cours de compensation et les rachèteront à terme à un cours *inférieur*.

Remarquons que pour une même valeur le report ou le déport est le même pour le baissier que pour le haussier, mais on peut coter différents cours de report ou de déport et même passer du report au déport et réciproquement selon les situations successives du marché. La majorité des opérations se traitent au cours moyen.

Les possesseurs de titres sur lesquels se manifeste un déport en profitent pour se procurer des capitaux qui ne leur coûtent rien, au contraire, puisqu'ils rachètent moins cher qu'ils n'avaient vendu. Ils emploient alors ces capitaux dans des *placements en reports* sur des valeurs qui présentent un écart-report assez conséquent. Cette opération constitue un *arbitrage en report*; parfois les capitalistes sont *reportés* dans une Bourse et *reporteurs* dans une autre.

Cotation du taux. — Le taux des reports et des déports s'exprime de différentes façons : parfois, il indique la somme à payer par titre reporté (5 fr., 2 fr., 0,50 fr., 0,10 fr., etc.) ; parfois, c'est un tantième pour cent ou pour mille de la valeur reportée ; parfois encore, il s'exprime comme le taux de l'intérêt, en tant pour cent par an.

Le report s'indique généralement par la lettre R placée devant le taux ; le déport, par la lettre B (bénéfice).

Le cours *moyen* s'obtient en faisant la moyenne arithmétique entre le plus haut et le plus bas cours cotés soit en report soit en déport. Lorsque l'on a coté dans les deux sens, on prend la demi-différence entre les deux plus hauts cours.

$$\text{Ex. : } \left. \begin{array}{l} 1 \text{ fr. } 50 \text{ en report} \\ 3 \text{ fr. } \quad \text{en déport} \end{array} \right\} \text{ Taux moyen } \frac{3 - 1,50}{2} = 0,75 \text{ (B)}$$

Si les positions à la hausse et à la baisse s'équilibraient il pourrait n'y avoir ni report, ni déport. On dit alors que l'on cote le *pair*. Il en serait de même si l'on avait coté 3 fr. en report et 3 fr. en déport, le cours moyen étant dans ce cas $0 \left(\frac{3-3}{2} \right)$

Cours de Compensation. — Lorsqu'une opération ferme est liquidée, soit par une opération en sens inverse (compensation), soit par le report, elle se traite au *cours de compensation*. Ce cours que l'on désigne par c/c est fixé par le Comité de liquidation et est généralement le cours moyen des deux premières heures de bourse, le jour des reports.

De l'Escompte. — L'acheteur à terme a la faculté *d'escompter son vendeur*, c'est-à-dire d'exiger de celui-ci la livraison des titres avant l'échéance fixée. L'escompte s'exerce suivant les usages de la place. A Paris, l'acheteur affiche sa décision à la Bourse et le vendeur doit livrer les titres dans les 5 jours. A Bruxelles, l'acheteur ne peut user de l'escompte que si cette faculté lui a été réservée dans le contrat.

L'escompte, qui constitue une exception, est employé lorsque le marché est fortement à découvert ; il a pour but de provoquer une hausse momentanée par suite des rachats auxquels les vendeurs se trouvent forcés.

Détachement des coupons. — Le vendeur à terme conserve la propriété de ses titres jusqu'à l'échéance du contrat. Il bénéficie des tirages au sort, et de tous les droits attachés aux titres lui restent acquis jusqu'à la liquidation.

Il encaisse également les coupons payables entre le jour de la conclusion du marché et celui de son échéance mais ceux-ci doivent être *bonifiés à l'acheteur*. La Chambre syndicale des agents de change détermine les dates auxquelles les coupons seront *détachés en Bourse,* pour chaque valeur ; à Paris, par exemple, les coupons de la rente française 3 % perpétuelle sont détachés 15 jours avant leur échéance, c'est-à-dire le 16 décembre, le 16 mars, le 16 juin et le 16 septembre. C'est ce qu'indique l'abréviation de la cote : *ex-c.*

A partir de ce jour, les agents en portent le montant au crédit des acheteurs et au débit des vendeurs.

b) Opérations à primes

Il existe diverses espèces de marchés à prime :

1° Prime pour l'acheteur.

Cette opération est celle dans laquelle le droit de résilier ou de consolider le marché appartient à l'acheteur. C'est le seul marché à prime pratiqué à la Bourse de Paris. La prime pour l'acheteur est appelée prime *directe* ou *dont* à Bruxelles, à Anvers, à Paris, *call* à Londres, *Vorprämie* à Berlin. Elle s'énonce comme suit : Achetez 100 Mexico-Tram à 874 *dont* 5 et s'écrit généralement 874/5.

Dont 5 signifie que si le marché est résilié, l'acheteur devra payer au vendeur 5 fr. par titre, soit 500 fr.

*Position de l'acheteur et du vendeur. — Comparaison
entre le cours du ferme et celui du dont.*

L'acheteur d'une prime directe entend *limiter* sa perte dans le cas où, contrairement à ses prévisions, le cours des titres baisserait. Si la hausse se produit, il consolide le marché et son bénéfice est illimité.

Le bénéfice du vendeur, au contraire, est limité au montant

de la prime dans le cas où celle-ci est abondonnée. Si le marché est consolidé, sa position peut devenir très dangereuse car si, comme c'est le cas habituel, il a vendu les titres sans les posséder, il devra acheter à n'importe quel cours pour pouvoir livrer et sa perte pourra devenir considérable. Aussi, pour se dédommager de cette position défavorable, le vendeur exigera-t-il, pour un marché à prime un cours plus élevé que pour une opération ferme.

La différence entre le cours des primes et celui du ferme s'appelle *écart* et l'on dit que l'écart se *tend* ou se *détend* suivant qu'il augmente ou diminue. Il se tend d'autant plus que les primes sont plus recherchées, que le *dont* est plus faible et que l'échéance est plus éloignée.

REMARQUE : Parfois, comme à Vienne, le cours du ferme et de la prime sont identiques et c'est le *dont*, c'est-à-dire la quotité de la prime, qui varie suivant les tendances du marché.

RÉSULTATS :

Supposons un achat de 100 Mexico-Tram à 874/5 ; désignons par R le cours du jour de la réponse des primes et voyons quels seront les résultats de l'opération, abstraction faite des courtages et des frais, dans les différents cas qui peuvent se produire.

1° $R > 874$. Dans ce cas, l'opérateur *lève* la prime ; il achète 874 et revend à R. Son bénéfice égale $(R - 874) \times 100$.

2° $R = 874$. Le spéculateur lève la prime ; il achète à 874 et revend au même prix. Son bénéfice est donc nul.

3° $R < 874$.

a) $R > 874 - 5$. La différence entre le cours de transaction et la prime s'appelle le *pied de la prime*. Dans ce cas, où R étant plus petit que 874 est cependant plus grand que $874 - 5$, l'opérateur *lève* encore la prime, car il achète à 874 et revend à un cours *intermédiaire entre* 874 et 869. Sa perte est donc *inférieure* au montant de la prime.

b) $R = 869$. Ici, il est indifférent de lever ou d'abandonner la prime. Dans les deux cas, la perte théorique se chiffre par 500 francs. Cependant, l'opérateur préférera abandonner la prime, car de cette façon, il paiera le courtage sur 87.400 fr., montant brut de l'opération, tandis que s'il consolide, il devra payer un courtage sur l'achat et un autre sur la vente, soit donc sur 87.400 + 86.900.

c) R < 869. Le spéculateur résilie le marché et limite sa perte à 500 fr., le montant de la prime.

Représentons cette opération par un diagramme qui résumera la discussion précédente et nous indiquera les résultats pour chacun des cours susceptibles d'être cotés.

	PERTES						BÉNÉFICES				
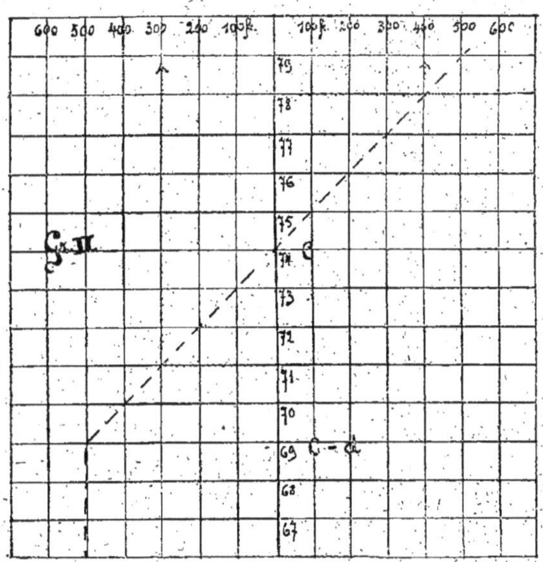 600	500	400	300	200	100fr.	100fr.	200	300	400	500	600

On voit, au simple examen de ce graphique, que le bénéfice du spéculateur est *illimité* en cas de hausse, tandis que sa perte est *limitée* à 500 fr. en cas de baisse. C'est ce qu'indique la ligne qui, à partir du cours 869, *(pied de la prime)* descend verticalement. En effet, lorsque R atteint ce cours ou lui est inférieur, le marché est résilié et la perte est constante.

Les lignes pointillées du graphique indiquent les résultats pour les cours 878 et 871.

Si R = 878, nous constatons un bénéfice de 400 fr En effet, l'opérateur achète à 874 et revend à 878; d'où le gain réalisé est de (878 − 874) × 100 = 400 fr

Si R=871, le diagramme indique une perte de 300 fr. provenant de la différence entre les cours d'achat et de vente: (874−871)×100=300 fr.

Remarques:

1. Les opérations fermes sont toujours représentées par des lignes *droites*, tandis que les opérations *à primes* donnent lieu à des lignes brisées.

2. Pour obtenir la contre-partie d'une opération représentée par un graphique, il suffit de tracer une ligne *symétrique* de la première par rapport à la ligne *neutre* (échelle des cours).

Voici, par exemple, comment serait représentée une *vente* de 100 Mexico-Tram à 874/5.

PERTES   BÉNÉFICES

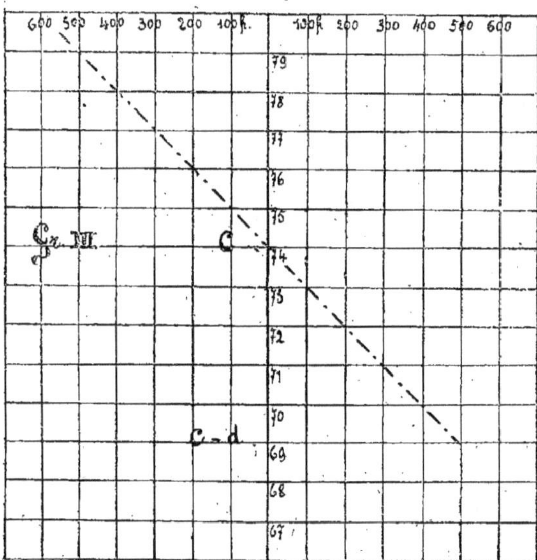

Généralisons les résultats en représentant le cours de transaction par **C** et la prime par **d**. **C−d** sera donc le pied de la prime.

COURS	RÉPONSE DE L'ACHETEUR	RÉSULTATS	
		Pr L'ACHETEUR	Pr LE VENDEUR
$R > C$	prime levée	bénéfice illimité	perte illimitée
$R = C$	prime levée	bénéfice nul	perte nulle
$R < C$ a) $R > C - d$	prime levée	perte $< d$	bénéfice $< d$
b) $R = C - d$	pr. abandonnée	perte $= d$	bénéfice $= d$
c) $R < C - d$	pr. abandonnée	perte $= d$	bénéfice $= d$

REMARQUE :

Il arrive que le vendeur est un capitaliste qui possède effectivement les titres. Dans ce cas, l'opération est généralement avantageuse pour lui, car, si les titres sont levés, il les vend à un bon prix puisque le cours du *dont* dépasse toujours celui du ferme ; si la prime est abandonnée, il l'encaisse et conserve ses titres. Cette opération, plusieurs fois répétée, produit un accroissement notable des revenus et n'expose à aucun risque.

Petites primes

On traite également en Bourse des primes directes pour lesquelles l'acheteur doit donner réponse le lendemain ou le surlendemain, suivant les conventions. L'import de ces primes est peu élevé : $2\ ^1/_2$ centimes, 5 cent., 10 cent. pour les rentes ; 25 cent., 50 cent. pour les valeurs de sociétés. Elles permettent de prendre position en cas d'événements attendus d'un jour à l'autre.

2° Prime pour le vendeur

Ici, c'est le vendeur qui, au jour de la réponse des primes, informe l'acheteur de sa décision. Il peut consolider ou résilier le marché : dans le premier cas, il livre les titres au prix convenu, dans le second, il paie la prime.

La prime pour le vendeur est appelée *ou*, prime *indirecte*, prime *renversée* à Bruxelles et à Anvers. A Londres, elle se nomme *put*, à Berlin, *Rückprämie*. Nous avons dit qu'elle ne se traite pas à Paris.

Position de l'acheteur et du vendeur. — Comparaison
entre le cours de l'ou et celui du ferme

Le vendeur attend son gain de la baisse, et si elle se produit, son bénéfice peut devenir considérable. Si le cours hausse, il paie la prime et c'est là le maximum de la perte qu'il puisse subir. Quant à l'acheteur, il doit, en cas de baisse, prendre livraison des titres au prix convenu et perdre, en les revendant, la différence des cours. La situation du vendeur est donc privilégiée ; aussi le cours de l'*ou* est-il toujours *inférieur* à celui du ferme et l'*écart* se *tend* ou se *détend*, suivant la loi de l'offre et de la demande.

RÉSULTATS :

Nous sommes vendeurs de 5.000 fr. de rente 5 % à 97 ou 0,25. Quelle est notre situation, abstraction faite des courtages et impôts ?

1° R < 97. Nous consolidons le marché ; nous vendons à 97 et nous rachetons à R. Notre bénéfice se chiffre donc par $(97 - R) \times 1000$.

2 R = 97. Nous déclarons *lever* la prime. Nous vendons et rachetons au même cours, d'où bénéfice nul.

3° R > 97.

a) R < 97,25 *(pied de l'ou)*. Dans ce cas, le marché est consolidé ; nous vendons à 97 et nous rachetons à un cours intermédiaire entre 97 et 97,25. Notre perte sera donc inférieure à $0,25 \times 1000$, montant de la prime que nous aurions à payer si nous résiliions le marché.

b) R = 97,25. Ici, il est indifférent de lever ou d'abandonner la prime. Dans le premier cas, nous vendons à 97 pour racheter à 97, 25 et nous perdons par conséquent 250 fr. ; dans le second cas, nous payons la prime à l'acheteur, soit 250 fr. Cependant, nous préférerons *résilier* le marché, afin d'économiser un courtage.

c) R > 97,25. Si le cours de réponse dépasse le pied de l'*ou*, nous résilions le marché et limitions ainsi notre perte au montant de la prime.

Voici la représentation graphique de cette opération :

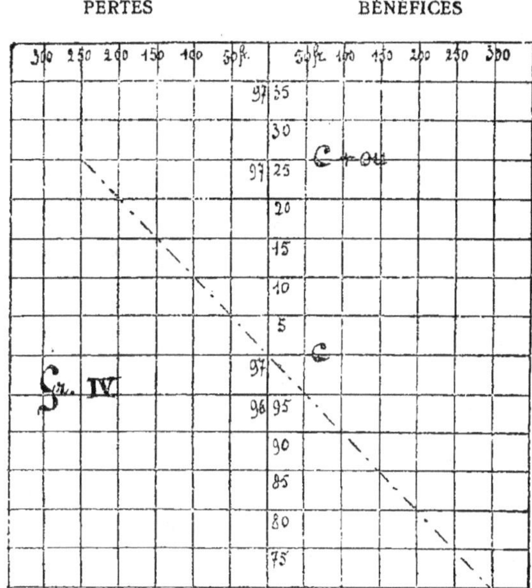

Ainsi que nous l'avons dit, la contre-partie de cette opération serait représentée par une ligne symétrique.

Généralisons les résultats :

COURS	RÉPONSE DU VENDEUR	RÉSULTATS Pr LE VENDEUR	Pr L'ACHETEUR
$R < C$	prime levée	bénéfice illimité	perte illimitée
$R = C$	prime levée	bénéfice nul	perte nulle
$R > C$ $\begin{cases} R < C + ou \\ R = C + ou \\ R > C + ou \end{cases}$	prime levée / pr. abandonnée / pr. abandonnée	perte < ou / perte = ou / perte = ou	bénéfice < ou / bénéfice = ou / bénéfice = ou

REMARQUE :

L'acheteur d'un *ou* qui, possédant des capitaux, serait en mesure de prendre livraison des titres si le marché est consolidé, ferait généralement une affaire avantageuse. Si les titres lui sont livrés, il les a à un cours inférieur au cours du ferme ; si la prime est abandonnée, celle-ci augmente les revenus de ses capitaux.

Petites primes

A Bruxelles, on traite également des petites primes indirectes du lendemain et du surlendemain.

3° Option

Une des opérations les plus intéressantes du marché à prime est l'*option*. Voici en quoi elle consiste : deux spéculateurs prennent l'engagement suivant : l'un d'eux (le preneur) moyennant paiement à l'autre (le vendeur) de la prime d'option, pourra, le jour de la réponse, se déclarer acheteur ou bien vendeur des titres spécifiés, au cours convenu ; si les parties sont d'accord, le marché pourra également être résilié.

L'*option* est donc la réunion du *dont* et de l'*ou*. Seulement ici, comme le vendeur de la prime ne sait s'il devra lever ou livrer les titres, il n'a aucun intérêt à traiter à un cours autre que celui du ferme ; c'est pourquoi *le cours de l'option se confond avec ce dernier*, tandis que la quotité de la prime varie suivant les tendances du marché. Pour que le preneur puisse réaliser un bénéfice, il faut que le cours subisse une hausse ou une baisse supérieure au montant de la prime ; si donc, le marché est calme, les chances de gain sont très minimes et la quotité de la prime sera d'autant plus faible que le marché sera moins agité.

L'option est appelée *put and call* à Londres, *Stellage* à Berlin, *straddles* à New-York.

RÉSULTATS :

Nous prenons option sur 25 Tanganyka à 520 fr. prime 3 fr. Moyennant le paiement d'une prime de 75 fr., nous sommes libres de résilier le marché ou de nous déclarer acheteurs ou bien vendeurs de 25 Tanga à 520 fr.

En traitant cette opération, nous nous mettons dans la situation d'un spéculateur qui serait à la fois :

> acheteur de 25 Tanga à 523 dont 3
> vendeur de 25 Tanga à 517 ou 3

Le cours 520 représente le pied du *dont* et celui de l'*ou*.

Examinons les différents cas qui peuvent se présenter et quelle sera la décision à prendre pour chacun d'eux.

1° R > 520. Le cours ayant haussé, nous nous déclarons *acheteurs*. Le prix de revient des titres ressort à 523 puisque nous payons une prime de 3 fr.

En ce qui concerne le résultat, plusieurs cas sont à examiner.

a) R > 523. Nous vendons à R et réalisons un bénéfice de $(R-523) \times 25$.

b) R=523. Notre bénéfice est nul.

c) R < 523. Le prix de vente étant inférieur au prix d'achat, nous perdons une somme qui ne peut atteindre 3 fr. par titre, puisque R est supérieur à 520.

2° R=520. Dans ce cas, les trois solutions donnent le même résultat : notre perte sera de 3 fr. par titre. En effet, *acheteurs* nous perdons $(523 - 520) \times 25$; *vendeurs* nous perdons $(520-517) \times 25$; enfin si le marché est résilié, nous perdons le montant de la prime, soit 75 fr. Encore une fois, afin d'économiser un courtage, nous préférons *abandonner* la prime.

3° R < 520. Le cours ayant baissé, nous nous déclarons *vendeurs*. Par suite du paiement de la prime, le rendement par titre ressort à 517 fr. Le résultat de l'opération variera donc selon que le cours de réponse sera supérieur, égal ou inférieur à 517.

a) R > 517. Nous vendons à 517 et nous rachetons à un cours intermédiaire entre 520 et 517. Notre perte est donc inférieure à 3 fr. par titre.

b) R = 517. Nous nous liquidons sans gain ni perte.

c) R < 517. Nous réalisons un bénéfice d'autant plus grand que R est plus petit. Il se chiffre par $(517-R) \times 25$.

En résumé, le preneur d'option se met dans la situation d'un *haussier* ou d'un *baissier* suivant que c'est la hausse ou la baisse qui se produit. La résiliation pure et simple de la transaction ne peut se faire que de l'accord des deux parties.

Le graphique ci-après permet de suivre la discussion précédente.

PERTES BÉNÉFICES

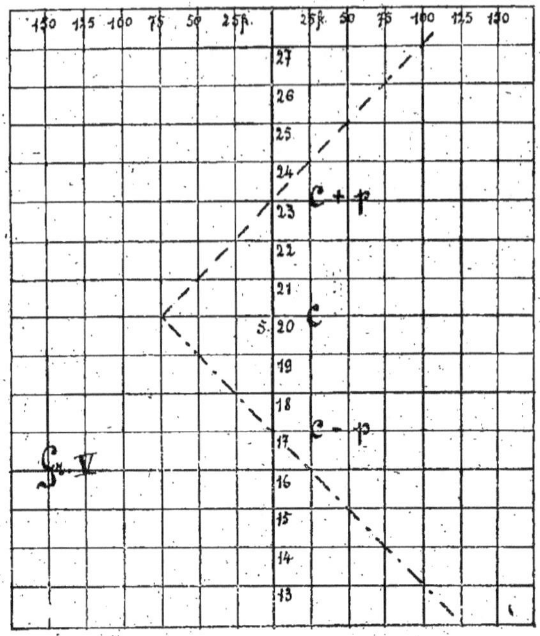

Généralisons les résultats en représentant la prime par **p**.

Cours		Réponse du preneur	Résultats p^r le preneur	Résultats p^r le vendeur
R > C	**R > C + p**	acheteur	bén. illimité	perte illim.
	R = C + p	acheteur	perte nulle	perte nulle
	R < C + p	acheteur	perte < **p**	bénéf. < **p**
R = C	....	résiliation	perte = **p**	bénéf. = **p**
R < C	**R > C – p**	vendeur	perte > **p**	bénéf. > **p**
	R = C – p	vendeur	bén. nul.	bénéf. nul
	R < C – p	vendeur	bén. illimité	perte illim.

4° **Facultés**

L'opération de Bourse appelée *faculté* peut se traiter à la hausse ou à la baisse.

Dans les facultés à la *hausse,* l'*acheteur* peut :

1° exécuter purement et simplement le marché conclu ;

2° exécuter ce même marché, mais en opérant sur une quantité double, triple, quadruple de titres, moyennant le paiement d'une *prime* ;

3° résilier le marché en payant également la prime convenue.

Dans les facultés à la *baisse,* le *vendeur* déclare s'il entend livrer la quotité stipulée ou bien le double, le triple, le quadruple... ou encore s'il veut résilier le marché.

Suivant que le preneur peut opérer sur le double, le triple, le quadruple de la quotité, la faculté s'intitule *doublé,* ou *doublure, triplé, quadruplé,* etc.

Ces opérations ne se traitent pas partout d'une façon uniforme, mais bien suivant les règlements et les usages locaux. C'est à la Bourse de Vienne qu'elles sont les plus usitées ; on les appelle *Nochgeschäfte.* A Londres, on les nomme *call of more* et *put of more.* A Anvers, les règlements ne parlent que du *doublé à la baisse.*

RÉSULTATS :

Supposons un achat de 25 Industries chimiques à 618 fr. avec faculté de rompre ou de doubler moyennant une prime de 10 fr. par titre.

Au jour de la réponse, le preneur peut donc :

1° acheter 25 titres à 618 ;

2° acheter 50 titres dont 25 à 618 et 25 à ce même cours majoré de la prime, soit à 628 ;

3° résilier le marché en payant une prime de 250 fr.

La décision à prendre dépendra du cours coté.

1° R < 618.

a) R < ou = 608. Si le cours de réponse est égal au pied de la prime ou lui est inférieur, l'opérateur résilie le marché et limite ainsi sa perte au montant de la prime.

b) R > 608. Dans ce cas, le preneur conclura l'achat simple. Il achètera 25 titres à 618 et les revendra à un cours inférieur, mais plus haut que 608. Sa perte sera donc moindre que la prime.

2° R = 618. L'opérateur conclut l'achat simple et se liquide sans gain ni perte.

3° R > 618. Ici, évidemment, le premier réalisera certainement un bénéfice, puisque la hausse s'est produite. Cependant, il importe qu'il sache s'il doit conclure l'achat simple ou l'achat double. En effet, si la hausse n'est pas suffisamment forte pour compenser la prime à payer, c'est l'achat simple qui sera conclu ; dans le cas contraire, on donnera la préférence à l'achat double. Déterminons donc le cours à partir duquel il faudra abandonner le premier pour conclure le second, c'est-à-dire le cours auquel les deux marchés donnent le même résultat.

Désignons ce cours par R.

Dans l'achat simple, le bénéfice par titre s'élève à $R - C$.

Dans l'achat double, le prix de revient d'un titre équivaut à $C + \frac{P}{2}$ puisque l'on paie la prime sur la moitié des titres achetés ; le bénéfice par titre vaut donc $R - (C + \frac{P}{2})$

Puisque, dans les deux transactions, les bénéfices sont supposés égaux, nous pouvons établir l'équation :

$$\left[R - \left(C + \frac{P}{2} \right) \right] 2 = R - C$$

qui peut s'écrire

$$2R - 2C - p = R - C$$

En isolant dans le premier membre les termes renfermant l'inconnue, il vient

$$2R - R = 2C + p - C$$

d'où

$$R = C + p$$

Si donc le cours de réponse est plus haut que 618, trois cas sont à envisager :

a) R < 628. L'opérateur conclut l'achat simple.

b) R = 628. Ici, ainsi que nous l'avons démontré ci-dessus, l'achat de la quotité simple et celui de la quotité double donnent le même bénéfice ; cependant, on préférera conclure l'achat simple parce que le courtage sera moins élevé.

c) R > 628. L'opérateur conclut l'achat double qui lui procure un bénéfice d'autant plus élevé que la hausse est plus forte.

Le graphique ci-dessous résume la discussion précédente. La ligne pointillée indique l'opération conclue par le spéculateur suivant le cours coté.

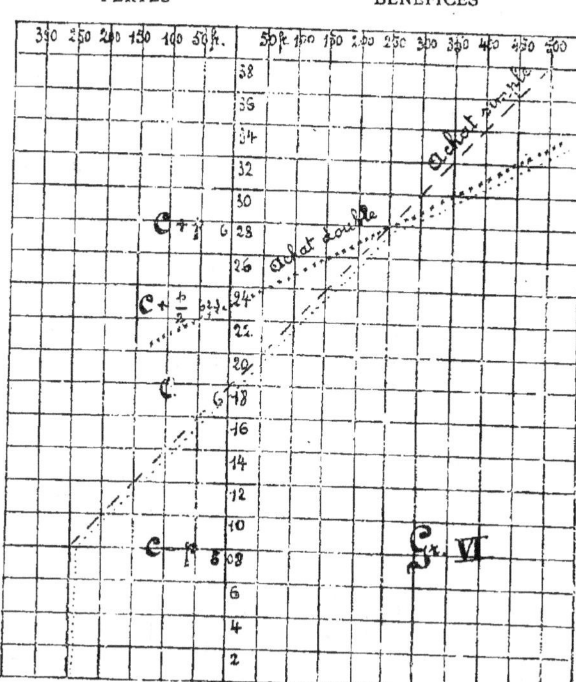

Généralisons les résultats.

Cours	Réponse du preneur	Résultats p^r le preneur	p^r le vendeur
$R < C$ $\begin{cases} R \leqslant C - p \\ R > C - p \end{cases}$	Marché résilié Achat simple	perte $= p$ perte $< p$	bénéfice $= p$ bénéfice $< p$
$R = C$	Achat simple	perte nulle	bénéfice nul
$R > C$ $\begin{cases} R \leqslant C + p \\ R > C + p \end{cases}$	Achat simple Achat double	bénéfice $\leqslant p$ bénéf. illimité	perte $\leqslant p$ perte illimitée

$$* \atop *$$

Exemple d'un **triplé à la hausse**.

Soit un achat de 50 Hévéa à 740 avec faculté de rompre ou de tripler moyennant une prime de 12 fr.

D'après les conventions, le preneur peut :

1° acheter 50 titres à 740;

2° acheter 150 titres dont 50 à 740 et 100 à 752;

3° résilier le marché en payant une prime de 600 fr.

Déterminons encore le cours auquel le marché simple et le marché triple donneront le même résultat.

Si l'on achète la quotité triple, le prix de revient d'un titre se chiffre par $C + \dfrac{2P}{3}$. Puisque les bénéfices sont supposés égaux dans les deux marchés, nous pourrons établir l'équation :

$$\left[R - \left(C + \tfrac{2p}{3} \right) \right] \times 3 = R - C$$

qui peut s'écrire $3\,R - 3\,C - 2\,p = R - C$

ou $\qquad\qquad 2\,R = 2\,C + 2\,p$

ou $\qquad\qquad R = C + p.$

Traçons le diagramme de l'opération qui nous évitera une longue discussion et permettra de généraliser immédiatement les résultats.

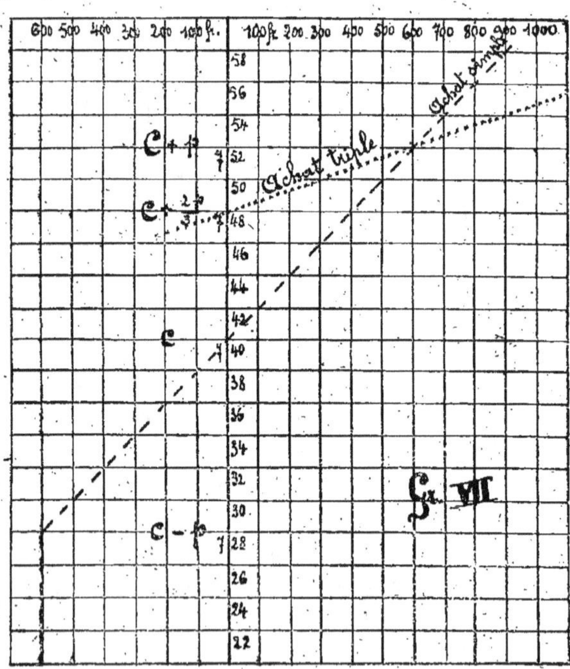

Généralisons les résultats :

Cours	Réponse du preneur	Résultats p^r le preneur	p^r le vendeur
$R < C$ $\begin{cases} R \leqslant C - p \\ R > C - p \end{cases}$	Marché résilié Achat simple	perte $= p$ perte $< p$	bénéfice $= p$ bénéfice $< p$
$R = C$	Achat simple	perte nulle	bénéfice nul
$R > C$ $\begin{cases} R \leqslant C + p \\ R > C + p \end{cases}$	Achat simple Achat triple	bénéfice $\leqslant p$ bénéf. illimité	perte $\leqslant p$ perte illimitée

REMARQUES :

1° La prime à payer pour conclure le marché triple pourrait, d'après les conventions, être calculée sur la totalité des titres achetés ; dans ce cas, on trouverait que le cours auquel les deux marchés donnent le même résultat est de $C + \dfrac{3\,P}{2}$ et la décision à prendre ainsi que les résultats subiraient par là-même quelques modifications.

2° Nous ne croyons pas nécessaire de chiffrer un exemple de faculté à la baisse. Les résultats seront aisés à établir ; il suffira toujours de chercher le cours auquel la vente de la quotité simple et la vente de la quotité double, triple ou quadruple donneront le même bénéfice ; en dessous de ce cours, il conviendra d'abandonner le marché simple pour conclure l'autre.

c) COMBINAISONS

Les opérations que nous venons d'étudier ne comportent chacune qu'une seule transaction, mais les spéculateurs combinent souvent deux marchés de sens contraire portant soit sur des quantités égales, soit sur des quantités différentes de titres de même espèce. Parfois aussi, certains spéculateurs appelés *échelliers* traitent à la fois sur une même valeur et dans l'espace d'une seule liquidation, quatre ou cinq opérations, les unes fermes, les autres à primes.

C'est surtout pour suivre les résultats de ces combinaisons que les graphiques sont utiles. Ceux-ci permettent, en effet, de se rendre compte de la situation, quels que soient les cours cotés et indiquent par là même les décisions à prendre.

On conçoit que la variété et le nombre de ces combinaisons sont infinis, aussi nous bornerons-nous à l'examen de quelques-unes d'entre elles.

1° Ferme contre ferme

Cette combinaison comprend une vente ferme et un achat ferme. L'achat et la vente peuvent porter sur des quantités égales ou différentes de titres.

EXEMPLE :

Un spéculateur vend 5.000 fr. de rente 5 % à 97,90. Quelques jours plus tard, contrairement à ses prévisions, le cours hausse. Il rachète 5.000 fr. de rente 5 % à 98,05 dans le but de limiter sa perte. Quelle est sa situation ?

Représentons par un graphique ces deux opérations et traçons-en la *résultante*.

La résultante nous indique que, quel que soit le cours coté, la perte du spéculateur sera constante et limitée à l'écart des cours de transaction. En effet, les titres qu'il devra lever à 98,05, seront livrés à 97,90, soit une perte de 0,15 fr. par titre.

Observation. — On voit que pour obtenir la résultante, nous avons élevé sur la ligne des cours, aux points *a*, *b* et *c*, des perpendiculaires servant à déterminer certains points de la résultante cherchée. L'examen des graphiques qui suivent suffira à montrer clairement la façon de procéder.

2° Vente ferme contre achat à prime

On entend par cette appellation une *vente ferme* d'une certaine quantité de titres, accompagnée, suivie ou précédée d'un *achat à prime directe* de la même quantité de titres de même espèce.

Soit une vente ferme de 5.000 fr. de rente 5 % à 97,90 accompagnée d'un achat à prime de la même quantité de rente à 98,20 dont 0,25.

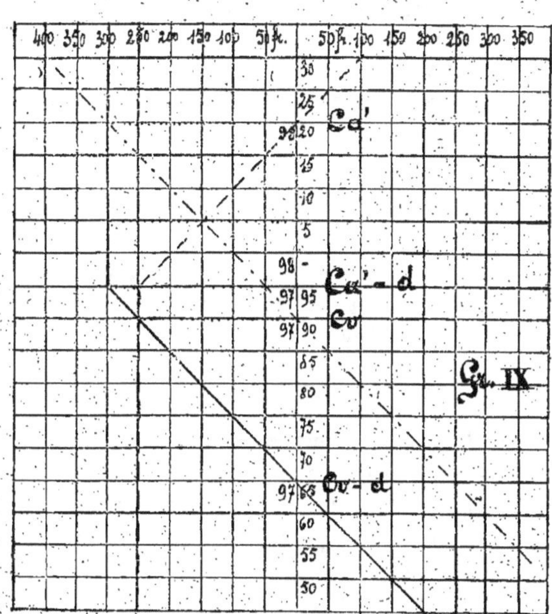

La résultante donne les résultats combinés des deux opérations. Quant à la décision à prendre pour ce qui concerne l'achat à prime, c'est évidemment la ligne représentant cette opération qui nous l'indiquera.

1° R > 97,95 (pied de la prime). Suivant ce qui a été dit à propos du *dont*, l'achat sera consolidé. Nous devons lever à

98,20 des titres que nous nous sommes engagés à livrer à 97,90. Nous perdrons donc la différence des cours, c'est-à-dire 0 fr. 30 × 1.000 ou 300 fr. ainsi que l'indique la résultante du graphique.

2° R = 97,95. Ici, théoriquement, la perte sera la même, quelle que soit la réponse relative à l'achat. Cependant, le spéculateur aura intérêt à lever la prime, à moins qu'il ne prévoie une baisse très prochaine; car il ne faut pas oublier qu'il doit de toute façon *livrer* 5.000 fr. de rente et que s'il abandonne la prime, il sera forcé d'acheter à nouveau 5.000 fr. de rente à 97,95. Il augmenterait ainsi ses frais de courtage.

3° R < 97,95. La prime est abandonnée. Le spéculateur reste donc vendeur de 5.000 fr. de rente à 97,90. Mais du fait que la prime est payée sur une même quantité de titres, le produit de la vente ressort à 97,90 − 0,25 ou 97,65 par titre. La situation du spéculateur est donc la même que s'il était vendeur de 5.000 fr. de rente à 97,65. C'est ce qu'indique la résultante.

Généralisons les résultats en nous servant des abréviations suivantes :

Cours de la vente ferme **Cv**
Cours de l'achat à prime **Ca′**
Ecart entre ces cours **e**
Montant du dont, **d**

COURS	RÉPONSE	RÉSULTATS
R > Ca′ − d *(pied de la prime)*	prime levée	perte : **Ca′ − Cv = e.**
R = Ca′ − d	pr. lev. ou aband.	perte = **e**
R < Ca′ − d **R > Cv − d** pr. abandonnée		perte < **e**
R = Cv − d idem.		perte nulle
R < Cv − d idem.		bénéfice illimité

3° Vente à prime contre achat ferme

Cette opération constitue la contre-partie de la précédente. Elle comprend une *vente à prime directe* et un *achat ferme*.

Pour obtenir la résultante de cette combinaison, il nous suffira de tracer sur le diagramme précédent une ligne symétrique de la résultante trouvée, car la perte de l'un des spéculateurs constitue le bénéfice et réciproquement.

4° Vente ferme contre achat à prime du double

Soit un vente ferme de 5.000 fr. de rente 5 % à 97,90 et un achat de 10.000 fr. de rente 5 % à 98,20 *dont* 25.

Représentons par un diagramme ces deux opérations et la résultante qu'elles donnent.

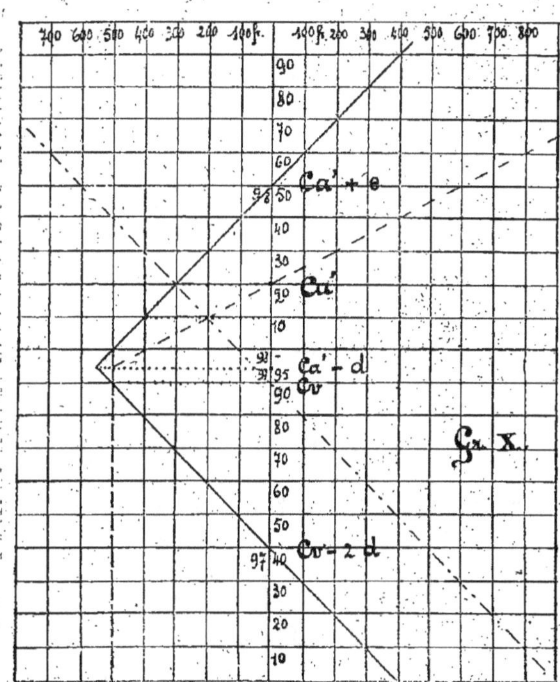

1° R > 97,95 (*pied de la prime*). L'achat est consolidé. Nous sommes donc vendeurs de 5.000 fr. de rente à 97,90 et acheteurs de 10.000 fr. à 98,20. Ce dernier marché pourrait être remplacé par les deux achats ci-dessous :

5.000 fr. à 97,90
5.000 fr. à 98,50

Or, le premier de ces achats annulerait la vente. En réalité, nous restons donc acheteurs de 5.000 fr. de rente à 98,50 et par conséquent, notre bénéfice commence au-dessus de ce cours.

2° $R = 97,95$. Quelle que soit la décision relative à l'achat, la perte sera la même. La question des courtages ne pourra pas non plus influer sur la réponse à donner, car ils seront les mêmes dans les deux cas.

Si l'on fait abstraction des frais, la perte équivaudra à l'écart des cours augmenté de la prime, le tout multiplié par la quotité simple de titres : $(e + d) \times 1000$.

Pour toutes les combinaisons du même genre, il en sera ainsi. Si nous représentons la quotité simple par q, la perte sur l'achat s'élèvera toujours à $[\mathbf{Ca}' - (\mathbf{Ca}' - \mathbf{d})]\, 2\,\mathbf{q}$ ou $\mathbf{d} \times 2\,\mathbf{q}$. A la vente, le résultat sera de $[\mathbf{Cv} - (\mathbf{Ca}' - \mathbf{d})]\,\mathbf{q}$ s'il y a bénéfice et $[(\mathbf{Ca}' - \mathbf{d}) - \mathbf{Cv}]\,\mathbf{q}$ s'il y a perte. Donc, pour la combinaison, le résultat sera de

$$2\ \mathbf{dq} - [\mathbf{Cv} - (\mathbf{Ca}' - \mathbf{d})]\ \mathbf{q} = (\mathbf{d} + \mathbf{Ca}' - \mathbf{Cv})\ \mathbf{q} = (\mathbf{d} + \mathbf{e})\ \mathbf{q}$$
$$\text{ou}\quad 2\ \mathbf{dq} + [(\mathbf{Ca}' - \mathbf{d}) - \mathbf{Cv}]\ \mathbf{q} = (\mathbf{d} + \mathbf{Ca}' - \mathbf{Cv})\ \mathbf{q} = (\mathbf{d} + \mathbf{e})\ \mathbf{q}$$

Remarquons que $\mathbf{Cv}$ sera toujours plus petit que $\mathbf{Ca}'$ selon ce qui a été dit page 125.

3° $R < 97,95$. L'achat est résilié. Nous restons vendeurs de 5.000 fr. de rente à 97,90, mais du fait que nous payons une prime de 0,25 fr., sur une quotité double de titres, il faut que le cours de réponse soit inférieur de 0,50 fr. au cours de transaction pour que nous liquidions sans gain ni perte. C'est donc lorsque le cours de réponse sera inférieur à 97,40 fr. que notre bénéfice commencera.

Généralisons :

COURS		RÉPONSE	RÉSULTATS
	$R > \mathbf{Ca}' + e$	prime levée	Bénéfice illimité
$R > \mathbf{Ca}' - d$	$R = \mathbf{Ca}' + e$	prime levée	Bénéfice nul
	$R < \mathbf{Ca}' + e$	prime levée	Perte $< e + d$
$R = \mathbf{Ca}' - d$		pr. lev. ou aband.	Perte $= e + d$
	$R > \mathbf{Cv} - 2d$	pr. abandonnée	Perte $< e + d$
$R < \mathbf{Ca}' - d$	$R = \mathbf{Cv} - 2d$	pr. abandonnée	Perte nulle
	$R < \mathbf{Cv} - 2d$	pr. abandonnée	Bénéfice illimité

Remarques :

1° Le simple examen du diagramme ci-dessus nous indique que cette combinaison conduit au même résultat que l'opération que nous avons étudiée sous le nom d'*option*. On serait donc arrivé au même résultat si l'on avait pris option sur 5.000 fr. de rente 5 % à 97,95 moyennant une prime de 0,55.

A Paris, comme on ne traite pas l'option, on la remplace par la combinaison que nous venons d'étudier.

2° La contre-partie de la combinaison ci-dessus comporterait un achat ferme contre une vente à prime du double et donnerait des résultats inverses.

3° L'opération à prime pourrait porter sur le triple ou le quadruple de la quotité traitée ferme.

5° **Prime contre prime**

Nous avons vu que le cours des primes est d'autant moins élevé que celles-ci sont plus grosses et vice-versa.

La combinaison appelée *prime contre prime* consiste à acheter une grosse prime pour en vendre une petite (spéculation à la *hausse*) ou à faire la contre-partie de ce marché, c'est-à-dire vendre un grosse prime pour en racheter une petite (spéculation à la *baisse*).

Exemple :

Nous achetons 50 Kaïping à 521/5 et nous vendons 50 Kaïping à 525/2.

Voyons quelle sera notre situation suivant les divers cours qui peuvent se présenter, en envisageant séparément chaque opération :

1° $R > 525$. Dans ce cas, les deux primes sont levées. Notre achat nous procure un gain par titre de $R-521$ tandis que nous perdons sur la vente $R-525$. Notre bénéfice se réduit donc à $R-521-(R-525)=525-521$ ou l'écart des cours de transaction.

2° $525 > R > 523$ (*pied de la petite prime*). Les deux primes sont levées. Nous gagnons par titre $R-521$ sur l'achat et $525-R$ sur la vente. Notre bénéfice s'élève à

$$R-521+525-R=525-521 \text{ ou } e.$$

En d'autres termes, tant que nos deux marchés sont consolidés, nous sommes acheteurs à 521 et vendeurs à 525 d'une même quantité de titres. Nous gagnons donc la différence entre les cours de transaction.

3° R=523. Nous levons la prime à l'achat et nous gagnons 523−521 par titre. A la vente, nous gagnons 2 fr. par titre (ou 525−523) quelle que soit la réponse de notre contre-partie. Notre bénéfice vaut encore

$$523 - 521 + 525 - 523 = 525 - 521 \text{ ou } e.$$

4° En dessous du cours 523, notre bénéfice décroît et devient nul lorsque R atteint 519. A ce cours, en effet, nous encaissons la prime vendue soit 2 fr. mais nous perdons la même somme sur notre achat (521−519).

5° En dessous de 519, notre perte commence, car nous perdons sur notre achat une somme supérieure à la petite prime que nous encaissons. Lorsque R atteindra 516 (*pied de la grosse prime*), nous résilierons notre achat limitant ainsi notre perte à la *différence des primes*.

On voit que dans cette opération, les risques sont limités en hausse comme en baisse. C'est ce qu'indique du reste le graphique ci-dessous.

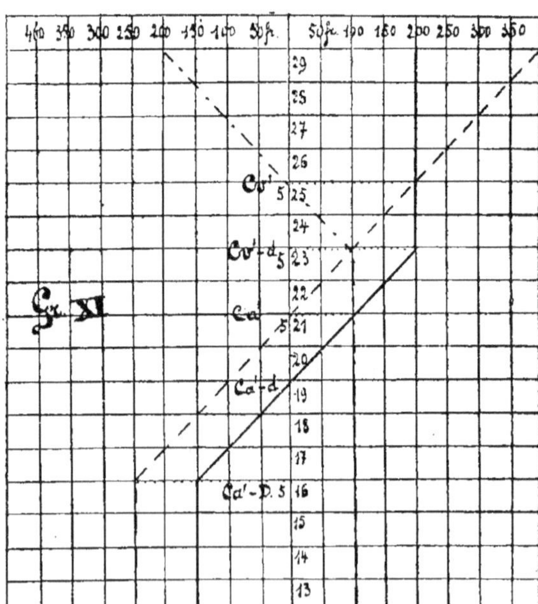

Généralisons les résultats en représentant la petite prime par **d** et la grosse par **D** et remarquons que *seule* la décision relative à l'achat sera communiquée par nous, la vente devant être consolidée ou résiliée suivant la réponse du spéculateur qui a traité la contre-partie de ce marché.

Cours	Réponse	Résultats
$R > Cv' - d$ *(pied de d)*	**D** et **d** levées	Gain = e
$R = Cv' - d$	**d** abandonnée ou levée **D** levée	Gain = e
$Cv' - d > R > Ca' - d$	**d** abandonnée **D** levée	Gain < e
$R = Ca' - d$	idem	Gain nul
$Ca' - d > R > Ca' - d$ *(pied de D)*	idem	Perte < **D** − **d**
$R < Ca' - D$	**D** et **d** abondonnées	Perte = **D** − **d**

6° Grosse prime contre deux petites

Cette combinaison comporte une vente ou un achat à prime contre un achat ou une vente à prime deux fois plus petite de la quotité double.

Soit une vente de 50 Barcelona à 1740 *dont* 20 et un achat de 100 Barcelona à 1748 *dont* 10.

Représentons par un graphique ces deux opérations.

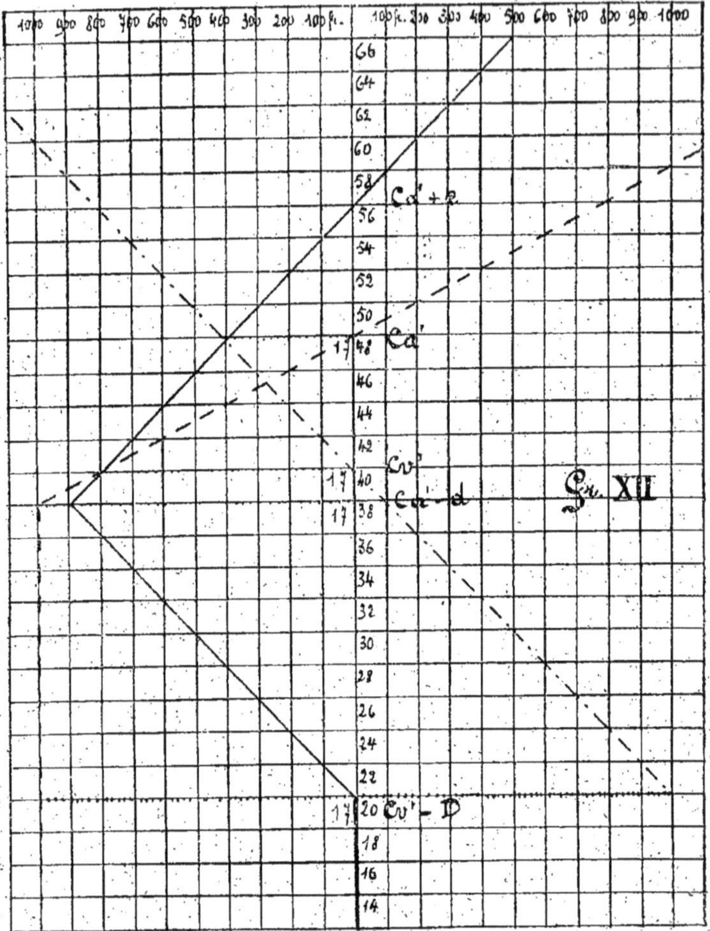

Ce diagramme nous montre que le spéculateur qui traite une
semblable opération attend son bénéfice, d'une perturbation ac-
centuée dans les cours. Il faut, en effet, que R dépasse $Ca' + e$
pour qu'il réalise un gain; si une baisse violente se produit
($R < Cv' - D$), le résultat sera nul. La stagnation des cours lui

fera subir une perte qui ne pourra néanmoins dépasser 900 fr. c'est-à-dire l'écart des cours de transaction augmenté de la petite prime $(e+d)$ 50. Le spéculateur qui escompte le calme de la bourse trouve donc avantage à traiter la contre-partie de la combinaison ci-dessus.

Nous nous bornerons à généraliser les résultats en représentant la quotité simple par q.

Cours	Réponse	Résultats
$R > Ca'-d$ $\begin{cases} R > Ca'+e \\ R = Ca'+e \\ R < Ca'+e \end{cases}$	D et d levées D et d levées D et d levées	Bénéf. illimité Bénéf. nul Perte $= (e+d)\ q$
$R = Ca'-d$	$\begin{cases} D \text{ levée} \\ d \text{ levée ou aband.} \end{cases}$	Perte $< (e+d)\ q$
$R < Ca'-d$ $\begin{cases} R \geq Cv'-D \\ R \geq Cv'-D \end{cases}$	$\begin{cases} D \text{ levée} \\ d \text{ abandonnée} \end{cases}$ D et d aban.	Perte $< (e+d)\ q$ Perte nulle

7° Echelles

Certains spéculateurs, appelés *échelliers*, font dans le cours d'une même liquidation, plusieurs opérations sur une même valeur et réussissent parfois à réaliser tant en hausse qu'en baisse des bénéfices assez importants. Ces opérations sont souvent avantageuses lorsque la bourse est calme, le bénéfice provenant de l'écart entre le cours du ferme et celui des primes. Mais si une crise politique ou financière vient à produire des perturbations importantes dans les cours, les échelliers peuvent subir des pertes énormes. De plus, ces opérations nécessitent une grande habileté professionnelle ainsi que la libre disposition de grands capitaux ou la jouissance d'un crédit considérable. Enfin, il est à noter que les nombreux courtages à payer aux intermédiaires réduisent sensiblement les bénéfices que l'on peut réaliser.

Pour représenter graphiquement les échelles, on cherche la résultante des deux premières opérations, puis la résultante donnée par la troisième opération et la première résultante trouvée et ainsi de suite.

Cette étude sortant du cadre de notre cours, nous nous bornerons à ces quelques considérations générales.

Les Maîtres du Marché

Lorsque l'on ne voit que la théorie des spéculations diverses que nous venons d'étudier, on est tenté de croire que le gain est très aisé et qu'il suffit de prévoir quelque peu les événements susceptibles de modifier les cours en hausse ou en baisse, pour opérer avec une quasi-certitude de succès. C'est précisément pour que les initiés ne puissent articuler ce grief contre notre ouvrage, que nous avons tenu à donner ici un court aperçu de ce qu'est en réalité le marché des valeurs.

Tout d'abord, quels sont les hommes qui opèrent à ce marché ? Au haut de l'échelle, se trouvent les grands capitalistes, les banquiers spéculateurs pour lesquels la spéculation constitue l'unique profession et qui y engagent la plus grande partie de leurs fonds. Plus bas, se trouvent les petits spéculateurs qui, ne possédant ni titres, ni capitaux importants, attendent cependant de la spéculation les coups heureux qui leur donneront en un jour la fortune tant désirée ! Ensuite, viennent les personnes qui, accidentellement, sur le conseil de quelque bon ami toujours bien renseigné, se risquent à jouer à la Bourse. Trop souvent, pour ces derniers, la première épreuve est décisive et, comme dans la fable, ils jurent qu'on ne les y reprendra plus.

Les premiers seuls, c'est-à-dire les moins nombreux, ceux qui joignent à une connaissance parfaite des opérations de bourse et de l'état du marché, la libre disposition de capitaux importants ceux-là seuls opèrent presque toujours à coup sûr parce qu'ils ont le moyen d'influencer les cours dans le sens qui leur est favorable. « Ainsi, une grande maison ayant 100 millions employés en titres, 100 millions en reports et 100 millions en espèces, aura fait une série de marchés à terme tels, qu'il lui est expédient d'avoir une hausse. Elle offre ses 100 millions en espèces sur le marché des reports, dont le prix s'abaisse, et les petits spéculateurs à la hausse, c'est-à-dire acheteurs, sont dispensés de se liquider, c'est-à-dire de vendre, pour le moment. De là une puissante cause de hausse. La même maison veut-elle une baisse à la liquidation suivante, elle retire les 200 millions qu'elle a placés en reports, de manière à forcer les petits spéculateurs à la hausse à vendre par l'impossibilité ou la difficulté de se faire reporter. Ils se trouvent à l'égard de cette maison, dans la situation de l'emprunteur sur gages dont le créancier refuse de continuer le prêt afin de pouvoir acquérir le gage à vil prix. La même maison peut faire, au besoin, par le moyen du déport, des opérations inverses.

Les grands spéculateurs ont encore à leur disposition un moyen plus efficace et plus direct. En effet, il y a trois cours de rente : 1° au comptant ; 2° à terme ; 3° à prime ; mais les cours qui règlent la liquidation des marchés fermes et à prime ne peuvent jamais s'écarter beaucoup du comptant, vers lequel ils sont ramenés sans cesse par les reports et par les escomptes, qui ne leur permettent ni de s'abaisser beaucoup au-dessous, ni de s'élever beaucoup au-dessus du cours du comptant.

Or, le cours du comptant s'établit, dans les temps ordinaires, sur un petit nombre de ventes effectuées par des particuliers étrangers à la spéculation, d'après leurs besoins. Le spéculateur qui dispose de grands capitaux peut toujours, en même temps qu'il fait des marchés à terme, dominer le marché au comptant, où les affaires réelles s'élèvent au cinquantième à peine de la somme des marchés à terme, et dont le cours règle tous les autres. Un tel spéculateur opère-t-il à la hausse, lorsque approche le moment de la liquidation, il lui suffit de faire acheter au comptant, pendant quelques jours, une somme considérable des rentes ou des actions sur lesquelles il a opéré : la hausse est inévitable sur les trois cours. Spécule-t-il à la baisse, à l'approche de la liquidation, il offre sur le marché au comptant de fortes parties de rentes ou d'actions, et une baisse opportune lui donne la facilité de liquider ses opérations à terme avec avantage. Par ce moyen, il compense, et bien au delà sur les marchés à terme, qui roulent sur les chiffres énormes de valeurs fictives, les pertes qu'il peut subir sur les marchés du comptant. Qu'importe une perte de 1 % sur 10 à celui qui se procure, par ce moyen, un gain de 1 % sur 50 ?

Enfin, il y a un moyen bien simple et plus infaillible de gagner : c'est d'acquérir à petit bruit la plupart des titres d'une espèce qui existent sur le marché, puis de les acheter à terme, même à des prix très hauts. Les cours s'élèvent et, dans la prévision d'une baisse, les petits spéculateurs vendent à découvert. Mais, comme il n'y a pas de titres sur le marché, la baisse ne vient pas et il leur faut racheter, de leur vendeur, des titres à des cours très élevés, afin de liquider. On peut citer de très grandes fortunes acquises au moyen de ce tour très simple.

Si plusieurs capitalistes de premier ordre opéraient en même temps en sens opposé, il s'établirait entre eux une lutte dans laquelle la victoire resterait à celui que le mouvement naturel des affaires sérieuses du marché au comptant, viendrait à favoriser. Mais ce serait un jeu plein de périls auquel les possesseurs de grands capitaux n'ont garde de se livrer. A quoi bon courir des risques lorsqu'on peut opérer à coup sûr ? [1]

On a souvent remarqué que les événements politiques ou financiers qui exercent sur le crédit une influence favorable étaient suivis d'une baisse générale des valeurs, alors que beaucoup, escomptant la hausse, avaient opéré dans ce sens.

La seule chance que possèdent les petits spéculateurs ou les spéculateurs d'occasion, c'est d'opérer dans le même sens que l'un des maîtres du marché ; mais comme toutes les combinaisons de ces derniers se font sans bruit et en secret, ils sont réduits à se livrer au Hasard et c'est Lui qui le plus souvent apporte la fortune aux uns et la débâcle aux autres.

---

[1] *Les opérations de Banque*, par J. G. COURCELLE-SENEUIL.

CHAPITRE II

REGLEMENTS ET USAGES DES PRINCIPALES BOURSES DES VALEURS

BOURSE DE BRUXELLES

Tenue de la Bourse. — La Bourse est ouverte tous les jours non fériés, sauf exceptions, de 11 h. 30 à 15 h.30.

Régime. — La Bourse de Bruxelles est placée sous la surveillance de l'autorité communale.

Elle est administrée par une **Commission** composée de quinze membres que délègue pour trois ans le Collège échevinal sur la présentation de deux listes doubles, dressées, l'une par le Tribunal de commerce, et l'autre par les agents de change et courtiers, réunis en assemblée générale. Un tiers des membres de la Commission sort chaque année et les membres sortants ne peuvent être réélus qu'après un intervalle d'une année.

L'enceinte réservée au marché des effets publics et autres est divisée en parquet, salle des banquiers et salles de liquidation. Une partie du local est spécialement réservée au marché à terme.

Intermédiaires. — Les intermédiaires sont les agents de change et les commissionnaires ou courtiers en fonds publics.

Pour être admis au parquet et aux salles de liquidation, il faut :

a) adresser une demande écrite à la Commission de la Bourse, qui statue dans les trois mois ;

b) satisfaire aux conditions suivantes : (Règlement communal du 7 avril 1924)

1° Etre Belge ou ressortissant du Grand-Duché de Luxembourg ;

2° jouir des droits civils ;

3° avoir vingt-cinq ans au moins (21 ans quand on reprend la firme d'un agent de change) ;

4° être présenté par deux agents de change inscrits depuis cinq ans au moins ;

5° déposer à la caisse communale un cautionnement de trente mille francs en espèces ou en Fonds publics belges au cours du jour de la consignation ;

6° produire un certificat justifiant un stage régulier de six années dont quatre en qualité de délégué chez un agent de change régulièrement inscrit. En sont dispensés, les agents antérieurement inscrits à une autre Bourse ;

7° être patenté en qualité d'agent de change ;

8° ne pas exercer de cumul, à moins qu'il ne soit considéré comme une activité accessoire de la profession ;

9° avoir acquitté les droits prescrits par l'administration communale.

N. B. — Ce règlement n'a pas d'effet rétroactif, sauf en ce qui concerne le cautionnement et l'exercice d'un cumul.

REMARQUE : *D'accord avec la Commission de la Bourse, M. l'échevin Wauwermans a soumis dernièrement au Conseil communal un projet qui prévoit certaines modifications au règlement ci-dessus. Jusqu'à présent ce projet n'a pas encore été voté. Il prévoit notamment en ce qui concerne l'admission des agents de change :*

1° que les parrains seraient garants des engagements du nouvel agent pendant trois années, chacun pour une somme de 25.000 fr.

2° que le cautionnement exigé serait de 50.000 fr.

3° que les candidats agents de change devraient justifier de connaissances professionnelles sérieuses et être porteur d'un certificat de fréquentation d'un cours complet d'enseignement moyen du degré supérieur. A défaut de ce certificat, les candidats auraient à subir un examen devant un jury spécial.

Cote. — La Commission de la Bourse est chargée de l'admission des valeurs à la cote. Pour qu'une demande puisse être prise en considération, il faut que les actions de la société postulante aient donné lieu à une souscription publique, ayant porté sur un tiers au moins du capital. Il ne pourra être dérogé à cette règle que pour les sociétés ayant publié deux bilans portant chacun sur un exercice de douze mois au moins. Ne peuvent être admises à la cote les actions de société dont le capital est inférieur à un million de francs (valeur de 1914), ni les obligations émises par ces sociétés. Par le seul fait de l'admission de leurs valeurs à la cote, les sociétés prennent l'engagement de faire parvenir chaque année à la Commission le compte rendu de toutes les assemblées générales et mille exemplaires de la liste des tirages des titres remboursables ; cette liste doit comprendre la récapitulation générale des numéros sortis antérieurement et non présentés au remboursement. Les coupons doivent toujours porter la mention de l'exercice auquel ils sont afférents.

De 12 h. 30 à 13 h. 45, les agents de change et courtiers peuvent faire constater les cours auxquels les valeurs auront été négociées par leur entremise pendant cet intervalle. Les cours se cotent au moyen de fiches que l'acheteur ou le vendeur est tenu de remettre lui-même à l'employé chargé de les transcrire dans un registre spécial.

Il est interdit d'introduire un cours s'écartant comparativement aux cours précédents de plus de 1 % sur la valeur nominale des rentes d'Etats, Emprunts de villes et de provinces ;

de plus de 2 % sur la valeur effective des obligations à revenu fixe ;

de plus de 10 % sur la valeur effective des actions.

Sauf autorisation du commissaire de service, il ne pourra être dérogé à cette règle. Si celui-ci refuse l'autorisation, la constatation qu'il y a demande ou offre à un prix s'écartant de plus des limites ci-dessus, pourra se faire par l'inscription de la mention A (argent) ou P (papier).

Lorsque deux parties concluent une affaire « au cours moyen », l'une et l'autre doivent s'abstenir de coter. Elles peuvent demander, avant 13 h. 45, au commissaire de service l'inscription d'un cours d'office.

Les cours « maximum » et « minimum » ne peuvent être considérés comme cours pratiqués.

A moins que la Commission n'en décide autrement, pour des fonds qui ne sont pas d'une négociation courante, aucun cours ne peut être admis pour une quantité moindre de 25 actions ou obligations.

Toutefois, le cours peut être coté pour toute négociation portant sur un capital effectif de 10.000 fr. au moins.

Façon de coter. — Certaines valeurs sont cotées *à tant pour cent de la valeur nominale*, tandis que pour d'autres, la cote donne le prix *par unité*. De plus, alors que la majeure partie des titres sont cotés-intérêts ou dividendes *compris*, dans le cours, il en est d'autres pour lesquels les cours *ne comprennent pas les intérêts courus*.

En ce qui concerne les opérations traitées au *comptant*, la cote renseigne les cours *faits* pour les valeurs dites « de groupe » c'est-à-dire celles qui sont activement négociées par beaucoup d'agents de change qui, pour exécuter leurs ordres, se réunissent en groupes. Ces valeurs se traitent en général à cours fixe mais elles peuvent également être négociées au cours moyen qui est alors la moyenne arithmétique entre le plus bas et le plus haut cours coté.

Pour les autres valeurs, la cote ne renseigne plus qu'un cours.[1].

Remarquons qu'il n'existe pas une liste déterminée de valeurs de groupe. Il suffit qu'un titre soit momentanément en vedette, que les transactions auxquelles il donne lieu soient nombreuses pour qu'il entre dans cette catégorie, quitte à en sortir si les échanges deviennent plus rares.

---

[1] Normalement ce cours doit être établi de façon à satisfaire ie plus grand nombre possible de clients. Sur des tableaux renseignant le nom des différentes valeurs, les agents inscrivent avant bourse le nombre de titres dont ils sont acheteurs ou vendeurs avec éventuellement la limite. Le cours est déterminé d'après ces indications.

Supposons que l'on ait inscrit pour une valeur déterminée :

	A	25 titres à 1.500 maximum
Acheteurs	D	15 titres à 1.450 maximum
	R	20 titres au cours

	M	10 titres à 1.500 minimum
Vendeurs	L	20 titres à 1.550 minimum
	H	28 titres au cours

On cotera 1500, cours qui permettra d'échanger 38 titres. Au-dessus de 1500 on n'aurait pu livrer que 20 titres ; en dessous on ne trouverait que 28 titres à fournir.

La cote se subdivise en plusieurs tableaux que nous allons examiner successivement.

PREMIER TABLEAU: Celui-ci comprend deux groupes:

A. **Rentes belges directes et indirectes,** c'est-à-dire:

a) les titres des emprunts contractés par l'Etat belge;

b) les titres émis par la Fédération des Coopératives pour Dommages de guerre;

c) les titres des emprunts du Congo belge;

d) les obligations de la Caisse d'annuités dues par l'Etat;

e) les obligations de la Société Nationale des Chemins de fer vicinaux;

f) les obligations émises par l'Association Nationale des Industriels et Commerçants;

g) les titres des chemins de fer rachetés par l'Etat.

B. **Obligations** émises par le Crédit Communal de Belgique et emprunt de 1922 du Grand Duché de Luxembourg.

Les titres de ce premier tableau sont cotés *à tant pour cent de la valeur nominale*, à l'exception des titres des chemins de fer rachetés par l'Etat qui eux sont cotés *à tant la pièce, par unité*. Tous sont cotés intérêts *non compris* dans le cours. Lors de leur négociation il y a donc lieu d'ajouter au cours, les intérêts courus depuis le détachement du dernier coupon jusqu'au jour de la livraison (généralement le jour de la séance de bourse qui suit celle de la négociation).

Dans les calculs tous les mois sont comptés à 30 jours. Pour les titres dont les coupons sont payables le premier jour du mois, ce premier jour est compris dans le compte des intérêts; pour ceux dont les coupons sont payables le 15, ce jour n'est pas compté.

Toutes les autres valeurs sont cotées intérêts ou dividendes compris dans le cours. Elles sont généralement cotées par *unité* à l'exception de certains titres contenus dans les septième et huitième tableaux et dont nous parlerons plus loin.

DEUXIÈME TABLEAU. Se divise en deux groupes:

A. **Emprunts de provinces et communes;**

B. **Valeurs à lots.**

TROISIÈME TABLEAU. — **Obligations, Actions à revenu fixe**

Il s'agit de titres émis par des sociétés belges. Les actions à revenu fixe sont pour la plupart des titres émis par des sociétés exploitant des chemins de fer. Elles donnent un revenu invariable et sont donc assimilées aux obligations. Ce deuxième tableau se subvise en vingt-deux groupes établis suivant le genre des entreprises.

Pour les trois premiers tableaux, l'entête de la cote se présente comme suit :

Titres admis	Titres en circulation	Désignation des Valeurs	Intérêts à bonifier	Impot	Echéance des intérêts	Valeur nominale Francs	Dates des tirages	Cours faits	Cours précédents

QUATRIÈME TABLEAU. — **Obligations à revenu variable** (de sociétés belges). Nous avons dit d'où proviennent ces titres, du reste peu nombreux.

CINQUIÈME TABLEAU. — **Actions** (de sociétés belges). Ces actions sont réparties en vingt-trois groupes d'après le genre d'entreprise des sociétés émettrices.

SIXIÈME TABLEAU. — **Actions étrangères.** — Pour ces valeurs, la cote indique le prix en francs, bien que la valeur nominale soit généralement exprimée en monnaie étrangère. Lorsqu'il existe des titres de valeurs nominales diverses, le cours s'applique à la plus petite coupure. Les actions étrangères sont classées d'après leur pays d'origine.

Pour les tableaux 4, 5 et 6, la cote donne les indications suivantes :

Titres admis	Titres en circulation	Désignation des Valeurs	Valeur nominale	Dates des Tirages	Cours faits	Cours précédents	Coupons	
							Dernier paiement	Montant et Spécification (1)

¹ Cette dernière colonne est réservée à l'indication du monatnt du dernier coupon payé, du numéro de ce coupon, de l'exercice auquel il se

Pour les tableaux 7, 8, 9 et 10, les indications sont les mêmes que pour les trois premiers tableaux sauf que la colonne « Intérêts à bonifier » est supprimée.

Septième tableau. — **Obligations étrangères.** — Ces titres sont cotés *par unité* et, ainsi que nous l'avons dit, intérêts compris dans le cours.

A remarquer que pour les *Norfolk-Western* le cours doit être converti à raison de 5 fr. le dollar.

Huitième tableau. — **Obligations étrangères à revenu variable.**

Neuvième tableau.— **Fonds d'Etats et de Villes étrangères.** — En règle générale, les emprunts des Etats et des Provinces sont cotés *à tant pour cent* et comme ils sont ordinairement émis en monnaie étrangère, le cours s'applique à cent unités de cette monnaie qu'il faut convertir d'après le change fixe renseigné à la cote et dont nous donnons un aperçu ci-après.

Les emprunts des villes étrangères sont cotés *à tant la pièce*. Il en est cependant quelques-uns qui sont cotés *à tant pour cent* et pour lesquels il faut se servir également du change fixe renseigné.

Dixième tableau. — **Fonds d'Etats et Obligations de Sociétés qui ont des coupons en souffrance.**

Les titres contenus dans ces deux derniers tableaux sont cotés par *unité*, intérêts *compris* dans le cours.

Onzième tableau : **Valeurs cotées temporairement.**

Une partie de la dernière page de la cote est réservée au **marché du terme.** Celui-ci a été rouvert en avril 1920. Les valeurs admises à ce marché sont classées à la cote par ordre alphabétique.

En tête du tableau figurent les dates de la réponse des primes, du jour des reports et de la liquidation les plus proches. Actuellement la réponse des primes se fait le même jour que les reports.

---

rapporte. On indique également divers renseignements tels que : numéros des coupons déclarés *sans valeur* (s. v.), numéros des coupons arriérés devant rester attachés, etc., etc.

La cote renseigne, dans l'ordre où ils sont pratiqués, les cours faits. L'espace réservé à l'indication des cours, se subdivise en trois colonnes : Cours faits de 12 h. 30 à 2 h. ; Cours de 2 heures pour la réponse des petites primes traitées la veille ; Cours faits de 2 h. à 3 h.

Le *jour de réponse* pour les opérations à prime traitées au 15 ou à fin, c'est également le cours de 2 heures qui guidera les spéculateurs dans le choix de la décision à prendre.

Une colonne spéciale indique le dernier cours de compensation fixé pour chaque valeur.

Commission d'appel. — Le règlement de la Bourse de Bruxelles voté le 28 mars 1914 a institué une *Commission d'Appel* composée d'un Président et de six membres désignés par le Collège des Bourgmestre et Echevins.

Son rôle est défini comme suit :

Elle examinera et statuera sur les recours introduits :

1° par les personnes dont la demande de fréquentation du parquet et des salles de liquidation a été repoussée ;

2° par les personnes frappées d'une peine d'exclusion soit temporaire, soit définitive ;

3° par les intéressés ou un groupe de dix agents de change au moins, contre les décisions relatives à l'admission, au refus d'admission ou à la radiation de valeurs à la cote.

Ventes publiques. — Tous les mois (le premier mardi pour les actions, le jeudi suivant pour les obligations), une vente publique de valeurs ne figurant pas à la cote officielle a lieu par les soins de la Commission de la Bourse. L'annexe de la cote donne la liste des valeurs mises en vente et publie les résultats.

Les agents de change ont seuls le droit d'exposer ou d'acheter des titres à la vente publique.

Marché en banque. — Les valeurs non admises à la cote se négocient également au marché en Banque. Des cotes *privées* relèvent les cours auxquels se font ces transactions.

Changes fixes. — Les changes fixes renseignés à la cote sont les suivants :

    1 fr. suisse, franç. ou luxemb. = 1 fr.
    1 £   = 25 fr.
    1 $ = 5 fr.
    1 mark   = 1 fr. 25
    1 couronne autr.   = 1 fr. 05
    1 couronne scandin.   = 1 fr. 40
    1 lei roumain   = 1 fr.
    1 pesetas   = 1 fr.
    1 lire   = 1 fr.
    1 florin P.-B.   = 2 fr.
    1 florin austr.-hongr.   = 2 fr. 50
    1 couronne austr.-hongr.   = 1 fr. 05
    1 milreis (Escudos)   = 5 fr. 55 (Portugais
                                                Intérieur).
    1 rouble or   = 4 fr.
    1 rouble papier   = 2 fr. 60

Opérations traitées. — Les affaires *au comptant* se liquident le lendemain de leur conclusion, à moins que ce jour ne soit un jour férié ou que la Bourse ne soit fermée. Toutefois la levée et la livraison des titres ne peuvent être exigées que le second jour de bourse qui suit la conclusion du marché.

Les parties qui ont conclu une opération *à terme* doivent échanger à la séance suivante avant 1 heure des contrats stipulant les conditions de l'opération et signés par les parties mêmes ou leurs fondés de pouvoirs. Dans toute vente à terme, si la faculté *d'escompte* n'est pas stipulée, le vendeur reste propriétaire des titres jusqu'à l'exécution du contrat, et ce avec tous les avantages attribués à cette propriété ; mais le montant des coupons rendus payables entre le moment de la négociation et celui de la livraison, doit être déduit du chiffre sur lequel se règle l'opération.

Les opérations *à prime* particulièrement traitées sont le *dont* et l'*ou*.

Les **quotités négociables** au marché à terme sont les suivantes et leur multiples.

    Dette Belge   3 % : 1.500 fr. de *rente*
    Rente Française   3 % : 1.500 »   »   »

Extérieur   4 % : 1.920 » » »
    (48.000 pesetas de capital)
Intérieur   4 % : 2.000 » » »
Argentin   4 % : 2.000 » » »   (ou 80 £)
Brésil   4 % : 2.000 £ de *capital*
Portugais   3 % : 2.000 £ » »
Actions et obligations : 25 titres [1].
N. B. — On traite les rentes à demi-quotité.

Liquidations. — Les liquidations ont lieu deux fois par mois vers le 15 et le 30 et durent quatre jours. La Commission fixe, dans la seconde quinzaine de novembre, les jours de réponse des primes, de reports, de pointage et de liquidation pour l'année suivante.

Le taux des *reports* se cote à tant par titre ou à tant pour cent par an.

Courtages. — Le courtage se calcule sur le montant effectif de la transaction. Depuis le 15 septembre 1919, il est de :

2 pour mille pour les rentes belges directes ou indirectes ;

2 $\frac{1}{2}$ pour mille pour les autres valeurs figurant au premier tableau de la cote (rubrique B) ainsi que pour celles du second tableau (0 fr. 25 par titre pour les lots de ville).

4 pour mille pour les autres valeurs avec un minimum de 0 fr. 40 par titre, réduit à 0 fr. 25 pour les titres d'un import inférieur à 25 fr. ;

1 fr. minimum par bordereau.

Les opérations à terme sont passibles du courtage de 4 °/₀₀. Pour les reports il est calculé sur une seule des deux opérations, généralement sur celle donnant lieu au plus fort courtage.

Les clients de province qui font opérer à la Bourse de Bruxelles supportent une commission supplémentaire ainsi que des frais de ports qui se traduisent généralement par une majoration du courtage.

Impôts. — La loi du 30 août 1913 a établi la taxe sur les opérations de Bourse. Cette loi, modifiée à différentes reprises, doit être interprétée comme suit :

---

[1] Cette quotité est la seule applicable actuellement, aucune des autres valeurs sus-mentionnées n'étant réinscrite au marché du terme.

I. **Conditions d'exigibilité de la taxe.**

Pour que l'opération soit imposable, il faut :

1° Qu'elle porte sur des fonds publics.

Le législateur entend par fonds publics, toutes les valeurs mobilières, nominatives, ou au porteur, admises ou non à la cote d'une Bourse de commerce. Les lettres de change, les chèques et autres effets de commerce sortent des prévisions de la loi.

2° Qu'elle soit réalisée grâce à l'intervention d'un professionnel de bourse.

Les professionnels de bourse sont les agents de change, les banquiers, les commissaires ou courtiers.

3° Qu'elle figure parmi celles que le législateur a expressément atteintes.

La loi détermine comme suit quelles sont les *opérations imposables : —*

a) Toutes les opérations d'achat, de vente ou de cession de fonds publics belges ou étrangers, faites au comptant ou à terme, en Bourse ou hors Bourse, ou aux guichets des professionnels et contractées ou exécutées en Belgique.

Sont donc imposables, les opérations effectuées en Belgique par un professionnel pour compte d'un étranger, de même que les opérations transmises par un professionnel belge à une Bourse étrangère si les titres ou les espèces sont remis au donneur d'ordre en Belgique.

Les marchés *à prime* sont actuellement imposables au même titre que les opérations fermes, qu'ils soient consolidés ou non.

b) Les émissions de titres. Dans ce cas, la taxe est exigible aussitôt que la répartition est faite, mais elle n'est perçue que si l'émission est faite par l'intermédiaire d'un professionnel belge.

L'émission *directe* n'est donc pas imposable.

NE SONT PAS PASSIBLES DE LA TAXE :

a) Le remboursement de titres par l'émetteur ; la conversion de titres nominatifs en titres au porteur ; les prêts sur nantissements.

b) Les opérations faites par les professionnels pour leur propre compte.

Exemples. — 1. Un banquier qui souscrit un emprunt de société même avec l'intention de le replacer ensuite dans le public ne paie pas l'impôt.

2. Si un banquier belge en compte à demi avec un correspondant étranger achète des titres dont la moitié revient à ce correspondant, la taxe sera perçue sur cette quotité seulement.

REMARQUE. — Les opérations traitées par les délégués d'agents de change pour leur propre compte n'échappent pas à la taxe.

c) Les opérations faites par l'intermédiaire d'un agent de change sur des titres de la dette publique, que l'administration de la Trésorerie fait effectuer en Bourse pour le compte soit de l'emprunt, soit de la Caisse d'amortissement, soit de la Caisse des dépôts et consignations ou pour le compte du fonds de prévision monétaire sont exemptes de la taxe.

II. Paiement de la taxe.

1° *Montant de la taxe.* — Celui-ci a été modifié à différentes reprises et est actuellement fixé à 1 fr. par 1.000 fr. sans fraction pour toutes les transactions au comptant ou à terme.

L'impôt doit être acquitté dans les trois jours de la conclusion du marché, qu'il s'agisse d'une opération au comptant ou d'une opération à terme, même à prime.

En ce qui concerne l'opération de report réalisée en bourse à l'intervention d'un agent de change, d'un commissionnaire ou courtier en fonds publics, la taxe est de 0,50 fr. par 1.000 fr. ou fraction de 1.000 fr. si l'opération est conclue pour un terme qui n'excède pas vingt jours. La taxe est portée à 1 fr. par 1.000 si l'opération est conclue pour un terme plus long.

Toutefois cette taxe ne s'applique que sur le montant à acquitter par le reporté. L'opération conclue en liquidation courante ne supporte donc pas d'impôt.

2° *Façon de calculer la taxe.* — L'impôt est payable par l'acheteur et le vendeur sauf dans le cas où l'agent de change fait lui-même la contre-partie. Il se calcule sur le montant total des marchés constatés dans le même bordereau, honoraires de l'intermédiaire non compris, mais il y a lieu d'établir la taxe séparément sur le total des sommes à acquitter ou à recevoir.

Pour les valeurs cotées intérêts non compris dans le cours, il faut ajouter l'intérêt à bonifier avant de calculer la taxe. Pour les valeurs non entièrement libérées, il faut déduire du montant de la négociation des sommes restant à verser.

En cas de souscription, une seule taxe est perçue sur le montant des sommes représentant le prix d'émission des titres qui ont été attribués aux souscripteurs. Lorsque la libération des titres doit se faire en plusieurs versements successifs, le bordereau revêtu des timbres représentant la taxe entière doit être remis au souscripteur lors du premier versement.

Pour les marchés conclus à l'étranger et pour les souscriptions à des valeurs étrangères, le principal est converti en monnaie belge d'après le cours du jour de la délivrance du bordereau.

III. **Mode de perception.** — **Contrôle.** — **Pénalités.**

Ces divers points sont réglés par les articles de la loi reproduits ci-dessous.

ART. 126. — Les professionnels d'opérations de Bourse ne peuvent commencer leurs opérations s'ils n'ont, au préalable, déposé une déclaration de profession au bureau de l'enregistrement désigné à cette fin.

Ils sont personnellement tenus des droits pour les ventes, les achats et les souscriptions faits par leur ministère.

ART. 127. — L'intermédiaire est tenu de délivrer à tout donneur d'ordre un bordereau indiquant les noms du bénéficiaire et de l'intermédiaire, la spécification des opérations, le montant des achats ou souscriptions et celui des ventes Avant de faire la remise du bordereau, l'intermédiaire est tenu d'assurer la perception de la taxe par l'apposition et l'annulation des timbres adhésifs à concurrence du montant exigible.

ART. 128. —Les bordereaux sont extraits d'un livre à souches dont tous les feuillets sont numérotés.

Les intermédiaires tiennent un inventaire dans lequel chacun des livres à souches est répertorié avec indication de la date de sa mise en usage, du nombre de feuilles qu'il contient et de la date de la dernière inscription.

Il est assigné à chaque livre à souches un numéro d'ordre qui est reproduit sur la couverture.

ART. 129. — La souche répète l'indication du donneur d'ordre, la nature des opérations, le montant total des achats et des ventes, la date de délivrance et le montant des timbres apposés sur le bordereau.

ART. 130. — Les intermédiaires doivent conserver les souches pendant cinq ans au moins. En cas de cessation d'affaires, les documents peuvent être détruits plus tôt, moyennant l'autorisation préalable de l'enregistrement et des domaines du ressort.

ART. 131. — Il est encouru une amende égale à cinquante fois le droit fraudé, sans pouvoir être inférieure à 500 francs, à charge de l'intermédiaire qui aura liquidé une opération soumise à la taxe en l'absence du bordereau, ou sur un bordereau qui ne constaterait pas, par l'annulation des timbres, le complet acquittement de la taxe.

Seront passibles d'une amende de 500 à 2.000 francs, les personnes tenues à délivrance. de bordereaux qui auront contrevenu aux obligations relatives à la tenue du livre à souches et de l'inventaire.

Tous les contrevenants sont, en outre, solidairement tenus des droits éludés, sauf leur recours, s'il y a lieu.

ART. 133. — Les commissions des Bourses de commerce font parvenir au Ministre des Finances, dans la première décade de chacun des mois de janvier, avril, juillet et octobre, la liste certifiée exacte des professionnels qui ont été admis pendant le trimestre précédent à fréquenter le parquet et les salles de liquidation. A défaut d'admission, cette liste est remplacée par un certificat négatif.

BOURSE D'ANVERS

Tenue de la Bourse. — La Bourse des fonds publics et des changes se tient tous les jours non fériés.

Façon de coter. — Sont cotés intérêts *non compris* dans le cours :

a) les fonds publics belges : rentes directes ou indirectes, emprunts des provinces et des communes (valeurs à lots exceptées) ;

b) les obligations et actions à revenu fixe émises par les sociétés belges ;

c) les fonds d'états étrangers.

Les intérêts à bonifier se calculent depuis la dernière échéance jusque et y compris le jour de la négociation.

Toutes les autres valeurs sont cotées à tant la pièce, intérêts ou dividende compris dans le cours.

La cote renseigne les cours faits et éventuellement les cours « demandés » ou « offerts » en les faisant suivre des lettres A ou P.

Opérations traitées. — Les opérations se traitent : 1° au comptant ; 2° au choix ; 3° à terme.

Dans les affaires **au choix**, la date de livraison est laissée à la discrétion de l'acheteur endéans un terme fixé. Cette date est signifiée au vendeur par un avis remis en Bourse au plus tard à deux heures. La livraison se fait alors le premier jour non férié qui suit. C'est en somme une opération à terme avec faculté d'escompte.

Au marché du *terme*, on traite les opérations fermes, les primes directes et indirectes, les options et les facultés. Cependant les règlements ne parlent que des doublures à la baisse dans lesquelles l'opération se liquide suivant la décision du vendeur. En ce qui concerne l'option, il y est dit que le preneur a le droit de se déclarer acheteur ou vendeur, mais que la résiliation pure et simple de la transaction ne peut se faire que de l'accord des deux parties.

Changes fixes. — Les changes fixes adoptés pour l'évaluation des fonds publics étrangers sont les suivants :

Couronne (Autriche-Hongrie)	fr.	1,05
Couronne (Danemark)	»	1,40
Dollar (Etats-Unis)	»	5,30
Florin or (Autriche-Hongrie)	»	2,54
Florin (Hollande)	»	2,1164
Lire	»	1,00
Livre sterling	»	25,40
Peseta	»	1,00
Peso (Rép. Argentine)	»	5,08
Mark	»	1,25
Rouble or	»	4,00
Rouble papier	»	2,66 $^2/_3$

Courtage et impôt. — Le courtage est de 2 °/₀₀ pour toutes les valeurs. L'impôt est évidemment de 0,50 °/₀₀ comme à Bruxelles.

BOURSE DE PARIS

Tenue de la Bourse. — La Bourse de Paris est ouverte tous les jours non fériés de midi à trois heures en hiver et de midi à deux heures en été. Cependant, les jours de liquidation, la Bourse reste toujours ouverte jusque trois heures.

Intermédiaires. — En France, les intermédiaires sont les agents de change et les coulissiers. Tous les ordres arrivent fatalement à l'un de ces deux intermédiaires qui seuls opèrent directement au marché des valeurs mobilières.

a) **Agents de change.** — Pour être agent de change, il faut :

1° être Français et avoir vingt-cinq ans accomplis ;

2° avoir satisfait à la loi militaire;

3° jouir des droits civils et politiques;

4° produire un certificat régulier justifiant d'un stage de quatre années au moins chez un agent de change, dans une maison de banque ou de commerce ou encore chez un notaire;

5° prêter serment et fournir un cautionnement (à Paris: 250.000 fr.).

Les agents de change sont nommés par le Président de la République sur présentation de la Chambre syndicale et du ministre des finances. Ils sont solidaires les uns des autres; ils ne peuvent opérer pour leur propre compte ni divulguer les noms des parties contractantes; ils sont tenus d'accepter tous les ordres qui leur sont transmis régulièrement.

L'office d'agent de change constitue une charge dont le nombre est limité (à Paris, 70). Ces charges se cèdent à des prix exorbitants (1 à 2 millions). Aussi les agents sont-ils autorisés à s'adjoindre des associés jusqu'à concurrence de 75 % du montant de leur charge. L'agent de change doit donc posséder en propre au moins le quart de son office et verser en outre le cautionnement.

Les agents de change d'une même ville forment une compagnie qui se réunit chaque année pour élire une chambre syndicale composée d'un syndic et d'un nombre variable d'adjoints (8 à Paris).

La **Chambre syndicale**, nous l'avons dit, se charge de la présentation des candidats agents de change; elle exerce un contrôle sur la compagnie, prononce des peines disciplinaires et règle les différends. Elle décide de l'admission des valeurs à la cote officielle, préside à la confection de la cote et fixe les cours de compensation.

La Chambre syndicale a organisé la caisse de liquidation. En ce qui concerne les opérations du comptant, seuls les soldes espèces sont réglés par compensation; les titres sont échangés directement entre les agents de change qui les ont négociés.

b) **Coulissiers.** — L'importance considérable des transactions qui se traitent sur les valeurs mobilières a forcé les agents de change à tolérer, à côté de leur propre marché, la création d'un second marché au moins aussi important que le premier.

C'est la *coulisse*. Les valeurs qui s'y négocient sont dites valeurs du « Marché en Banque », par opposition aux autres, appelées valeurs « de parquet » ou valeurs « de corbeille ».

On distingue trois sortes de coulisse :

1° La *coulisse des rentes*, autorisée par les agents de change à traiter directement les opérations sur la rente française ;

2° La *coulisse des valeurs à terme* non cotées officiellement ;

3° La *coulisse du comptant* qui ne traite que des opérations au comptant sur les valeurs du « marché en Banque ».

Façon de coter. — *Toutes les valeurs sont cotées intérêts ou dividendes compris dans le cours.*

Pour les opérations au *comptant,* la cote indique les cours faits ainsi que le cours de clôture de la veille ou, à son défaut, le dernier cours coté.

Pour les opérations à *terme* fermes, elle donne le premier cours, le plus haut, le plus bas, le dernier, ainsi que le cours pratiqué la veille en clôture. Quand il s'agit d'opérations à *prime,* la cote indique, avec la quotité de la prime, le cours le plus bas et le cours le plus haut.

Le taux des reports est également renseigné.

Cotes du marché libre.

Les *coulisssiers* publient quotidiennement deux cotes :

a) *celle du syndicat des Banquiers en valeurs à terme ;*

b) *celle du syndicat des Banquiers en valeurs au comptant.*

Enfin, plusieurs cotes particulières paraissent également chaque jour. Les deux principales sont *la cote de la Bourse et de la Banque* (cote Vidal) et *la cote de la Banque et de la Bourse* (cote Desfossés).

Opérations traitées. — En dehors des opérations au comptant et des opérations à terme fermes, on ne traite à Paris que le *dont* ou prime directe et toutes les combinaisons qui peuvent en résulter.

Les ordres sont donnés au mieux, au premier cours, à cours limité. Les ordres au cours moyen sont supprimés depuis janvier 1920. En coulisse, au comptant et à terme, on peut également transmettre un ordre au dernier cours. Il en est de même au parquet pour les opérations à *terme*. Rappelons qu'à Paris, les ordres relatifs à la rente s'expriment toujours par le revenu des titres et non par leur nominal. (Ex.: acheter 1.500 fr. de rente 3 %, signifie acheter des titres représentant un nominal global de 50.000 fr.)

Au marché du terme, les actions et les obligations se négocient par multiples de 25 pièces. Quant aux fonds d'Etat, ils se traitent par 50.000 fr. de capital nominal ou multiples (1.500 fr. de rente 3 %, 2.500 fr. de rente 5 %, etc.).

Changes fixes. — Pour la conversion des fonds d'Etats étrangers, on fait usage des bases suivantes:

1 £=25 fr.   pour l'Argentin 4 %.

1 £=25 fr. 20 pour les fonds Anglais, Brésiliens, Hongrois, Norvégiens, Suédois et Ottomans.

1 £=25 fr. 25 pour l'Italien 5 %, le Portugais 3 % et l'Uruguay 3 ½ %.

1 florin austro-hongrois	=2 fr. 50.
1 florin hollandais	=2 fr. 10.
1 couronne austro-hongroise	=1 fr. 05.
1 couronne danoise	=1 fr. 40.
1 $ américain	=5 fr.
1 $ mexicain	=5 fr. 18.
1 rouble	=2 fr. 6667 (Russe int. 4 %).
1 peseta	=1 fr.

Détachement des coupons. — Pour les valeurs se négociant au comptant seulement, le détachement des coupons *en Bourse* a lieu le jour de leur mise en paiement.

Pour les valeurs négociées à terme, lorsque l'échéance effective des coupons tombe pendant la période de règlement d'une liquidation, le détachement *officiel* en Bourse est retardé jusqu'au dernier jour de la liquidation.

Epoques de liquidation. — Actuellement, toutes les valeurs admises au marché du terme se liquident deux fois par mois. A la coulisse, il n'y a qu'une liquidation mensuelle.

Courtages et impôts. — Au parquet, le tarif du droit de courtage est établi comme suit :

OPÉRATIONS AU COMPTANT.

Rentes françaises	0,15 % du montant de la négociation avec un minimum de courtage de 0,50 fr.
Emprunts des Colonies et des Pays de Protectorat, *Emprunts* des Départements et des Communes, *Obligations* des Chemins de fer de l'Etat, *Obligations* des grandes Compagnies de Chemins de fer français, et de la Grande Ceinture, *Obligations* du Crédit Foncier.	0,20 % du montant de la négociation avec un minimum de courtage de 0.75 fr.

Autres valeurs :

Actions et obligations lorsque le cours est inférieur à 50 fr.	0.15 fr. par action ou obligation.	
Actions et obligations, lorsque le cours est compris entre 50 et 100 fr.	0.30 fr. par action ou obligation.	Avec un minimum de 1,50 fr.
Actions et obligations dont le cours est supérieur à 100 fr., Fonds d'Etats étrangers et toutes valeurs non dénommées ci-dessus.	0.30 % du montant de la négociation.	

Dispositions spéciales pour les opérations au comptant.

Pour les valeurs non entièrement libérées, les maxima indiqués ci-dessus sont réduits proportionnellement à la partie non versée.

Lorsque deux opérations en sens contraire ont été effectuées au comptant, en vertu d'un même ordre et dans la même Bourse, pour le compte d'un client particulier, et lorsque l'opération d'achat porte sur la rente française ou sur l'une des valeurs soumises au tarif de 0,20 %, il n'est perçu de courtage que sur celle des opérations qui, par l'application du tarif ci-dessus, donne lieu au courtage le plus élevé.

OPÉRATIONS A TERME.

Rentes françaises	0,04 fr. par 3 fr. de rente 3 % ou par 3,50 fr. de rente 3 $\frac{1}{2}$ % ; 0,05 fr. par 4 fr. de rente 4 % ou par 4,50 fr. de rente 4 $\frac{1}{2}$ % ou par 5 fr. de rente 5 %.

Rentes étrangères se négociant en capital ou en rentes :	
Lorsque le cours est inférieur à 60 fr.	0,06 fr. % du capital nominal.
Dans les autres cas	0,10 fr. % du motant de la négociation.
Actions et obligations, lorsque le cours est inférieur à 200 fr.	0,25 fr. par action ou obligation.
Actions et obligations, lorsque le cours est compris entre 200 et 400 fr.	0,50 fr. par action ou obligation.
Actions et obligations, lorsque le cours est supérieur à 400 fr. et toutes valeurs non dénommées ci-dessus	0,125 fr. % du montant de la négociation.

OPÉRATIONS DE REPORTS.

Rentes françaises	0,02 fr. par quinzaine et par 3 fr. de rente 3 % ou 3 fr. 50 de rente 3 $^1/_2$ %. 0,025 fr. par quinzaine et par 4 fr. de rente 4 %, 4 fr. 50 de rente 4 $^1/_2$ % ou 5 fr. de rente 5 %.
Autres valeurs	1,80 fr. % l'an du montant de la valeur reportée calculée d'après le cours de compensation pour les opérations donnant lieu à un report. 1,20 fr. % l'an du montant de la valeur reportée calculée comme ci-dessus pour les emplois de capitaux en report.

Dispositions spéciales pour les opérations à terme.

Pour les valeurs non entièrement libérées, les maxima indiqués ci-dessus sont réduits proportionnellement à la partie non versée.

Tarif du droit de timbre. — Sur toute opération d'achat ou de vente au comptant ou à terme :

Pour la Rente française	0,0125 $^0/_{00}$ ou fraction de mille fr. du montant de la négociation.
Pour toutes les autres valeurs (françaises ou étrangères)	1 $^0/_{00}$ ou fraction de mille francs du montant de la négociation.

Sur les opérations de report :

| Pour la rente française | 0,00625 °/₀₀ ou fraction de mille fr. sur le cours de compensation. |

Pour la rente française — $0,00625\ °/_{00}$ ou fraction de mille fr. sur le cours de compensation.

Pour toutes les autres valeurs (françaises ou étrangères) — $0,50\ °/_{00}$ ou fraction de mille francs sur le cours de compensation.

Sur les opérations faites à l'étranger :

$0,60\ °/_{00}$ ou fraction de mille francs sur le montant de l'achat ou de la vente.

Dispositions diverses

Le droit étant établi par 1.000 fr. ou fraction de 1.000 fr. le montant de la perception ne peut être inférieur au taux même du droit ou à ses multiples.

Toute fraction de centime dans la liquidation du droit donne lieu à la perception du centime entier.

Pour les valeurs non libérées, le droit est calculé sur le montant de la négociation, déduction faite du non versé.

Pour les opérations à primes, le droit n'est perçu, en cas d'abandon du marché, que sur le montant de la prime abandonnée

N. B. — La loi du 28 avril 1893 prévoit que l'impôt sur les opérations de Bourse sera perçu au moyen d'extraits du *répertoire*.

Ce répertoire, qui doit être tenu par tous les intermédiaires de Bourse, doit être conforme au modèle annexé au décret du 20 mai 1893.

BOURSE DE LONDRES

Tenue de la Bourse. — Les jours non fériés, la Bourse est ouverte de 11 heures à 3 heures. Le samedi, elle ferme à 1 heure.

Régime. — La Bourse de Londres ou Stock-Exchange est une société privée dont les membres (stockers) au nombre de 5.000 environ, ont seuls accès au Stock-Exchange. L'entrée est cependant accordée à certains employés des membres de la corporation.

La société est administrée par un double comité :

1° Le comité de *direction*, qui est nommé par les actionnaires et qui gère la société, fixe les droits d'admission, les cotisations annuelles des membres, etc. Il représente les propriétaires de l'immeuble où se tient le Stock-Exchange et veille à leurs intérêts.

2° Le comité de *réglementation*, qui se compose de 30 membres élus tous les ans par les membres du Stock-Exchange réunis en assemblée. Ce comité examine les demandes d'admission, les accepte ou les rejette, exerce des pouvoirs disciplinaires, contrôle l'inscription des cours, admet les valeurs à la cote, fixe les dates de liquidation, etc.

Les demandes d'admission doivent être adressées au comité pendant le mois de mars. Les candidats doivent être présentés par trois parrains, membres effectifs depuis 4 ans au moins. Ceux-ci sont responsables de leur candidat pendant les quatre années qui suivent son admission. Le droit d'inscription est de 500 guinées (525 £) et la cotisation annuelle de 40 guinées.

Les membres peuvent faire admettre des employés moyennant un droit d'inscription de 50 guinées et une cotisation annuelle de 30 guinées. Les patrons restent responsables des opérations traitées par leurs employés.

Intermédiaires. — Les « *stockers* » ne jouissent d'aucun monopole légal, mais, en fait, ils ont su accaparer à leur profit toutes les transactions sur les valeurs mobilières. Ils ne sont astreints ni au secret professionnel, ni à la tenue d'aucune espèce de comptabilité ; ils peuvent opérer pour leur propre compte, ils sont libres de fixer les courtages comme ils l'entendent.

On distingue les « *jobbers* » ou « *dealers* » et les « *brokers* ». Les « *brokers* » sont des courtiers ou agents de change qui reçoivent les ordres des clients et sont chargés de leur exécution ; ils ne traitent aucune affaire entre eux, ils s'adressent aux « *jobbers* ».

Ceux-ci n'ont aucun rapport avec le public ; ce sont de véritables négociants en valeurs mobilières qui opèrent pour leur propre compte. Lorsqu'un *broker* leur dit qu'il désire opérer sur telle ou telle valeur, ils font deux prix, l'un pour l'achat, l'autre pour la vente, sans savoir quelle sera la nature de l'opération. La différence entre les deux cours constitue leur bénéfice et s'appelle « turn of the market ».

La plupart du temps, les « *jobbers* » ne possèdent ni les capitaux suffisants pour couvrir tous leurs achats, ni tous les titres qu'ils se sont engagés à livrer. Il est donc nécessaire qu'ils balancent leurs positions et ils courent tous les risques inhérents à ces opérations spéculatives. C'est ce qui explique l'écart souvent considérable entre le prix d'achat et le prix de vente, et aussi pourquoi la majorité des affaires est traitée à terme.

Façon de coter. — Les fonds d'Etat (anglais ou étrangers) sont cotés à tant % intérêts compris dans le cours. Il existe cependant des titres pour lesquels l'acheteur doit bonifier au vendeur, l'intérêt depuis le détachement du dernier coupon jusqu'au jour de la livraison. Tels sont : les emprunts des Indes, les « Exchequer Bills » et les « Exchequer bonds ».

Les « Exchequer bills » sont créés pour une période qui ne peut dépasser cinq années, mais ils peuvent être remboursés, sur la demande du porteur, à l'expiration de chaque année. L'intérêt n'est pas fixe. La « London Gazette » publie, un peu avant l'échéance des coupons, le taux qui sera payé le semestre suivant.

Les « Exchequer bonds » ne peuvent être remboursés qu'à une époque déterminée et rapportent un intérêt fixe.

Les actions et les obligations sont cotées par unité. Pour les valeurs non entièrement libérées, le cours représente le prix du montant versé.

Les valeurs *à l'émission* sont généralement cotées à tant de £ ou de shillings de prime (*premium*) ou de perte (*discount*) sur le nominal.

La seconde colonne de la cote, intitulée « business done », renseigne seule des cours officiels. Ce sont les cours des affaires traitées pendant les heures de Bourse.

Détachement des coupons. -- Les titres au porteur sont cotés ex-coupon à partir du jour où ce coupon est payable.

Les titres nominatifs sont cotés ex-intérêt le premier jour de la liquidation pendant laquelle l'intérêt est payable et ex-dividende le premier jour de la liquidation qui suit l'assemblée générale qui en a fixé la valeur.

Enfin, quelques titres dont les coupons sont payables à l'étranger sont cotés ex-coupon un certain temps avant l'échéance (15 jours et parfois 6 semaines) afin de permettre aux porteurs d'envoyer les coupons à l'encaissement.

Opérations traitées. — Les transactions au comptant sont relativement peu nombreuses; le grand mouvement a lieu au marché du terme où les combinaisons sont multiples. Le marché des primes comprend:

1° The call ou prime directe;
2° The put ou prime indirecte;
3° The put and call ou option;
4° The put of more, doublé à la baisse;
5° The call of more, doublé à la hausse.

Changes fixes. — Les bases suivantes servent à l'évaluation des fonds publics émis en monnaies étrangères.

1 dollar	= 4 shillings
1 milreis	= 4 $^1/_2$ shillings
1 peso (Répub. Arg.)	= 49 pence
1 rouble or	= 37 $^1/_2$ pence
1 roupie (Indes)	= 25 pence
1 couronne autrich.	= 10 pence
18 cour. scandin.	= 1 £.
10 florins autrichiens	= 1 £.
12 florins hollandais	= 1 £.
20 marks	= 1 £.
25 francs (Un. lat.)	= 1 £.
25,20 pesetas	= 1 £.

Epoques de liquidation. — Les Consolidés ne se liquident qu'une fois par mois. La liquidation a lieu dans les premiers jours du mois et la date en est fixée au moins cinq semaines à l'avance.

Pour toutes les autres valeurs, la liquidation a lieu deux fois par mois, vers le 15 et le 30, et dure quatre jours. Les deux premiers jours sont réservés à la réponse des primes et au report (le premier jour, pour les valeurs de mines: le deuxième jour, pour les autres valeurs). Le troisième jour, se fait l'échange des noms des acheteurs et des vendeurs (la majorité des valeurs étant nominatives et nécessitant un transfert). Le quatrième jour, les titres sont livrés et les soldes espèces sont réglés.

Des liquidations *spéciales* sont souvent accordées par le Comité pour le règlement des affaires traitées sur *scrip* ou certificats provisoires relatifs aux émissions nouvelles.

En ce qui concerne le taux des reports, il n'y a pas de règle absolue. Il s'exprime, soit à tant pour cent par an sur le montant effectif de la transaction, soit à tant pour cent du capital nominal, soit encore à tant de shillings ou de pence par titre.

Courtages. — Voici quels sont les taux minima officiels:

Titres d'Etat ou garantis par l'Etat (gouvernements britanniques et des Indes) ayant moins de douze années de circulation, transactions non inférieures à £ 20.000 nominal.
Titres d'Etats étrangers. Prix 20 ou moins.
Titres de chemins de fer étrangers et autres obligations au porteur. Prix 20 ou moins. ⟩ 1/8 % sur nominal

Titres d'emprunts de consolidation 2 $^3/_4$ %. Annuités. ⟩ 3/16 % sur nominal

Titres d'états étrangers. Prix 10 ou moins.   1/16 %   »   »

Titres d'états étrangers. Prix 5 ou moins.   1/32 %   »   »

Titres d'états étrangers. Prix 1 ou moins.   A discrétion.

Autres titres d'Etat britannique.
Titres d'Etat des Indes.
Titres de consolidation métropolitains.
Titres de consolidation London County.
Titres d'états étrangers. Prix, plus de 20.
Titres de chemins de fer étrangers ou autres obligations au porteur. Prix, plus de 20. ⟩ 1/4 % sur nominal
Titres coloniaux.
Obligations de villes, provinces (gouvernements britanniques, des Indes, coloniales ou étrangères).

Titres de la Banque d'Angleterre ou de la Banque d'Irlande. ⟩ 1/4 % sur val. effect.

Titres enregistrés.   1/2 % sur val. effect.

Actions enregistrées ou au porteur, autres que celles de $ 50 ou 100 traitées sur le marché américain.

Prix 0 1.0 ou moins   à discrétion

				s.	d.	
de	0. 1.0 à	0. 2.0	....	0	0 $^1/_2$	par titre
»	0. 2.0 »	0. 3.6	....	0	0 $^3/_4$	» »
»	0. 3.6 »	0. 5.0	....	0	1	» »
»	0. 5.0 »	0.15.0	....	0	1 $^1/_2$	» »
»	0.15.0 » £	1.10.0	....	0	3	» »
» £	1.10.0 » £	2. 0.0	....	0	4 $^1/_2$	» »
» £	2. 0.0 » £	3. 0.0	....	0	6	» »
» £	3. 0.0 » £	4. 0.0	....	0	7 $^1/_2$	» »

de £ 4. 0.0 à £ 5. 0.0 .... 0 9 par titre
» £ 5. 0.0 » £ 7.10.0 .... 1 0   »   »
» £ 7.10.0 » £ 10. 0.0 .... 1 3   »   »
» £ 10. 0.0 » £ 15. 0.0 .... 1 6   »   »
» £ 15. 0.0 » £ 20. 0.0 .... 2 0   »   »
» £ 20. 0.0 » £ 25. 0.0 .... 2 6 . »   »
» £ 25. 0.0 et plus $\frac{1}{2}$ % de la valeur effective

Actions de $ 50 et $ 100 nom. traitées sur le marché américain.

Prix $ 5 et moins   à discrétion
                                                                  s. d.
» $ 5 à $ 25 .... 0 6 »   »
» $ 25 » $ 50 .... 0 9 »   »
» $ 50 » $ 100 .... 1 0 »   »
» $ 100 » $ 150 .... 1 6 »   »
» $ 150 » $ 200 .... 2 0 »   »

Supplément de 6 d. par 50 $ en plus ou fraction.

Petites transactions : Commission non inférieure à 20/- à calculer pour toute transaction de 100 £ et plus ; 10/- pour toute transaction de £ 20 à 100 ; 5/- pour toute transaction de moins de 5 £.

Impôts. — Les transactions de bourse sont soumises à un droit de timbre prélevé sur chaque contrat et par nature de titre.

Il est de *un penny* lorsque le montant de l'opération n'atteint pas 100 £. Dans le cas contraire il s'élève à *un shilling*.

———

BOURSE DE BERLIN

Tenue de la Bourse. — La Bourse est ouverte de 12 heures à 3 heures. Le samedi, elle ferme à 2 heures.

Régime. — La Bourse de Berlin est un marché libre réglementé. Il faut, pour y entrer, être membre de la Bourse ou être muni d'une carte fournie par le Comité de direction.

Il existe des courtiers assermentés *(Makler)* et des courtiers libres. Les courtiers assermentés déterminent, un peu avant la clôture de la Bourse, le « Mittelkurs », sorte de cours moyen sur lequel se règlent presque toutes les affaires au comptant.

Le Comité de direction se compose de 36 membres nommés par les « Makler » et les membres de la Chambre de commerce. Il surveille la cote officielle et exerce un pouvoir disciplinaire.

Façon de coter. — Les cours sont donnés en *pour cent* et se comprennent pour 100 marks de capital nominal ou pour la contrevaleur de ce montant lorsqu'il s'agit de titres émis en mon-

naies étrangères. Ils sont suivis des abréviations G. (Geld =
Argent), B. (Brief = Papier) ou b. (bezahlt = payé = fait).

Anciennement, presque toutes les valeurs étaient cotées intérêts non compris dans le cours. Depuis le 1ᵉʳ janvier 1915, toutes
les actions se traitent franco intérêts. Les coupons de dividende
des actions de sociétés allemandes se détachent le deuxième jour
après l'assemblée générale ; ceux des actions étrangères se détachent lors de leur mise en paiement. Le jour du détachement du
coupon, le cours est abaissé, en Bourse, du montant du coupon.

Quelques valeurs sont également cotées à tant par titre, *net*
(sans intérêt à ajouter). Ce sont : les valeurs de compagnies
d'assurance, les valeurs à lots qui ne rapportent pas d'intérêt, les
lots turcs, les actions de jouïssance et quelques valeurs indiquées
à la cote par la mention « *p. Stück* ».

Pour le calcul de l'intérêt à bonifier sur les valeurs cotées
intérêts non compris dans le cours, on compte le nombre de jours
depuis le détachement du dernier coupon jusque et y compris le
jour de la négociation, lorsqu'il s'agit d'affaires au comptant, le
jour de la liquidation, lorsqu'il s'agit d'affaires à terme. Tous les
mois sont comptés à 30 jours. Toutefois, si le calcul doit se faire
jusque fin février, ce mois est compté pour le nombre de jours
qu'il a réellement, soit donc 28 ou 29 jours.

Changes fixes. — Les monnaies étrangères sont converties d'après les changes fixes ci-dessous, indiqués en tête de la
cote :

1 dollar	= Mk.	4,20
1 franc	= »	0,80
1 florin valeur autrich.	= »	1,70
1 florin or autrich.	= »	2,—
1 couronne autrichienne	= »	0,85
7 florins (Allemagne du Sud)	= »	12,—
1 florin hollandais	= »	1,70
1 mark Banco	= »	1,50
1 rouble	= »	2,16
1 rouble or	= »	3,20
1 livre sterling	= »	20,40
1 peso	= »	4,—
1 peso (papier)	= »	1,75
1 peseta	= »	0,80
1 couronne scandin.	= »	1,125

Opérations traitées. — Les opérations au comptant se font pour tout montant minimum de la valeur nominale des plus petites coupures.

Le marché du terme a perdu beaucoup de son activité depuis la loi de 1900 qui interdit les opérations à terme sur les valeurs minières, sur les actions industrielles et sur les actions des entreprises dont le capital est inférieur à 20 millions de marks.

Les affaires à terme se font par quantité de 15.000 marks de capital nominal minimum ou pour certaines valeurs étrangères par 25 titres ou multiples.

Les opérations traitées sont, outre les négociations fermes à la hausse ou à la baisse, la prime directe (Vorprämie), la prime indirecte (Rückprämie), l'option (Stellage) et les facultés (Nochgeschäfte).

N. B. — D'après les règlements, les « Stellage » et les « Nochgeschäfte » ne comportent pas le droit de résiliation.

Liquidations. — Les liquidations ont lieu une fois par mois. La réponse des primes se fait le troisième jour ouvrable avant la fin du mois. Le lendemain, on fixe les cours de compensation et on procède aux reports. La livraison des titres et les règlements se font le dernier jour ouvrable du mois.

BOURSE D'AMSTERDAM

Tenue de la Bourse. — La Bourse est ouverte tous les jours non fériés de 1 h. à 3 $\frac{1}{2}$ heures.

Régime. — **Intermédiaires.** — La Bourse d'Amsterdam est soumise uniquement à l'autorité locale.

Les intermédiaires, appelés *Effectenmakelaars*, sont nommés par la municipalité. Ils doivent prêter serment devant le tribunal d'arrondissement.

Façon de coter. — En général, les valeurs sont cotées à tant pour cent de la valeur nominale. Les quelques titres qui sont cotés à tant la pièce se distinguent aisément à la cote, le cours étant précédé de la lettre *f* (florins).

Les valeurs *à revenu* fixe sont cotées intérêts non compris dans le cours. L'acheteur doit donc bonifier au vendeur les intérêts courus depuis le détachement du dernier coupon jusque et y compris la *veille* du jour de la négociation, pour les affaires au comptant, la *veille* du jour de la liquidation, pour les affaires conclues à terme. Les mois sont comptés à 30 jours et l'année à 360 jours. Une opération conclue le 31 d'un mois est censée être faite le premier du mois suivant.

Le taux à appliquer est celui de la rente ou de l'obligation; il est, du reste, indiqué à la cote. Pour les titres de la Société de commerce néerlandaise, on se sert du taux conventionnel de 5 %.

Changes fixes.

1 livre sterling	= fr. 12,—
1 franc, lire ou lei	= » 0,50
1 rouble or	= » 2,—
1 rouble crédit	= » 1,28
1 rouble papier	= » 0,36
1 florin d'Autriche	= » 1,—
1 florin d'Autriche or	= » 1,20
1 couronne de Hongrie	= » 0,50
1 florin d'Allemagne du Sud	= » 1,—
1 mark	= » 0,60
1 couronne danoise	= » 0,66 $^2/_3$
1 milreis Portugal	= » 2,70
1 piastre	= » 2,50
1 peseta	= » 0,50
1 dollar d'Amérique	= » 2,50
1 dollar du Mexique	= » 2,50

Opérations traitées. — Les affaires *au comptant* se liquident le lendemain de la négociation. Il en est qui sont dites « *à livraison* », dans lesquelles les parties décident que la livraison se fera à tel jour déterminé ou plus tôt à volonté. Toutefois, le terme le plus éloigné est le 21ᵉ jour après le contrat.

Les marchés *à terme* sont considérés par les tribunaux hollandais comme des engagements commerciaux ordinaires.

Les **liquidations** ont lieu vers le 1ᵉʳ et le 15 de chaque mois. Cependant, les transactions à terme sur les actions de la Société de commerce néerlandaise ne se liquident qu'une fois par mois.

Le *report* ne se pratique pas comme à Bruxelles. L'acheteur à terme qui ne possède pas les fonds nécessaires à la levée des titres fait un emprunt et laisse en garantie les valeurs qu'il lève. L'emprunt est fait pour un mois (*prolongatie*) ou pour trois mois (*beleening*). Le nantissement doit représenter 110 ou 120 % de la somme empruntée selon que l'avance est consentie pour un ou pour trois mois. En cas de baisse des titres, l'emprunteur doit suppléer à l'insuffisance du gage.

Courtages.

1 % de la valeur *réelle* des titres cotés jusqu'à concurrence de 10 % du nominal (minimum 0,30 fl.).

1 $^1/_2$ °/₀₀ de la valeur *nominale* des titres cotés de 10 à 30 %.

$^1/_4$ % de la valeur *nominale* des titres cotés au-dessus de 30 % et jusqu'à 105 %.

$^1/_4$ % de la valeur *réelle* des titres cotés au-dessus de 105 %.

Impôt. — Le droit de timbre est de 10 cents minimum. Il s'élève à 5 cents par 50 florins ou fraction pour les négociations ne dépassant pas 250 florins.

Au delà de 250 florins, la taxe est de 25 cents par 250 florins ou fraction.

Pour les négociations dont l'effectif dépasse 5.000 florins, le droit de timbre est de 50 cents par 500 florins ou fraction.

CHAPITRE III

ARBITRAGES DE BOURSE

Certaines valeurs, principalement des fonds d'Etat, sont cotées à la fois dans les principales Bourses. Un capitaliste, désirant acheter ou vendre des titres semblables, a donc tout intérêt à rechercher sur quelle place il doit opérer, afin de le faire le plus avantageusement possible. De même, lorsque l'on dispose de grands capitaux ou d'un crédit considérable, il est parfois possible de spéculer sur ces valeurs en les achetant dans une Bourse pour les revendre immédiatement dans une autre.

Pour réaliser un arbitrage de bourse avec quelque chance de succès, il faut connaître d'une manière approfondie, non seulement les particularités relatives aux valeurs sur lesquelles on veut opérer (conditions stipulées quant au paiement des intérêts, quant au remboursement, quotité restant éventuellement à verser, dates du détachement des coupons en Bourse, taxes dont peuvent être grevés les titres et les coupons, etc., etc.), mais aussi les règlements et usages des différentes places et *notamment* :

1° La **façon de coter**. — Nous avons vu que le système de cotation diffère d'une Bourse à l'autre. Une même valeur sera cotée à Paris intérêts compris dans le cours tandis qu'à Berlin, il faudra ajouter au cours renseigné les intérêts échus.

2° Les usages relatifs au **calcul des intérêts**. — L'année peut être comptée à 365 jours comme en Angleterre, ou à 360 jours comme à Bruxelles et à Paris. Les mois peuvent être pris pour le nombre de jours qu'ils ont en réalité ou être comptés tous à 30 jours, etc.

3° Les **changes fixes**, suivant lesquels on convertit en monnaie nationale, les fonds publics émis en monnaies étrangères.

4° Le montant des **courtages, impôts, timbres** et **frais divers** dont sont grevées les opérations.

5° Le **cours des changes**. — Ces opérations réalisées à

l'étranger créent évidemment des dettes qu'il faut régler ou des créances qu'il s'agit de récupérer le plus avantageusement possible. Les arbitrages de bourse se compliquent donc d'arbitrages de banque, tels qu'ils ont été étudiés dans la première partie de l'ouvrage.

REMARQUE. — Nous donnons ci-après, à titre documentaire, deux exemples dont le second est basé sur des données d'avant-guerre.

Afin de ne pas compliquer outre mesure, nous avons supposé que le capitaliste désirait *acheter* et qu'il réglait invariablement par voie de *remise simple*.

S'il s'agissait de *ventes*, les frais devraient naturellement être *déduits* du principal.

EXEMPLE 1.

Les Etats-Unis du Brésil ont émis à Londres en 1889 un emprunt, représenté par 6000 titres de 1.000 £, 8000 de 500 £ et 98750 de 100 £.

L'emprunt est destiné à la conversion et au remboursement des emprunts brésiliens 5 %.

L'amortissement se fait par voie de rachat au-dessous du pair ou par voie de tirages si le cours est au pair ou au-dessus.

Les titres rapportent 4 % l'an en deux coupons semestriels payables à Londres, à Paris et à Hambourg le 1ᵉʳ avril et le 1ᵉʳ octobre.

Supposons qu'un capitaliste bruxellois désire acheter le 22 janvier 1924 des titres de cet emprunt. Sur quelle place devra-t-il opérer, étant donnés les renseignements ci-dessous ?

	BRUXELLES	PARIS	AMSTERDAM	LONDRES
Cours	390	276	55	55 ¹/₄
Change fixe	25	25,20	12	—
Courtage	4 ⁰/₀₀	0,30 ⁰/₀	¹/₄ ⁰/₀ s/nominal	¹/₄ ⁰/₀ s/nominal
Impôts	1 ⁰/₀₀	1 ⁰/₀₀	1 ⁰/₀₀	1 shelling
Frais (transport assurance)	—	¹/₂ ⁰/₀₀ s/effectif	¹/₂ ⁰/₀₀ s/effectif	1 ⁰/₀₀ s/effectif
Evaluation approxim. Cours du change	—	28,16	288,82	34,92

Recherchons quel sera le prix d'un titre de 100 £ acheté sur chacune de ces places.

Bruxelles.   Nominal : 2.500 fr. à 390   = fr. 9.750,—
                  Courtage   39,—
                  Impôt   10,—

                                          Net   fr. 9.799,—

Paris.   Nominal : 2.520 fr. 276   = fr. 6.955,20
                  Courtage   19,90
                  Impôt   7,—
                  Frais   3,50

                                                     6.985,60

          à 28,16 = 9.842,70 francs.

Amsterdam.   Nominal : 1.200 fl. à 55   = fl. 660,—
                  Intérêts 111 j. s/1.200   14,80
                  Courtage   3,—
                  Impôt   1,—
                  Frais   0,35

                                                      679,15

          à 288,62 = 9.807,60 francs.

Londres.   Nominal : 100 £ à 55,25   = £ 55,25
                  Courtage   0,25
                  Impôt   0,05
                  Frais   0,055

                                                      55,605

          à 34,92 = 9.708,65 francs.

Le capitaliste devrait donc acheter de préférence à Londres.

EXEMPLE 2.

L'emprunt 3 % de l'Empire allemand est divisé en titres au porteur de 200, 500, 1.000, 2.000, 5.000 et 10.000 marks, remboursabes par voie de rachats au gré du gouvernement impérial. Certains titres sont munis de coupons payables le 2 janvier et le 1er juillet ; d'autres, de coupons aux 1er avril et 1er octobre, Les coupons sont payables en Allemagne (à tous les sièges de la

Banque d'Empire), à Bruxelles (Balser et C°) et à Anvers (Banque d'Anvers).

Supposons qu'un capitaliste anversois désirait acheter le 27 mai 1914 des titres de cet emprunt, avec coupons avril-octobre. Où devrait-il acheter, étant données les indications ci-dessous ?

	ANVERS	BERLIN	LONDRES
Cours	78,10	79	78
Change fixe	1,25	—	20 Mk. $= 1$ £
Courtage	$1 \, ^1/_2 \, ^0/_{00}$	$^1/_2 \, ^0/_{00}$ s/nominal	$^1/_{16} \, ^0/_{00}$ s/nominal
Impôt	$0,15 \, ^0/_{00}$	néant	1 shilling
Frais	—	$^1/_2 \, ^0/_{00}$ s/effectif	$^1/_2 \, ^0/_{00}$ s/effectif
Cours du change évaluation approxim.	—	123,75	25,26

Voyons quel sera le prix de revient d'un titre de 1.000 mk. acheté à chacune de ces Bourses.

Anvers. Nominal : 1.250 fr. à 78,10   = fr. 976,25

            Intér. 3 % p^t 57 j. s/1.250 =   5,94

            Courtage $1 \, ^1/_2 \, ^0/_{00}$ =   1,50

            Impôt $0,15 \, ^0/_{00}$ =   0,15

                              Net   fr. 983,84

Berlin. Nominal : 1.000 mk. à 79   = mk. 790,—

            Intér. 3 % p^t 57 j. s/1.000 =   4,75

            Courtage $1 \, ^1/_2 \, ^0/_{00}$ s/1000 =   0,50

                                     795,25

            Frais $^1/_2 \, ^0/_{00}$ =   0,40

                                     795,65

          à 123,75 = 984,61 fr.

Londres. Nominal : 50 £ à 78   = £ 39

            Courtage $^1/_{16}$ % s/50 £   =   0,03125

            Impôt   =   0,05

                                 39,08125

            Frais $^1/_2 \, ^0/_{00}$ =   0,02

                                 39,10125

         à 25,26 = 897,70 fr.

En conséquence, le capitaliste avait intérêt à acheter à Anvers.

CHAPITRE IV

COMPTABILITÉ DE L'AGENT DE CHANGE

En règle générale, l'agent de change ne se borne pas à servir d'intermédiaire pour l'exécution des ordres de ses clients. A moins que les règlements de la bourse à laquelle il appartient le lui interdisent, il travaille également pour son propre compte au marché du comptant et à celui du terme, fait des placements et des arbitrages en report.

Dans la monographie qui suit, nous exposons en détail l'organisation comptable relative à ces opérations et nous réserverons pour la troisième partie de l'ouvrage, l'étude de celle qui se rapporte aux opérations accessoires de l'agent de change, savoir : paiement de coupons, garde de titres, émission d'actions et d'obligations pour compte de sociétés, etc.

Résolvons un exemple pratique en établissant au fur et à mesure les divers documents et livres nécessaires.

Le 21 mai 1928, nous exécutons les ordres suivants :

a) pour compte du client *Albert*.

Acheté :

    8.000 fr. Rente belge 3 % mai-novembre.

    10 oblig. La Vesdre 5 %.

    5 act. Banque d'Outremer.

    100 £ Brésil 4 $^1/_2$ % à 520.

b) pour compte du client *Renard*.

Vendu :

    10 oblig. Dommages de guerre 1923, 15 juin.

    2 act. priv. Union Minière Haut-Katanga.

    10 oblig. 6 % de 20 £ Kaïping 6 %.

    1.000 $ Norflok Western 4%.

c) pour compte du client *Leblanc*.

Acheté au marché à terme :

    50 Kaïping 1er cours.

    50 Barcelona 1er cours.

Vendu :

    100 Financière des Caoutchoucs.

    50 Hévéa.

d) Pour notre propre compte.

Acheté :

    50 act. Cockerill.

    100 act. Banque de Bruxelles.

Vendu :

    200 act. Banque Belge pour l'Etranger.

Acheté à terme :

    500 Kaïping.

e) Le 21 mai 1928 étant jour des reports, le client *Leblanc* fait reporter sa position à la hausse de fin mai au 15 juin, savoir :

    50 Kaïping;

    50 Barcelona;

    100 Soengei-Lipoet;

et sa position à la baisse sur :

    100 Financière;

    50 Hévéa.

f) Nous prenons en report pour notre compte 1000 Kasaï et 1000 Cap. Buenos.

Tous les ordres qui sont transmis soit par écrit, par téléphone ou télégraphe, font l'objet d'un ordre de bourse par client suivant modèle.

ORDRE D'ACHAT

reçu le .... *à* .... *heure* .

NOMBRES	DÉSIGNATION	LIMITES	OBSERVATIONS
8000	Rente Belge, mai, nov.	AC.	
10	Oblig. 5 % La Vesdre	»	
5	Act. Banque d'Outremer	»	
100 £	Brésil 4 1/2 %	»	

Noms et adresse du donneur d'ordre.

ALBERT, *rue* .... *n°* ...., BRUXELLES.

N. B. — Les ordres transmis par les autres clients et pour compte du portefeuille, font l'objet d'un ordre semblable.

Les ordres sont alors inscrits dans le *livre des ordres à exécuter :*

Page de gauche. — *Achats.*

Dates	DONNEURS D'ORDRE	DÉSIGNATION		LIMITES	EXÉCUTIONS DATES		OBSERVATION
		Nombres	TITRES				
21/5	Albert	8000	Mai Novembre	CC.			
		10	Obl. La Vesdre 5 %	»			
		5	Outremer	»			
		100	£ Brésil 4 1/2 %	»			
	Leblanc	50	Kaïping T.	1ʳ c.			
		50	Barcelona T.	1ʳ c.			
	Portefeuille	50	Cockerill	CC.			
		100	Banq. de Brux.	CC			
	Marché à terme	500	Kaïping T.				

Page de droite. — *Ventes.*

Dates	DONNEURS D'ORDRE	Nombres	TITRES	LIMITES	EXÉCUTIONS DATES		OBSERVATION
21/5	Renard	10	Dees III.	A C.			
		2	priv. U.M.H.K.	»			
		10	6 % Kaïping	»			
		1000	Norfolk Western 4 %	»			
	Leblanc	100	Financière T.	1ʳ c.			
		50	Hévéa T.	1ʳ c.			
	Portefeuille	200	Banq. Belge Étr.	C.			

REMARQUE : Suivant l'importance de la firme, on peut réserver, un livre pour les achats au comptant, un autre pour les ventes au comptant, un troisième pour les achats à terme, un quatrième pour les ventes à terme.

Dans les grandes maisons on réserve, en outre, pour chaque valeur à traiter, une fiche sur laquelle on résume tous les ordres d'achat et de vente de la dite valeur.

Après la rentrée du délégué de la bourse, on procède à la répartition des exécutions et on dresse le bordereau pour chaque client.

BORDEREAU D'ACHAT

FIRME DE L'AGENT

Acheté pour le compte de Albert E/V

8000 Mai Nov.	5.374	65
10 Oblig. La Vesdre 5°/₀	4.900	—
5 Outremer	46.000	—
100 £ Brésil 4 1/2 °/₀	12.750	—
Courtages 265,40	69.024	65
Timbres 70,00	335	40
	69.360	05

TIMBRE 70 fr.

FIRME DE L'AGENT — Bruxelles, le 21 Mai 1928

M. Albert rue n° à Bruxelles
Nous avons **acheté** pour notre compte en BOURSE de ce jour.

8000	Rente Belge M. N.	67	5.360	
	Intérêts 22 jours		14	65
10	Oblig. La Vesdre 5°/₀	490	4.900	
5	Outremer	9.200	46.000	
100 £	Brésil 4 1/2 °/₀ 1883	510	12.750	
	Courtage (1)	265.40	69.024	65
	Timbre	70.00	335	40
			69.360	05

dont nous débitons votre compte valeur 20 ct.

TIMBRE 70 fr.

¹ Courtage officiel de la Bourse de Bruxelles, soit 2 °/₀₀ sur 5.374,65 fr. et 4 °/₀₀ sur 63.650 fr.

REMARQUES :

1° Ainsi qu'on l'a vu précédemment, l'impôt se perçoit par l'apposition de un ou plusieurs timbres. Ces timbres se com-

BORDEREAU DE VENTE

FIRME DE L'AGENT	Le 21-5-28

Vendu pour compte de Renard

E/V

10 Dev. III.	4.767	50
2 priv. U. M. H. K.	15.600	
10 oblig. 6 % Kaiping	32.000	
1000 £ Norfolk 4 %	20.000	
	72.367	50
Courtage 280,00		
Timbres 73,00	353	
	71.014	50

TIMBRE
73 fr.

FIRME DE L'AGENT	Bruxelles, le 21 Mai 1928.

M. Renard
rue   n°   à Bruxelles

Nous avons **Vendu** pour votre compte en BOURSE de ce jour.

10	Devastées 1923	453	4.530	
	Intérêts		237	50
2	Priv. Un. Min. du Haut. Kat.	7.800	15.600	
10	Oblig. 6 % Kaïping . . .	3.200	32.000	
1000	$ Norfolk Western 4 % .	400	20.000	
			72.367	50
	Courtage . . . 280			
	Timbres . . . 73		353	
	que nous portons au Crédit de v/compte valeurs 23 ct.		72.014	50

TIMBRE
73 fr.

posent de deux parties : la partie supérieure se colle sur le bordereau, l'autre sur la souche. Toutes deux doivent être annulées.

2° Le courtage se calcule généralement sur le montant du bordereau arrondi à la centaine supérieure. Logiquement, il doit se calculer comme nous l'avons fait, sur le principal *augmenté* des intérêts.

Nous nous contenterons d'établir les calculs des bordereaux suivants sans reproduire le tracé du document.

Achat pour compte de Leblanc.

50 Kaïping à 610, soit	fr.	30.500
50 Barcelona à 3.000		150.000
		180.500
Courtage 722		
Timbre 181		903
Total	fr.	181.403

dont nous débitons son compte « Liquidation » à fin mai.

Vente pour compte de Leblanc :

100 Financière à 540	54.000
50 Hévéa à 500	25.000
	79.000
Courtage 316	
Timbre 79	395
Total	78.605

dont nous créditons s/compte de Liquidation à fin courant.

Achat au comptant pour compte du « Portefeuille »

50 Cockerill à 2.900	fr.	145.000
100 Banque de Bruxelles, à 3.800		380.000
Total	fr.	525.000

Vente pour compte du « Portefeuille »

200 Banque Belge pour l'Etranger à 2.500	fr.	500.000

Achat à terme pour notre compte.

500 Kaïping à 600, soit	fr.	300.000

Pour les opérations de report on doit faire deux bordereaux : un d'achat et un de vente. On peut naturellement se servir des bordereaux habituels, mais il est ordinairement employé des formulaires spéciaux suivant modèle ci-dessous :

FIRME DE L'AGENT

Bruxelles, le 21-5-28.

Reporté pour compte de M. Leblanc, à Liége.

	V.	A.
50 Kaïping	30.000	30.150
50 Barcelona	145.000	145.600
100 Soengei	300.000	301.500
	475.000	477.250
Cge 1.909,00		
T. 239,00		2.148
		479.398

TIMBRE (¹)
239 frs

FIRME DE L'AGENT

Bruxelles, le 21 Mai, 1928.

Monsieur Leblanc à Bruxelles.

Nous avons l'honneur de vous faire savoir que pour reporter votre position, nous avons effectué, pour votre compte, les opérations suivantes :

Vendu en liquidation courante

50	Kaïping Cc	600	30.000
50	Barcelona Cc	2900	145.000
100	Soengei Cc	3000	300.000
			475.000

Que nous portons au crédit de votre compte de liquidation à fin courant.

TIMBRE (¹)
239 frs

Acheté au 15 Juin

50	Kaïping Cc + 3	603	30.150
50	Barcelona Cc + 12	2912	145.600
100	Soengei Cc + 15	3015	301.500
			477.250
	Courtage 4 $^0/_{00}$	1909	
	Timbre ½ $^0/_{00}$ (¹)	239	2.148
			479.398

Que nous portons au débit de votre compte de liquidation au 15 juin.

---

¹ Le timbre sur les opérations de report n'est que de 0,50 fr. par mille sans fraction.

Report de la position à la baisse de M. Leblanc

Acheté en liquidation courante :
100 Financière à 560		56.000
50 Hévéa à 520		26.000
		82.000

que nous portons au débit de son compte liquidation à fin courant.

Vendu au 15 juin :
100 Financière au cc. +3		56.300
50 Hévéa au cc. +4		26.200
		82.500
Courtage	330	
Timbre	41,50	371,50
		82.128,50

que nous portons au crédit de son compte de liquidation au 15 juin.

Remarque : Pour la comptabilisation nous supposerons que la maison reporte les positions de ses clients pour son propre compte. S'il en était autrement, un correspondant ferait la contre-partie de ces opérations et serait débité ou crédité dans son compte de liquidation.

—

Pour les titres que la maison prend en report, on établira au nom du compte « Report » un bordereau semblable au modèle page 193, comme s'il s'agissait d'un simple client.

Nous aurons donc :

Acheté en liquidation courante pour notre compte :
1000 Kasaï à 1.100	1.100.000
1000 Cap. Buenos à 1.000	1.000.000
	2.100.000

Vendu au 15 juin pour notre compte :
1000 Kasaï à 1.120	1.120.000
1.000 Cap. Buenos à 1.020	1.020.000
	2.140.000

Les opérations exécutées pour le compte de l'agent de change sont inscrites dans les mêmes livres originaires et donnent lieu à la rédaction des mêmes documents que celles effectuées pour le compte des clients. Dans la colonne réservée aux donneurs d'ordres, on indique « Portefeuille titres » pour les opérations au comptant, « Marchés à terme » ou « Reports » pour celles conclues au marché du terme.

Le compte « **Portefeuille titres** » est *débité* du montant global des achats, courtages éventuels et frais compris.

Crédité du montant net des ventes.

Après chaque vente, le résultat sur l'opération sera viré à Pertes et Profits (résultats sur titres en portefeuille), le solde représentera donc le prix de revient des titres.

REMARQUE : Lorsque les opérations portent sur des titres cotés intérêts non compris dans le cours, les intérêts bonifiés sont passés au compte Pertes et Profits (revenu du portefeuille).

Le compte « **Marché à terme** » est :

débité : 1° du montant des achats successifs ; 2° des courtages éventuels et des frais y afférents ;

crédité : du produit net des ventes lors de leur conclusion ;

A l'époque de la liquidation on établit le prix de revient des titres à lever qui doivent entrer en portefeuille. Quant aux titres à livrer, c'est-à-dire qui ont été vendus en liquidation sans y avoir été achetés, ils sont sortis du portefeuille au prix coûtant.

Le solde du compte « Marché à terme » représente alors le bénéfice ou la perte résultant des opérations ; on le passe à Pertes et Profits (résultats sur opérations à terme).

Quant au compte « **Reports** », il est *débité* du montant des achats en report et *crédité* des ventes en report. Le solde est viré après chaque liquidation à *Pertes et Profits* (résultats sur opérations de report).

Les titres appartenant à l'agent de change sont inscrits dans le *Grand livre des titres en portefeuille* ordinairement tenu par le Service des Titres. Dans ce registre, on ouvre à chaque espèce de titres un compte distinct qui se dispose comme suit :

.... (Désignation des Titres.)

Echéance des Coupons ....

Entrées   **Sorties**

Dates	Quantité	Nos des Titres	Valeur	Prix de revient par Titre	Dates	Quantité	Nos des Titres	Valeur

Ainsi que nous l'avons dit, le résultat des opérations sur les titres en portefeuille est viré à Pertes et Profits après chaque réalisation.

Ce livre nous donnera le prix de revient moyen de chaque espèce de titres et par conséquent, d'après le prix de vente, le résultat sera facilement déterminé.

————

Tous les bordereaux sont extraits d'un carnet à souche dont le volant est détaché et envoyé au client et le talon qui en est la copie exacte servira à la confection du *journal auxiliaire des opérations de bourse exécutées* (voir pages 198 et 199).

Cette feuille permettra au service de la comptabilité de passer l'écriture :

Comptes courants	69.360,05
Correspondants	572.367,50
Liquidation Clients	742.801,—
Liquidation correspondants	2.219.000,—
Portefeuille titres	525.000,—
Marchés à terme	300.000,—
Reports	2.657,500,—

à

Comptes courants	72.014,50
Correspondants	594.024,65
Liquidation Clients	635.733,50
Liquidation correspondants	2.580.500,—
Portefeuille-titres	500.000,—
Marchés à terme	—
Reports	2.699.250,—
Pertes et Profits	3.822,40
Timbres	683,50

opérations de bourse de ce jour.

D'après cette feuille également, seront tenus à jour les comptes courants ordinaires des clients et des correspondants (contre-parties), les comptes de liquidation, ainsi que les comptes « titres » (voir comptabilité matière).

Comptes de liquidation

Les opérations du marché à terme ne devant se liquider qu'à la fin de la période prévue (quinzaine à Bruxelles), ne peuvent être portées aux comptes ordinaires des clients ; elles font l'objet d'un compte spécial ouvert au nom des clients ou des correspondants qui est soldé à la fin de chaque quinzaine (jour de liquidation).

Ces comptes sont tenus de façon à ce que la situation titres et argent apparaissent clairement. Après la passation des écritures reprises à la feuille des opérations du 21 mai 1928, les comptes de liquidation du client Leblanc à fin mai et au 15 juin se présenteront suivant modèle reproduit à la page 200. (Nous supposerons que 100 Soengei ont été achetées le 16 mai à 3.100.)

N. B. — Pour les opérations à primes, le courtage et le timbre sont calculés sur le montant brut du marché, même s'il est résilié. La comptabilité de ces opérations peut se tenir suivant deux systèmes :

Le premier consiste à passer au journal, le jour de la conclusion du marché, un article pour le montant de la prime ; au jour de la réponse des primes, si le marché est consolidé, on passe un second article pour le montant de l'opération moins la prime.

Mais le plus souvent, on se contente de journaliser le montant du courtage et du timbre le jour de l'opération et le jour de la réponse, on porte en compte le montant de la prime si elle est abandonnée, le montant global du marché si celui-ci est consolidé.

COMPTES A DÉBITER

Comptes courants	Correspondants	Liquidation Client	Liquidation Corres"	Portefeuille	Marché à term'	Divers	Courtages ventes-prof.	Noms des Comptes à Débiter	Nature de l'opérat
69.360,65								Albert	A.
		181.403						Leblanc	A.
				525.000				Portefeuille	A.
					300 000			Marchés à terme	A.
	72.367,50							Denis	V.
			79.000					Rondeau	V.
	500.000							Kamp	V.
						475.000		Report	Rep.
		479.398						Leblanc (au 15/6)	Rep.
		82.000						Leblanc	Rep.
						82.500		Report	Rep.
						2.100.000		Report	Rep.
			2.140.000					Buurmans (15/6)	Rep.
69.360,05	572.367,50	742.801	2.219.000	525.000	300.000	2.657.500			

COMPTES A CRÉDITER

Désignation des titres	Noms des Comptes à Créditer	Timbres	Portes et Profits	Divers	Marchés à terme	Portefeuille	Liquidation Corresp.	Liquidation Clients	Correspond.	Cptes courants
8000 Rent. Belg. M. N.	Buurmans	70	265,40						80.024,80	
10 Oblig. La Ves.5%										
5 Outremer										
100 £ Brésil 4 1/2 1883										
50 Kaïping	Rondeau	181	722				180.500			
50 Barcelona										
50 Cockerill	Renard								145.000	
100 Banque de Brux.	Noirfalize								990.000	
500 Kaïping	Denis						300.000			72.014,50
10 Dees. III.	Renard	73	250							
2 Priv. U.M.H.K.										
10 Oblig. Kaïp. 6%										
1000 £ Norfolk West.										
100 Financière	Leblanc	79	316					78.605		
50 Hévéa										
200 Ban. Belge Etr.	Portefeuille					980.000				
50 Kaïping	Leblanc							575.000		
50 Barcelona										
100 Soengei										
50 Kaïping	Report	239	1909	477.250						
50 Barcelona										
100 Soengei										
100 Financière	Report			52.000						
50 Hévéa										
100 Financière	Leblanc au 15/6	41,50	330					82.128,50		
50 Hévéa										
1000 Kasaï	Buurmans						2.100.000			
1000 Cap Buenos										
1000 Kasaï	Report			2.140.500						
1000 Cap Buenos										
		813,50	3.612,40	2.898.250		980.000	2.588.500	835.783,50	594.024,45	72.014,50

Compte de liquidation à fin mai de M. Leblanc, à Bruxelles

DATES	LIBELLÉS	Soengei	Financière	Hévéa	Kaiping	Barcelona	COURS	SOMMES	DATES	LIBELLÉS	Soengei	Financière	Hévéa	Kaiping	Barcelona	COURS	SOMMES
Mai 16	Achat	100					3.100 —	311.550 —	Mai 21	Vente		100	50				78.605 —
Mai 21	»			50		50		181.403 —	»	Report	100			50	50		475.000 —
»	Report		100		50			82.000 —								Solde débiteur 21.348 —
		100	100	50	50	50		574.953			100	100	50	50	50		574.953 —

Solde de Débiteur que nous portons au débit de votre compte ordinaire, frs 21.348,—.

Compte de liquidation au 15 juin de M. Leblanc, à Bruxelles

DATES	LIBELLÉS	Soengei	Financière	Hévéa	Kaiping	Barcelona	COURS	SOMMES	DATES	LIBELLÉS	Soengei	Financière	Hévéa	Kaiping	Barcelona	COURS	SOMMES
Mai 21	Report	100			50	50		479.398 —	Mai 21	Report		100	50				82.128 50

Exercices d'application

1. Dresser le bordereau des ventes ci-dessous effectuées à la Bourse de Bruxelles du vendredi 6 janvier 1928.

10 Dommages de guerre 1923 5 % 15 juin		à	424,
2 lots Bruxelles 1905 2 % juillet		4	48,50
1 part de fondateur Railways et Electricité		à	8.625,—
2 oblig. de 800 couronnes Ville de Stockholm 3 $^1/_2$ %			
	15 mars-15 sept.	à	320,

BORDEREAU DE VENTE

FIRME DE L'AGENT — Bruxelles, le 6 janvier 1928

Vendu pour le compte de M. X.........
à la BOURSE du 6 janvier 1928.

10	Dommages de Guerre 1923. Intérêts 204 jours	424,00	4.240 / 141	— / 65
2	Lots Bruxelles 1905	à 48,50	97	—
1	Fond. Railways Élect.		8.625	—
2	Obl. 800 kr Ville de Stockholm 15 mars-septembre.	320,00	7.168	—
			20.174	65

Courtage :

2 %o s/4381.	8,80
0,25 par lot.	0,50
4 %o s/15.793.	63,20
Impôt	21,00

	93	50
Net	20.081	15

TIMBRE 21 fr.

FIRME DE L'AGENT

Vendu pour le compte de Mr X.........
BOURSE du 6 janvier 1928.

Montant imposable	20.174	65
Impôt à 1 %o 21,—		
Courtage 72,50	93	50
	20,081	15

Bruxelles,
le 6 janvier 1928.

TIMBRE 21 fr.

EXPLICATIONS :

Les Dommages de guerre sont cotés intérêts non compris dans le cours. Il y a donc lieu d'ajouter l'intérêt du 15 juin au lundi 9 janvier, premier jour de bourse après celui de la transaction.

En ce qui concerne les obligations Ville de Stockholm, les couronnes doivent être converties au change fixe de 1,40 fr.

2. Dresser les comptes de liquidation du 15 et du 30 juin 1914 relatant les opérations suivantes [1] :

Juin 3 Achat au 15 c^t de 2.000 £ Portugais 3 % à 64,25

   »   *4 Achat à fin c^t de 2.000 £ Brésil 4 % à 75.50 dont 1*

   »   *5 Vente au 15 c^t de 1.920 fr. Extérieur 4 % à 87,25*

   »   *5 Achat à fin c^t de 2 Rand-Mines   à 150   ou 2*

   »   *6 Vente au 15 c^t de 25 Mexico-Tram   à 360   ou 2*

   »   *12 Réponse des primes. — Les Mexico font 357. — Marché consolidé et achat de 25 Mexico à ce cours.*

   »   *14 Reports. — Extérieur c/c 88.*

       Le spéculateur fait reporter sa vente à fin c^t moyennant un report de 6 ¹/₂ % l'an.

   »   *26 Réponse des primes. — Brésil 77. — Prime levée. Rand-Mines 152 — Prime abandonnée.*

   »   *28 Cours de compensation. — Brésil 77 ¹/₄. — Le spéculateur vend à ce cours 2.000 £ Brésil.*

       Extérieur 85 ³/₄. — Le spéculateur rachète 1.920 fr. de rente.

---

[1] Nous avons conservé un exemple d'avant-guerre afin de pouvoir opérer sur des fonds d'Etats étrangers, valeurs non encore réinscrites au marché du terme. Les frais sont calculés sur les bases en vigueur en 1914 c'est-à-dire le courtage de 1 ¹/₂ °/₀₀ et l'impôt de 0,15 °/₀₀.

Monsieur D..., son Compte de Liquidation arrêté le 15 juin 1914, chez M. BOURS, agent de change, à Bruxelles.

Dates	Libellés	Portugais	Brésil	Extérieur	Mexico-Tram	Rand-Mines	Cours	Sommes		Courtages	Impôts
Juin 3		2000					64,25	32.446	25	48,70	4,95
» 4	fin cour'		(2000)				75,50/1	—	—	—	—
» 5	fin cour'					(50)	150 ou 2	—	—	—	—
» 12					25		357	8.925	—	13,40	1,35
» 14	report			1920			88	42.240	—	P.	R
	Courtages							138	45		
								. 13	95		
		2000		1920	25			83.763	65		

Dates	Libellés	Portugais	Brésil	Extérieur	Mexico-Tram	Rand-Mines	Cours	Sommes		Courtages	Impôts
Juin 5				1920			87,25	41.880	—	62,85	6,30
»	prime lev.				25		360 ou 2	9.000	—	13,50	1,35
	Lève	2000					Solde débiteur	32.883	65		
		2000		1920	25			83.763	65		

Lève 2000 £ Portugais — S. D. 32.883,65   **Vendeur** fin cour^t 1920 fr. Extérieur à 88+6 $^1/_2$ % Report

N. B. — Les opérations pour la liquidation de *fin de mois* ne sont renseignées dans le compte ci-dessus qu'à titre de simple indication.

Monsieur D..., son Compte de Liquidation arrêté le 30 juin 1914, chez M. Bours, agent de change, à Bruxelles.

Dates	Libellés	Portugais	Brésil	Extérieur	Mexico-Tram	Rand-Mines	Cours	Sommes		Courtages	Impôts
						VALEURS					
juin 4	prime lev.	2000					75,50/1	38,052	—	57,10	5,85
» 5	pr. aband.					(50)	150 ou 2	—	—	—	—
» 28				1920			85,75	41,160	—	61,75	6,30
	Courtages							252	05		
	Impôts							18	15		
	Solde créditeur							1.906	20		
		2000	1920					81,388	40		

Dates	Libellés	Portugais	Brésil	Extérieur	Mexico-Tram	Rand-Mines	Cours	Sommes		Courtages	Impôts
						VALEURS					
juin14	Report		1920				88	42,240	—	63,55	0,15
—	Int. 6 1/2 %						—	114	40		(1) —
» 26	pr. aband.					(50)	150 ou 2	100	—	11,25	
» 28			2000				77,25	38,934	—	58,40	(2) 5,85
			2000	1920				81,388	40		

[1] L'impôt se calculait sur la différence entre le montant de l'opération conclue en liquidation courante du 15 juin et celui de l'opération traitée à fin courant, soit donc 114,40 fr. (art. 14). Si le taux du report avait été exprimé à tant par titre soit 0,25 fr., on aurait simplement indiqué dans la colonne des cours 88 $^1/_4$ et dans celles des sommes, le produit de 88 $^1/_4$ par 480 soit 42.360 fr.

[2] La prime, abandonnée par la contre-partie, doit évidemment se porter au crédit du client D.

Le courtage se calcule comme si le marché était consolidé, soit donc sur 150 fr. × 50. Il n'y avait pas d'impôt.

3. Arbitrage en reports: *Le 12 février les cours de compensation et le taux des reports s'établissent comme suit, pour les valeurs ci-dessous :*

Kaïping	*410 déport 2 fr.*
Buenos cap.	*790 déport 3 fr.*
Pétrofina	*1.600 report 12 fr.*

Un capitaliste détenteur de titres se fait reporter pour 50 Kaïping et 25 cap. Buenos; il reporte 25 Pétrofina.

(Voir solution page 206.)

LIQUIDATION

En ce qui concerne les opérations conclues *au comptant,* la liquidation s'effectue journellement par des employés spéciaux nommés liquidateurs, et qui n'ont d'autre mission que d'échanger avec leurs confrères les titres contre espèces.

Pour les opérations à terme, à chaque liquidation, l'agent de change dresse les comptes de liquidation de ses correspondants. Lorsque ces comptes ont été pointés et reconnus exacts par les intéressés, l'agent établit sa feuille de liquidation ainsi que les comptes de liquidation de ses clients.

La *feuille de liquidation* [1] se dresse sur deux pages en regard divisées chacune en un grand nombre de colonnes verticales. La feuille de gauche renseigne les titres à *livrer* ainsi que les sommes à *recevoir* par l'agent signataire de la feuille. La première colonne reçoit les noms des divers correspondants auxquels se rapportent les soldes mentionnés. Une colonne spéciale est ensuite réservée à chacune des valeurs traitées à terme.

La page de droite est disposée de la même façon, mais renseigne les titres à *lever* et les sommes à *payer.*

On tire alors les divers soldes :

a) titres à livrer ;

b) titres à lever ;

c) somme à payer ou à recevoir.

Cette situation est résumée sur un *bordereau* dressé et signé par l'agent de change.

---

[1] Il est à remarquer qu'un certain nombre d'agents seulement possèdent une feuille de liquidation sur laquelle ils groupent leurs propres opérations et celles de plusieurs de leurs collègues qui leur paient pour ce service un courtage de 1 $^0/_{00}$.

COMPTE DE LIQUIDATION AU 15 FÉVRIER

Dates	Libellés	Kaïping	Buenos cap.	Pétro	Cours	Sommes	Courtages	Impôts
Fév. 12				25	1600	40.000 —	R	R
					Court. et imp.	181.50		
	Livre	50	25		Sol. créd.	68,50		
		50	25	25		40.250 —		

Dates	Libellés	Kaïping	Buenos cap.	Pétro	Cours	Sommes	Courtages	Impôts
Fév. 12		50			410	20.500	82	10,50
»			25		790	19.750	79	10,—
	Lève			25				
		50	25	25		40.250		
						Solde créditeur	68,50	

COMPTE DE LIQUIDATION AU 29 FÉVRIER

Dates	Libellés	Kaïping	Buenos cap.	Pétro	Cours	Sommes	Courtages	Impôts
Fév. 12		50			408	20.400 —	R	R
»			25		787	19.675 —	R	R
					Court. et imp.	181,70		
	Livre			25	Sol. créd.	43,30		
		50	25	25		40.300 —		

Dates	Libellés	Kaïping	Buenos cap.	Pétro	Cours	Sommes	Courtages	Impôts
Fév. 12				25	1612	40.300	161,20	20,50
	Lève	50	25					
		50	25	25		40.300		
						Solde créditeur	43,30	

Prenons un exemple très réduit où nous ne tiendrons compte
ni des courtages, ni des impôts.

Extrait du carnet de l'agent de change

17 juin 1914.   Acheté à fin courant pour compte de notre client Lemaire à
notre confrère Martin : 75 Nitrate Railways à 363 $^1/_2$.
à notre confrère Brunet : 50 Saragosse à 454.

18 juin.   Acheté à fin courant pour compte de notre client Demate à
notre confrère Martin : 50 Rand Mines à 151 *dont* 2.

19 juin.   Vendu à fin courant pour compte du client Demoulin à
notre confrère Daub : 50 Héliopolis à 119.

21 juin.   Acheté à fin courant et pour compte du client Henrotay à
notre confrère Jamar : 25 Rio Tinto à 1740 *ou* 10.

22 juin.   Vendu à fin courant pour compte du client Lemaire à notre
confrère Rénars : 50 Nitrate Railways à 366.

26 juin.   **Réponse des primes.** — Notre client Demate consolide
son marché en Rand Mines.
Jamart abandonne l'*ou.*

29 juin.   **Jour des reports.** — Notre client Lemaire fait reporter au
15 prochain 150 Saragosse. Cours de compensation : 451.
Report : 2 fr. par titre. L'opération se fait par l'entremise de la Caisse générale des Reports.

1er juillet.   **Liquidation.** — Clôture des comptes par virement au
Comptoir de Liquidation.

2 juillet.   Liquidation des comptes des clients. Règlement des différences.

JOURNAL

N. B. — 1. Pour les opérations à prime, nous ne passerons pas d'article *au journal* avant le jour de la réponse.

2. Le *report* se compose de deux opérations qui nécessitent chacune un article au journal. La seconde opération étant conclue pour la liquidation du 15 juillet, on n'en tient pas compte pour établir la feuille de liquidation du 1er juillet.

——— 17 juin ———			
Liquidation-Clients		49.962 50	
Lemaire			
s/achat à fin courant			
à **Liquidation-Correspondants**			49.962 50
à *Martin*	27.262,50		
75 Nitr. Railways à 363 $^1/_2$			
à *Brunet*	22.700		
50 Saragosse à 454			
——— 19 juin ———			
Liquidation-Correspondants		5.950 —	
Daub			
à **Liquidation-Clients**			5.950 —
à *Demoulin*			
Vente à fin c^t 50 Hélio à 119			
——— 22 dito ———			
Liquidation-Correspondants		18.300 —	
Renars			
à **Liquidation-Clients**			18.300 —
à *Lemaire*			
Vente à fin c^t 50 Nitr. Railw. à 366			

——————— 26 dito ———————

Liquidation-Clients	7.550 —		
Demate			
à **Liquidation-Correspondants**		7.550 —	
à Martin			
prime levée sur 50 Rand Mines à 151 $^1/_2$			

——————— dito ———————

Liquidation-Correspondants	250 —		
Jamart			
à **Liquidation-Clients**		250 —	
à Henrotay			
prime aband. s/25 Rio Tinto à 1.740 ou 10			

——————— 29 dito ———————

Liquidation-Correspondants	22.550 —		
Caisse Générale des Reports			
à **Liquidation-Clients**		22.550 —	
à Lemaire			
Vente en liquid. courante 50 Saragosse			
reportées au 15 prochain à 451			

——————— 29 juin ———————

Liquidation-Clients	22.650 —		
Lemaire			
à **Liquidation-Correspondants**		22.650 —	
à Caisse Gén. des Reports			
Achat reporté au 15 prochain 50 Saragosse			
à 451 + 2			

	Débit	Crédit
——————— 1er juillet ———————		
Liquidation-Correspondants *aux suivants*	57.512 50	
Martin 34.812,50		
Virement au crédit du Comptoir de Liquidation		
Brunet 22.700		
Idem		
à Liquidation-Correspondants		47.050 —
à *Daub* 5.950		
Virement au débit du C. de liquid.		
à *Jamart* 250		
idem		
à *Caisse G^{le} des R.* 22.550		
idem		
à *Renars* 18.300		
à Caisse		10.462 50
Versement au Comptoir de Liquidation		
——————— 2 juillet ———————		
Caisse (1)	16.662 50	
à Liquidation-Clients		16.662 50
à *Lemaire* 9.112,50		
s/versem. p^r solde liquid. cour.		
à *Demate* 7.550,—		
idem		
——————— dito ———————		
Liquidation-Clients	6.200 —	
Demoulin 5.950,—		
Henrotay 250,—		
à Caisse (1)		6.200 —
n/paiements pour solde liquid. courante		

[1] Souvent les soldes débiteurs ou créditeurs des comptes Liquidation-Clients sont virés aux comptes courants des intéressés.

FEUILLE DE LIQUIDATION

Nous donnons ci-après un modèle de la feuille de liquidation telle qu'elle sera dressée par l'agent de change. Afin de simplifier, nous nous sommes bornés à faire figurer les colonnes de valeurs qui nous sont nécessaires (voir pages 212 et 213).

Les indications renseignées sur cette feuille sont résumées sur un *bordereau* remis également au Comptoir de Liquidation suivant modèle ci-dessous.

—

BORDEREAU

LIQUIDATION de M. C.

du 1er juillet 1914.

Je livre

Cinquante *Héliopolis*

Je reçois : Fr.

Je retire

Vingt-cinq *Nitrate Railways*
Cinquante *Rand Mines*

Je paie : Fr. 10.462,50.

Dix mille quatre cent soixante-deux francs cinquante cent.

Bruxelles. le *1ᵉʳ juillet 1914*.

TITRES A LIVRER

Nᵒˢ	NOMS	Héliopolis	Nitr. Railw.	Mines Rand	Rio Tinto	Saragosse	SOMMES A RECEVOIR	
	Daub.	50					5.950	—
	Jamart						250	—
	Cᵒˢ Gle							
	Rep.					50	22.550	—
	Rénars		50				18.300	—
	Totaux à livrer	50	50			50	47.050	—
	a déduire							
	totaux à accepter					50		
	Soldes à livrer	50					à recevoir pour solde	

Liquidation de M. C.

TITRES A ACCEPTER

Nos	NOMS	Héliopolis	Nitr. Railw.	Rand Mines	Rio Tinto	Saragosse	SOMMES A PAYER	
	Martin		75	50			34.812	50
	Brunet					50	22.700	—
	Totaux à accepter		75	50		(50)	57.512	50
	à déduire totaux à livrer		50				47.050	—
	Soldes à lever		25	50			10.462	50
							à payer pour solde	

LIQUIDATION GÉNÉRALE

Tous les agents ayant remis leur feuille de liquidation et leur bordereau, le Comité de liquidation rédige la feuille de liquidation générale.

Cette feuille se dresse sur deux pages en regard séparées par une colonne destinée à recevoir les noms des agents de change. Les deux pages ne renseignent que les soldes indiqués aux bordereaux. Celle de gauche indique les titres à *lever* par les agents, ainsi que les sommes dues par ceux qui sont débiteurs envers le Comptoir; celle de droite renseigne les titres à *livrer* et les soldes dus aux agents.

Il faut nécessairement que tous les totaux des colonnes de la page de gauche soient identiques à ceux des colonnes correspondantes de la page de droite. S'il n'y avait pas concordance, c'est qu'il y aurait erreur et il faudrait procéder au pointage pour la retrouver.

Cette façon de liquider les opérations, en n'opérant que sur les soldes, présente l'immense avantage de réduire de beaucoup les maniements de titres et d'argent et permet de réaliser une grande économie de temps.

La Chambre de Compensation, dont nous étudierons plus loin le fonctionnement, joue, envers les banquiers, le même rôle que le Comptoir de Liquidation envers les agents de change.

BOURSE DE BRUXELLES. — Liquidation générale du 1er juillet 1914.

| | TITRES A LEVER | | | | Soldes débiteurs | NOMS | TITRES A LIVRER | | | | Soldes créditeurs |
Argentine R.	Banq. Ottomane	Nitrate Railways	Rand Mines	Vénézuéla 3%			Argentine R. Banq. Ottomane		Héliopolis	Vénézuéla 3%	
						1 A					
						2 B					
		25	50		10.462,50	3 C			50		
						4 D					
						5 E					
						6 F					
						7 G					
						8 H					
						9 I					
						Totaux					

COMPTABILITE-MATIERE

A côté de la comptabilité-espèces que nous venons d'exposer, l'agent de change devra tenir une comptabilité-matière, destinée à enregistrer les différents mouvements de titres. Il faut en effet, qu'il connaisse ses débiteurs et créanciers en titres, qu'il sache quelles sont les valeurs qu'il doit livrer ou recevoir, quelles sont celles qu'il a livrées ou reçues. Il doit également surveiller les titres qui lui sont confiés en dépôt et surtout pour les clients auxquels il avance des fonds (prêts sur titres), veiller à ce que la valeur des titres en nantissement soit suffisante pour le garantir de toutes pertes éventuelles.

Cette comptabilité nécessitera des livres spéciaux dont la réglure sera établie suivant les besoins et l'importance de la firme.

Afin de préciser les idées, nous proposerons la marche à suivre et les tracés dont modèle ci-après, dans lesquels figureront les opérations qui ont été résolues pages 87 et suivantes.

Toutes les valeurs qui entrent ou qui sortent à quelque titre que ce soit, sont inscrites dans le livre des « *Entrées et Sorties titres* ».

Ce livre donnera sur le mouvement des titres, les renseignements les plus complets : noms du cessionnaire et du cédant, désignation des titres, leurs numéros, le dernier coupon attaché.

Lors de l'entrée des titres, il conviendra de s'assurer qu'ils ne figurent pas sur les listes des tirages et qu'ils ne sont pas frappés d'opposition.

LIVRE DES ÈNTRÉES ÊT SORTIES TITRES

ENTRÉES

Dates	Cedants	Nom du Dossier	Nombres	Désignations et Nos	Cps. attachés	Vérific. Tirage	Vérific. Opposit.
1928							
25/5	Albert	lui-même	10	Act. Banq. de Brux. nos 25416 à 20-38495 à 9	39.—	D	D
»	Buurmans	Albert	5	Outremer 88492 à 6	—		
»	»	»	100 £	Brésil 1838 - n° 18495	—		
»	»	»	8000	Rente Belge 2me série 4894 à 4991	30/11/28		
5/6	»	Renard	12	Banque de Bruxelles 85294-6 ; 83298 à 83305	39.—		

SORTIES

Dates	Cessionnaire	Nom du Dossier	Nombres	Désignations et Nos	Cps. attachés
1928					
5/6	Reners	Albert	5	Banque de Bruxelles 25416 à 20	39.—
8/6	Renard	lui-même	12	Banque de Bruxelles 85295 - 6 : 83298 à 305	39.—

Pour établir la situation titres vis-à-vis des correspondants, il sera tenu un livre « des titres à recevoir et à livrer » où il sera réservé une ou plusieurs pages à chacun des correspondants, suivant le modèle ci-après.

BUURMANS & Cie, A BRUXELLES

A RECEVOIR   **A LIVRER**

Dates des exécutions	Nombre et désignation des titres		Noms des Clients	Dates de réception	Dates des exécutions	Nombre et désignation des titres		Noms des Clients	Dates de livraison
Mai 21	8000	Rentes belges	Albert	25/5					
	10	Vesdre 5 %	»						
	5	Outremer	»	25/5					
	100	£ Brésil 4 ½ %	»	25/5					

Les quatres premières colonnes de chaque page sont tenues d'après le journal des ordres exécutés tandis que la 5me colonne sera annotée d'après le livre des « Entrées et sorties titres ».

Pour chaque client il sera tenu une fiche, qui portera en tête les nom, prénoms et adresse du client et dans chaque case la désignation du titre sur lequel il aura fait des transactions.

Supposons que le client Albert, outre les opérations qu'il a faites le 21 mai 1928 (voir feuilles des opérations de bourse exécutées) et le 25 mai (voir au livre des Entrées et Sorties titres), vende le 27 mai :

5 actions Banque de Bruxelles ;

4.000 fr. rentes belges 2me série ;

et 25 actions cap. Pétrole de Roumanie ;
sa fiche s'établira comme suit :

Modèle de la fiche : Position titres - Clients

ALBERT Joseph, Rue Lulay, à Bruxelles.													NATURE : Nantissement.			
Rentes Belges 2me série				La Vesdre Oblig. 5 %				Banque d'Outre-mer - Action				Brésil 4 ½ % 1883			
Dates (1)	Nature de l'opération (2)	Nombres (3)	Entrée ou Sortie (4)	Dates	Nature de l'opération	Nombres	Entrée ou Sortie	Dates	Nature de l'opération	Nombres	Entrée ou Sortie	Dates	Nature de l'opération	Nombres	Entrée ou Sortie
21/5/28 27/5/28	A. Buur. V. Baij.	8000 —4000 +4000	25/5	21/5/28	A. Buur.	+ 10		21/5/28	A. Buur.	+ 5	25/5	21/5/28	A. Buur.	£+100	25/5
Banque de Bruxelles - Action				Pétrole de Roumanie - Act. de cap.											
25/5/28 27/5/28	Dépôt V. Rénors S.	10 — 5 + 5	25/5	27/5 8	V. Kamp.	— 25									

REMARQUE : Dans chaque case, s'il s'agit de comptabiliser les achats et les ventes, les colonnes 1, 2 et 3 seront tenues d'après le journal des ordres exécutés, la colonne 4 d'après le livre « Entrées et sorties titres ». S'il s'agit d'un retrait ou d'un dépôt de titres, toutes les colonnes seront tenues d'après le seul livre des « Entrées et sorties titres ».

D'après cette fiche tenue à jour, il est facile à l'agent de change de se renseigner sur la situation « titres » du client d'un simple coup d'œil, il se rend compte de ce que possède sous dossier le client ou de ce qu'il doit.

Pour chaque espèce de titres traités, il sera également tenu une fiche qui portera en tête la désignation de la valeur, le numéro du dernier coupon attaché, la date de la mise en payement des coupons. Une case spéciale sera réservée à chacun des clients qui auront opéré sur cette valeur. On y indiquera la date des opérations, ainsi que le nombre et les numéros des titres entrés ou sortis.

Supposons qu'en actions Banque de Bruxelles, outre les mouvements de titres inscrits au livre des Entrées et Sorties, nous ayons enregistré les opérations suivantes d'après « le journal des ordres exécutés » :

le 27 mai vendu 5 titres p^r compte d'Albert. Contrepartie Reners.

30 mai acheté 10 titres p^r compte de Renord c/p Buurmans.

31 mai acheté 5 titres p^r compte de Renord c/p Buurmans.

La fiche-titres « Banque de Bruxelles » s'établira comme suit : (Voir page 221.)

A l'aide de cette fiche l'agent de change se rendra aisément compte si aucun titre n'est sorti aux tirages ou frappé d'opposition, et lui permettra de voir quels sont les clients auxquels appartiennent les titres sous rubrique qu'il possède en portefeuille.

Modèle de fiches: Titres

Coupons Payés	
Dates	Nᵒˢ
1/5/26	36
1/5/27	37
2/5/28	38

BANQUE DE BRUXELLES act.

Cotée à Bruxelles.

Catégorie : actions Banque et Entreprises

Immobilières

Date du détachement

des Coupons.

1ᵉʳ mai

ALBERT Joseph

Dates (1)	Nature de l'opérat. (2)	Nombres (3)	Dates E ou S (4)	Numéros (5)
25/5/28	Dépôt	+ 10	25/5	38495 à 38499
27/5/28	VRen.	— 5	5/6	25416 à 20
	S	+ 5	—	38495 à 38499

RENARD Jean

Dates	Nat	Nombres	DE ou S	Numéros
30/5/28	A. Bu.	10		
31/5/28	» »	+ 2	5/6	83295-6 ; 83298 à 83305
	S	+ 12		
8/6/28	R	— 12	8/6	Nᵒˢ ci-dessus
S	S	O		

EXERCICES A RESOUDRE

1. — Un spéculateur achète fin courant 50 Nitrate Railways à 1320 dont 15. Quelles seront, abstraction faite des courtages et frais, les résultats de cette opération dans les différents cas qui peuvent se présenter. Illustrez votre discussion au moyen d'un graphique.

2. — Un spéculateur vend ferme fin courant 100 Métropolitain à 610.

Le même jour, il en achète également 100 à 613 dont 2.

Représentez par un diagramme ces deux opérations ainsi que leur résultante.

Dites : 1° quel est le maximum de la perte que pourra subir le spéculateur ;

2° quel doit être le cours de liquidation pour qu'il n'y ait ni bénéfice ni perte ;

3° quel sera le résultat de la combinaison si ce cours est 614.

Ne pas tenir compte des frais.

3. — Un spéculateur achète ferme à fin couront 5.000 fr. de rente 5 % à 97,90. En même temps, il vend 3.000 fr. de rente à 97,70 *ou* 0,25. Faites la discussion complète relative à cette combinaison.

4. — Vendu à la Bourse de Bruxelles du 17 mars 1928 pour le compte de M. Demeuse :

8 obligations de 1.000 fr. Crédit Communal 3 % janv.-juillet à 56,30

10 lots Liége 1897 2 % à 48,35

4 obligations Cockerill de 500 fr. 4 % février-août à 455

300 £ Brésil 4 $^{1}/_{2}$ % à 510

Dressez le bordereau d'achat ainsi que la souche réglementaire.

5. — D'après les ordres reçus de M. Boumal, l'agent de change Vermin a exécuté les opérations suivantes à la Bourse de Bruxelles :

17 juin vente de 150 Tanga à 550 *ou* 8 ;

18 juin achat de 25 Kaiping à 545 ;

20 juin achat de 50 Mexico-Tram à 1125/10 ;

27 juin *réponse des primes* :

Cours de réponse : Tanga 545 : Marché consolidé ;
Mexico-Tram 1110. Prime abandonnée.

27 juin achat de 150 Tanga à 537 ;
Reports Kaïping c/c 550. Achat reporté au 15 prochain moyennant un report de 2,50 par titre.

Dressez le compte de liquidation adressé le 30 juin au client Boumal, sachant que le courtage est de 4 $^{o}/_{oo}$.

6. — Le 4 juillet, M. Robin a vendu à fin courant à la Bourse de Bruxelles 25 Kasaï à 850 *ou* 2.

Le 12 juillet, prévoyant que le mouvement de hausse qui s'était manifesté s'accentuerait, il a acheté à fin courant 50 Kasaï à 865.

Questions :

1. Représentez par un graphique ces deux opérations ainsi que leur résultante.

2. Dites quels seront, abstraction faite des frais, pour tous les cours susceptibles d'être cotés le jour de la réponse des primes :

a) la réponse du spéculateur quant à la vente de l'*ou* ;

b) les résultats de la combinaison.

3. Faites le compte de liquidation qui sera adressé le 31 juillet à M. Robin en supposant que le cours de réponse du 28 juillet ait été 870 et que ce même jour, le spéculateur ait conclu le marché nécessaire pour n'avoir aucun titre à livrer ou à lever. Courtage 4 $^0/_{00}$.

7. L'agent de change Loison, de Bruxelles, a effectué les achats suivants à la Bourse du 30 janvier 1924 :

a) pour compte de son client Jourdan :

5.000 fr. Emprunt Restauration Nationale 5 % juin-déc. à 73
  Contre-partie : confrère Dias

5 lots Bruxelles 1905 2 % juillet   à 49,50
  Contre-partie : client Donal.

b) pour compte de son client Simar :

10 obligations Vieille Montagne 4 % 15 mars-sept.   à 475
  Contre-partie : confrère Loueur

500 £ Portugais 3 % janv.-juillet   à 130,60
  Contre-partie : client Grisard.

Questions :

1. Faites les bordereaux adressés aux clients Jourdan et Simar. Conditions ordinaires de la Bourse de Bruxelles.

2. Passez au journal synthétique de l'agent de change les écritures relatives à ces opérations.   —

8. — Un capitaliste bruxellois désire acheter le 10 février 1928, 1000 £ de l'emprunt de la République Argentine 1896, 4 %, janvier-juillet. Où doit-il acheter sachant que :

	BRUXELLES	PARIS	LONDRES	AMSTERDAM
Cours	623	441,80	86 $^1/_4$	86,30
Change fixe	25	25	—	12
Courtage	4 $^0/_{00}$	0,10 $^0/_0$	$^1/_4$ $^0/_0$ s/nominal	$^1/_4$ $^0/_0$ s/nominal
Impôts	1 $^0/_{00}$	0,30 $^0/_{00}$	1 shilling	1 $^0/_{00}$
Frais	—	$^1/_2$ $^0/_{00}$ s/effectif	1 $^0/_{00}$ s/effectif	$^1/_2$ $^0/_{00}$ s/effectif
Cours du change	—	28,10	34,90	288,86

9. — Le 15 juin 1928, l'agent de change Reners exécute pour compte de son client Jabeau les ordres suivants :

Achat au comptant :

5.000 fr., Rente Belge 3 %, 2º Série, mai-novembre, à 66 fr.;
20 actions cap. Java à 570 fr.;

à Terme : à fin juin :

100 Aljustrel à 680 fr.;

50 Barcelona à 2.200 fr. dont 20 ;

Vente au comptant :

10.000 fl. Emprunt Ville d'Amsterdam 3 % janv.-juillet à 380 ;

à Terme : à fin juin :

100 Kasaï à 990 fr.

(Nous supposons que la contre-partie pour ces différents ordres est le confrère Buurmans).

Le 18 juin, le client Jabeau dépose :

5 Banque de Bruxelles ;

10 act. Couperie Belge Américaine

et retire 4.000 fr. Rente Belge 2ᵉ série.

Comptabilisez ces opérations en établissant le tracé de tous les documents, feuilles, livres et fiches qui interviennent tant pour la comptabilité ordinaire que pour la comptabilité matière.

10. — Le 15 juin, on cote à Bruxelles à terme : en Banque de Paris et des Pays-Bas :

Ferme 6.400

Le dont .... 6.430 dont 20 ;

L'ou .... 6.390 ou 30 ;

Un spéculateur veut prendre une position à la hausse sur cette valeur tout en limitant ses pertes éventuelles.

Abstraction faite des frais (timbres et courtage) quelles seront les opérations qu'il exécutera pour être dans la position la plus avantageuse possible ?

N. B. — On trouvera dans la monographie de Banque qui termine cet ouvrage d'autres exercices relatifs à la Bourse des valeurs.

TROISIÈME PARTIE

BANQUE

CHAPITRE PREMIER

GENERALITES

La Banque est une institution financière qui fait le commerce des capitaux. C'est elle qui fait fructifier l'argent des capitalistes tout en leur évitant les charges de la gestion d'une fortune ; c'est elle aussi qui, sous diverses formes, avec ou sans garantie, apporte l'aide de ses capitaux ou de son crédit au commerçant et à l'industriel qui peuvent ainsi donner de l'extension à leurs affaires et traverser parfois des périodes critiques.

Classification. — 1° Au point de vue de la PROVENANCE DES CAPITAUX dont elles disposent, on distingue :

Les Banques d'émission.

Les Banques de dépôts.

Les *Banques d'émission* ou *de circulation* ont la faculté de se procurer des capitaux en émettant des *billets de banque* non productifs d'intérêt. C'est là une situation privilégiée qui, en règle générale, ne peut être accordée à un établissement qu'en vertu d'un décret spécial émanant du Gouvernement.

Les *Banques de dépôts* ne possèdent que leurs propres capitaux et ceux qui leur sont confiés par les particuliers. Pour ces derniers, elles doivent servir un intérêt : leur bénéfice réside dans la différence entre cet intérêt et celui qu'elles peuvent faire produire aux dépôts en les engageant dans des opérations plus ou moins fructueuses.

2° Au point de vue de leurs OPÉRATIONS, bien que celles-ci soient loin d'être nettement délimitées et présentent beaucoup d'analogie pour toutes les Banques, on peut distinguer :

Les Banques hypothécaires,

Les Banques de spéculation et de placement,

Les Banques de commerce.

Les *Banques hypothécaires* ont pour objet principal de prêter des fonds contre des garanties immobilières. Nous aurons l'occasion d'en reparler.

Les *Banques de spéculation et de placement* se spécialisent dans l'exécution des ordres de bourse et dans l'émission de titres pour compte de tiers.

Certaines Banques de placement et de spéculation possèdent des capitaux très importants. Elles sont connues sous le nom collectif de *Haute Banque*. Ce sont elles qui se chargent de la négociation des actions et des obligations de grandes sociétés. Elles achètent les titres en gros et les revendent au détail en réalisant des bénéfices plus ou moins importants.

Il existe également certaines Banques de cette catégorie à la tête desquelles se trouve un groupe de spéculateurs souvent dépourvus de scrupules. En réalité, ces établissements n'ont de la banque que le nom. Grâce à une presse à leur solde, ils lancent sur le marché des titres qui n'ont généralement qu'une valeur fictive et, par leurs offres alléchantes, ils excitent la passion la plus funeste, celle du jeu.

Les *Banques de commerce,* les plus nombreuses, peuvent être subdivisées en :

Banques locales,

Grands établissements de crédit,

Banques populaires et agricoles.

Les *Banques locales* ont un champ d'action assez restreint qui se borne souvent à la ville ou à la région où elles sont établies.

Les *grands établissements de crédit* opèrent sur un champ beaucoup plus vaste. Ils établissent généralement un grand nombre de succursales dont les directeurs, intéressés dans les bénéfices, envoient leurs démarcheurs trouver le client chez lui pour lui faire des offres des plus avantageuses. Opérant en grand, ils peuvent le faire à très bas prix et opposer ainsi aux banques locales une redoutable concurrence devant laquelle nombre de ces petits banquiers ont été forcés de fermer leurs portes ou tout au moins de limiter leurs opérations aux affaires de moindre importance. De plus, la puissance de leurs capitaux et l'étendue de leurs relations permettent à ces établissements d'aborder, dans la limite de leurs statuts cependant, les opérations financières traitées naguère uniquement par la *Haute Banque*.

Enfin, les *Banques populaires et agricoles* s'adressent à une clientèle toute spéciale d'artisans, d'agriculteurs et de petits commerçants qui ne pourraient obtenir de crédit dans les institutions dont nous venons de parler.

Nous allons étudier les opérations effectuées par un de ces *grands établissements de crédit* qui à eux seuls concentrent, à peu près, toutes les opérations qui peuvent se traiter dans une Banque, à quelque catégorie qu'elle appartienne.

CHAPITRE II

OPERATIONS USUELLES

ET

ORGANISATION COMPTABLE

D'UNE

GRANDE BANQUE DE COMMERCE

————

Les opérations traitées dans une grande Banque de commerce peuvent être classées sous trois rubriques:

1° Les opérations de crédit :

Réception de dépôts d'espèces,
Avances de fonds ou prêts,
Ouvertures de crédit,
Escompte des effets de commerce et des coupons,
Acceptations d'effets de commerce pour compte de tiers.

2° Les opérations financières :

Achats et ventes de valeurs mobilières,
Exécution des ordres de bourse,
Arbitrages de change, de bourse et de métaux précieux,
Emissions de valeurs mobilières,
Participations financières.

3° Les opérations accessoires qui constituent des louages de services :

Encaissement des effets de commerce, des factures, des quittances, etc.

Paiement des coupons échus et des obligations remboursables,

Opérations de ducroire,

Délivrance de chèques et de lettres de crédit,

Dépôt de cautionnements pour compte de tiers (rentes prêtées),

Service financier de sociétés,

Garde de valeurs,

Location de coffres-forts,

Services divers tels que: renseignements financiers, vérification de listes de tirage, etc., etc.

*
* *

L'ensemble des écritures nécessaires à la comptabilité de
ces opérations comprend trois grandes subdivisions:

la comptabilité *originaire*,

la comptabilité *générale* ou *synthétique*,

la *vérification* des précédentes donnée par la balance générale et les balances auxiliaires.

Comptabilité originaire. — Toutes les opérations traitées
sont relatées quotidiennement dans les *journaux originaires*.

D'après ceux-ci, on tient les *grands livres originaires* ou
analytiques, lesquels servent à développer les *comptes collectifs*
qui, seuls, interviennent dans la comptabilité générale.

Comptabilité générale. — Chaque jour, les opérations sont
centralisées, d'après les *journaux originaires*, au *journal général*
ou *synthétique*.

Au préalable, les principaux journaux *originaires* donnent
lieu à la rédaction de *feuilles synthétiques* destinées à faciliter la
passation des écritures au journal de centralisation.

Enfin, les écritures sont reportées du journal synthétique au
grand-livre général.

Vérification. — La balance *générale vérifie* si cette dernière passation a été faite correctement, tandis que les balances
auxiliaires servent à s'assurer que les comptes *collectifs* ouverts
au *grand-livre synthétique* sont en parfaite concordance avec les
grands-livres originaires qui les développent.

La variété et l'importance des opérations nécessitent la création de plusieurs services distincts dont les principaux sont :

1° Service des comptes courants ;

2° Service du portefeuille-effets ;

3° Service des opérations de change ;

4° Service des titres et des opérations de bourse. ;

5° Service des coupons ;

6° Service de caisse ;

7° Service de la comptabilité générale ;

8° Service du visa ;

9° Service administratif (secrétariat, correspondance, contentieux, etc.).

Dans l'étude qui va suivre, nous verrons successivement pour chaque service, les opérations qui lui sont dévolues. Nous établirons les documents comptables auxquels elles donnent lieu, les registres qui nous permettront de dresser la comptabilité originaire et les registres extra-comptables destinés à fournir tous les renseignements utiles.

En ce qui concerne la comptabilité générale, nous établirons pour chaque service, par le choix d'un exemple résolu, l'article synthétique qui résumera les opérations de la journée. Après l'étude de tous les services, nous ferons la synthèse générale de toutes les opérations de la Banque effectuées pendant une même journée par le système dit de la « *Balance carrée* ».

Nous avons dit que le banquier prête au commerce et à l'industrie, des fonds qui lui sont confiés par des déposants. Or, ces prêts et ces dépôts se font sous des formes tellement multiples qu'il est impossible, *sans avoir une comptabilité pouvant donner au jour le jour la situation exacte de la Banque,* de se rendre compte de l'état des disponibilités et des engagements pris par le Banquier.

On a vu maintes fois des banques dont l'actif dépassait de beaucoup le passif, devoir cesser leurs paiements parce que les engagements qu'elles avaient pris n'étaient pas en rapport avec leurs disponibilités et que, momentanément, elles se trouvaient dans l'impossibilité de faire face aux demandes de retraits. La principale qualité d'une comptabilité de banque est donc de donner, *à la fin de chaque journée,* l'état exact des disponibilités et de permettre ainsi d'éviter de prendre des engagements pouvant compromettre la situation.

Le nombre de registres employés, leur réglure et leur disposition varient d'un établissement à l'autre. Nous nous bornerons à établir les livres principaux dans une banque de moyenne importance, en indiquant la disposition qui nous semble la plus rationnelle et en expliquant leur dédoublement éventuel dans un puissant établissement de crédit.

SERVICE DES COMPTES COURANTS

Ce service est l'un des plus importants, vu le nombre considérable de comptes et de sous-comptes qui s'y rapportent, ainsi que la quantité de livres analytiques qu'il nécessite.

Presque toutes les opérations que traite la Banque affectent un ou plusieurs des comptes ouverts aux clients et aux correspondants. Aussi ces comptes sont-ils très variés.

En ce qui concerne les CLIENTS, il y a lieu de distinguer d'abord ceux qui résultent des *dépôts d'espèces* et ceux qui sont ouverts aux personnes auxquelles la Banque *ouvre des crédits* ou *consent des avances*.

Chaque fois qu'un nouveau client se présente à la banque, que ce soit pour y déposer des fonds ou jouir d'un crédit ou d'une avance, un compte courant et d'intérêts lui est ouvert, compte qui sera classé dans une catégorie distincte représentée par un compte général, suivant la nature de l'opération.

Ces comptes enregistreront au jour le jour toutes les opérations faites par le client d'après les indications données par les différents journaux auxiliaires établis par chaque service.

I. — Dépôts d'espèces

Les particuliers qui confient des capitaux à la Banque reçoivent un écrit qui stipule toutes les conditions dans lesquelles le dépôt a été fait. Suivant la nature de ces conditions, le banquier ouvre aux déposants :

a) des **comptes dépôts à terme** lorsque les capitaux sont confiés à la Banque pour un certain temps : six mois, un an et souvent plusieurs années. Le taux de l'intérêt servi à ces dépôts peut être identique à celui de la Banque *régulatrice* et en suivre les fluctuations, ou bien il est invariable pour toute la durée du compte et convenu d'avance. Généralement, on fixe un taux d'intérêt différent pour les dépôts à six mois, un an, deux ans, etc.

En cas de remboursement anticipatif, auquel la Banque n'est d'ailleurs pas obligée, le taux d'intérêt prévu est réduit à celui fixé pour la période courue. La Banque réclame la différence ou une commission de remboursement équivalente par année (ou par mois) d'anticipation.

Certaines banques ouvrent également des comptes de **dépôts à préavis** pour lesquels la durée du placement n'est pas fixée. Les titulaires peuvent retirer leurs fonds en donnant un préavis de 15 jours, un mois, deux mois, etc. Le taux bonifié augmente avec la durée du préavis.

Les intérêts sur les dépôts à terme ne sont ordinairement pas capitalisés, ils sont exigibles d'année en année à partir de l'origine des placements et, en général, payés directement au titulaire ou portés au crédit d'un compte vue qui lui est ouvert.

Il est tenu un agenda qui permettra chaque jour de suivre les échéances des dépôts et des intérêts.

COMPTABILITÉ

Pour chaque mise en payement des intérêts on passera l'article:

Pertes et Profits (intérêts et dépôts)

    à **taxe mobilière** [1];

    à **comptes de chèques** (ou autre compte à vue).

Au jour de la clôture des écritures, il est nécessaire de calculer le prorata d'intérêts imputable à l'exercice écoulé.

Pour éviter le travail très long qui consisterait à calculer ce prorata sur chaque compte, séparément, le compte général « Dépôts à terme » sera subdivisé en diverses catégories déterminées par le taux alloué et la durée des dépôts:

Dépôts à terme 6 mois, 5 %; dépôts un an, 5 $^{1}/_{2}$ %; dépôts 2 ans, 6 %; dépôts 2 ans, 6 $^{1}/_{2}$ %, etc....

Chacune de ces catégories fera l'objet d'un simple compte

---

[1] En Belgique la loi oblige le débiteur d'un revenu quelconque à retenir le montant de l'impôt frappant ce revenu et à le payer au fisc.

Le banquier lors de chaque payement d'intérêts à ses déposants doit donc retenir la taxe dont il porte le montant au crédit du compte « Taxe mobilière » qui sera débité du montant des payements effectués au fisc.

courant et d'intérêt au crédit duquel on portera les sommes versées en compte dépôt, valeur le jour où ce dépôt commence à porter intérêts et au débit, les remboursements de dépôts effectués valeur le jour de l'échéance.

A la date de clôture des écritures, on arrêtera le compte et l'intérêt (toujours créditeur) sera le montant du prorata cherché, afférent à l'exercice écoulé.

EXEMPLE :

Dépôts 2 ans, 6 %

Exercice 1927 arrêté le 31 décembre 1927.

Page de gauche.

DATES	LIBELLÉS	SOMMES	VALEURS	JOURS	NOMBRES
11/4	Retrait : Delfosse	10.000	Avril 11	270	27000
1/8	» Valbert	12.000	Août 1	150	18000
	Balance des N.				216500
	Balance des Cap.	63.000			
		85.000			261500

Intérêt à 6 % s/Balance des N. fr.   3608

Page de droite.

DATES	LIBELLÉS	SOMMES	VALEURS	JOURS	NOMBRES
1/1	Solde	50.000	Déc. 31	360	180000
30/1	Dép. Ronard	10.000	Janv. 31	330	33000
3/5	» Victori	20.000	Mai 4	235	47000
29/11	» Jamin	5.000	Nov. 30	30	1500
		85.000			261500

Et le 31 décembre ce compte donne lieu à l'écriture :

Pertes et Profits (intérêts sur dépôts)   3.608

à Prorata d'intérêts   3.608

écriture qui sera extournée le 2 janvier.

REMARQUE : Certains banquiers, cependant, paient tous les intérêts sur dépôts, prorata temporis le jour de la clôture des écritures; de cette façon tous les comptes doivent faire l'objet d'un arrêté séparé, et le compte Pertes et Profits recevra en charge la quotité d'intérêt imputable à l'exercice écoulé.

b) des **comptes chèques** lorsque les dépôts sont faits à *vue*. Dans ce cas, les titulaires ont la faculté de retirer des fonds *sans préavis*. Cependant, lorsque les retraits sont d'une certaine importance (20.000 à 30.000 francs), les Banques demandent dans leurs règlements un préavis d'un jour ou deux, délais dont elles ne se prévalent pourtant pas lorsque la chose leur est possible. Ces préavis sont exigés afin de ne pas devoir conserver en caisse de fortes disponibilités improductives. Les retraits se font au moyen de *chèques* extraits d'un carnet remis aux déposants.

L'obligation dans laquelle se trouvent les Banques de toujours conserver des fonds à la disposition du client fait qu'elles ne peuvent donner qu'un intérêt faible (1 $^1/_2$ % à 2 % au-dessous du taux de la Banque *régulatrice*).

c) des **comptes de quinzaine.** — Ceux-ci sont ouverts dans les Banques qui font des *placements en reports* (opération étudiée dans la deuxième partie de l'ouvrage). Les titulaires de ces comptes versent leurs fonds pour quinze jours au moins. Les versements comme les retraits ne peuvent comporter que des sommes rondes de *mille* francs ou multiples de mille et doivent se faire à des dates correspondant aux liquidations bi-mensuelles de la Bourse des valeurs. Un préavis de deux jours au moins est exigé en cas de retrait.

Le taux de l'intérêt servi aux déposants varie de quinzaine en quinzaine et est proportionné à la moyenne des taux d'intérêt obtenus pour les avances en reports pendant la même quinzaine. Le montant de l'intérêt est porté aux *comptes chèques* des titulaires. Les opérations de report sont faites aux risques et périls de la Banque.

d) des **comptes d'épargne.** Ces comptes sont ouverts dans certaines Banques afin de favoriser et d'encourager la petite économie. Les conditions appliquées aux comptes d'épargne sont généralement identiques à celles faites par l'Etat. Nous croyons inutile d'en parler plus longuement.

II. — Ouvertures de crédit et prêts

Bien qu'ils soient souvent confondus dans la pratique, le prêt diffère du crédit ; le prêt est une opération *isolée*, la banque remet à l'emprunteur une certaine somme que celui-ci rembourse à une date souvent fixée d'avance ; l'ouverture d'un crédit, au contraire, crée des *relations multiples* entre le banquier et son client qui dispose de son crédit suivant ses besoins. En règle générale, le banquier ne peut mettre fin au crédit sans donner un préavis à l'intéressé.

Il arrive que des avances de fonds sont faites sans qu'il soit exigé aucune garantie de la part de l'emprunteur (**crédits en blanc**), mais on conçoit que semblable privilège ne puisse être accordé qu'aux grandes sociétés industrielles ou à certains commerçants dont la solvabilité est notoirement connue.

En général, les ouvertures de crédits ou les prêts sont consentis soit sur *caution*, soit contre remise d'un *gage*.

Le **prêt sur caution** est celui qui est garanti par une tierce personne qui se porte garante des engagements de l'emprunteur. Souvent le banquier exige de la caution un engagement solidaire afin de ne pas se trouver dans l'obligation de *discuter* d'abord le débiteur principal. Ce genre de prêt est peu usité.

Le **gage** consiste en valeurs mobilières ou immobilières qui serviront à couvrir le banquier au cas où l'emprunteur ne pourrait rembourser les sommes qui lui ont été avancées. Rappelons qu'en matière commerciale, le gage est établi conformément aux modes admis pour la vente de valeurs de même nature et que le créancier-gagiste a le droit de faire vendre le gage sur autorisation du président du Tribunal de commerce et sans autre formalité qu'une signification au débiteur défaillant, huit jours avant la vente. Jamais, même après estimation, le créancier ne peut s'approprier le gage sans le faire vendre.

Selon la nature du gage donné en garantie, on distingue :

a) les **Avances sur titres**. — Les Banques acceptent en garantie certains titres cotés, d'une valeur bien déterminée, et d'une réalisation facile. L'avance consentie atteint 60 % à 80 % de la valeur du *nantissement*. En cas de baisse des titres, l'emprunteur doit suppléer, par un nouveau dépôt, à l'insuffisance de son gage.

La nomenclature des valeurs déposées est faite sur un double bordereau dont l'un est conservé à la Banque, tandis que l'autre est remis au déposant. On attribue généralement à ces titres une valeur approximative en chiffres ronds.

Lorsqu'il s'agit de titres nominatifs, il y a lieu de procéder à un transfert de *garantie* dans le registre de la société qui a émis ces titres ; ce transfert ne donne pas au dépositaire la propriété des valeurs lui confiées.

b) **Reports de Banque.** — Les prêts sur *titres* affectent parfois une autre forme que celle que nous avons signalée ci-dessus. Dans le but d'éviter les formalités nécessaires à la constitution du gage, formalités particulièrement compliquées lorsque l'emprunteur n'est pas commerçant, on procède comme suit :

Par un premier contrat, l'emprunteur *(reporté)* vend ses titres au comptant à la Banque *(reporteur)*.

Par un deuxième contrat, le reporté rachète à terme (souvent un mois) les titres vendus, pour la somme précédente augmentée des intérêts et de la commission. Ce contrat doit être revêtu du timbre prévu pour les opérations de report (Voir IIe partie de l'ouvrage).

Par un troisième contrat, le reporteur vend les titres à terme au reporté. Il confirme le même engagement que le second contrat, mais il émane de l'autre partie.

Dans la pratique, on se contente souvent d'échanger deux lettres stipulant l'achat au comptant et l'engagement de revente à terme. A l'échéance, la Banque met le reporté en demeure de prendre livraison de ses titres. Si celui-ci ne se présente pas, on exécute après trois jours.

On voit que ce genre de prêt ressemble à l'opération de bourse appelée Report, c'est pourquoi on la désigne sous le nom de *Report de Banque* et la comptabilisation de ces opérations est analogue à celle du Report en bourse (voir Comptabilité de l'agent de change).

Dans ce genre de prêt, les titres remis à la Banque lui appartiennent en toute propriété. Il n'y a donc pas lieu de passer un article d'ordre comme dans le cas du nantissement.

Nous signalerons ici, en passant, que outre le compte à ouvrir au nom du client, les opérations de reports donnent lieu à la tenue d'un livre originaire qui pourra affecter la forme ci-dessous et qui sera confié au service des titres.

LIVRE DES REPORTS

Dates	No d'ordre	Noms des Reportés	TITRES		Somme reportée	Somme de l'Opération à terme	Date de l'Echéance	Date de Liquidation
			Quantité	Désignation				

On joindra avantageusement à ce registre, un échéancier où les opérations seront reportées par ordre d'échéances afin de pouvoir procéder en temps utile aux formalités de la liquidation.

c) les **Avances sur objets précieux.** — Les emprunteurs peuvent déposer à titre de garantie des objets précieux qui sont conservés à la Banque dans des coffres-forts souterrains. Les avances sur objets précieux offrent la plus grande analogie avec les avances sur titres. La comptabilité de ces opérations sera donc identique à la précédente.

d) les **Avances sur hypothèque.** — En garantie d'un prêt ou d'une ouverture de crédit, certains commerçants consentent à leur banquier une hypothèque qui doit évidemment être constituée conformément aux prescriptions du Code civil. Cette opération leur permet d'utiliser, lorsque le besoin s'en fait sentir, des capitaux immobilisés dans des immeubles.

Nous signalerons ici le fonctionnement d'un compte spécial. Lorsque des débiteurs hypothécaires deviennent insolvables, la Banque est parfois obligée de racheter les immeubles qui lui servent de garantie. Ces immeubles qui sont conservés provisoirement sont portés au compte **Immeubles à réaliser**. Ce compte est débité du prix des acquisitions et crédité du prix des réalisations. On le solde par un compte de résultats. Les dépréciations constatées à l'inventaire devront être portées à un compte d'amortissement qui, lors de la vente, sera soldé par **Immeubles à réaliser** avant de passer la perte ou le bénéfice.

e) les **Avances sur marchandises**. — La garantie peut également être représentée par des marchandises telles que laines, cuirs, bois, grains, etc.

A cet effet, les marchandises sont déposées dans des magasins généraux ou *docks* contre remise d'un certificat double portant le nom de *warrant-cédule*. Le prêt se fait par l'escompte du *warrant* et le montant de la somme prêtée est inscrit sur les deux pièces avec son échéance (ordinairement trois mois ou 100 jours).

La *cédule* est conservée par l'emprunteur et représente la propriété des marchandises et le droit d'en disposer. Le *warrant* est remis au banquier et représente la possession des marchandises à titre de gage. Pour pouvoir lever les marchandises, il faut posséder les deux pièces réunies dûment endossées.

Les warrants constituent de véritables effets de commerce que le banquier pourra au besoin réescompter à ses correspondants et notamment à la Banque Nationale.

Remarquons que très souvent le warrant-cédule est remplacé par un autre document appelé *certificat de dépôt*. Ce titre a l'avantage de n'être pas soumis, comme le warrant, au timbre et de pouvoir se renouveler sans frais.

Lorsque les marchandises sont *en cours de route*, elles peuvent être constituées en gage par la remise de la lettre de voiture ou du connaissement. Dans la pratique, le créancier gagiste exige qu'on lui remette tous les exemplaires négociables du connaissement, car s'il ne possédait pas le jeu complet de ces titres, le capitaine pourrait livrer la marchandise contre présentation de l'un d'eux dûment endossé. De plus, la police d'assurance maritime est endossée au banquier afin qu'il soit couvert dans le cas où la marchandise viendrait à périr en mer.

Dans les banques de commerce d'un grand centre de transit (port maritime) il est affecté un service spécial chargé de conclure, surveiller et comptabiliser les opérations de crédit sur marchandises.

En règle générale, les avances sur marchandises se font par l'escompte des warrants. La comptabilité originaire et synthétique relative à ce service est analogue à celle que nous étudierons en détail concernant l'escompte des effets de commerce. (Voir Service portefeuille-effets.)

f) **Crédits d'escompte.** — Les banquiers ouvrent aux commerçants et industriels des *crédits d'escompte* par lesquels ils consentent des avances de fonds contre remise d'effets de commerce. Ces crédits sont limités à un certain chiffre variant avec l'importance des firmes auxquelles ils sont ouverts et surtout avec le degré de solvabilité que présentent ces firmes.

Les risques de ces genres de crédit étant moindres que ceux des précédents, les banques s'entourent de garanties moins importantes. La garantie ne doit en effet couvrir que les retours éventuels, soit 15 à 20 % du montant du crédit. Il arrive que le banquier se constitue une couverture en virant à un compte spécial du titulaire 2 à 5 % du montant des effets escomptés.

Les effets remis à la Banque sont portés en compte, valeur du jour ou du lendemain sous déduction de l'*agio*, ou bien, mais plus rarement, valeur à l'échéance (échéance moyenne si plusieurs effets sont remis en même temps).

g) **Crédits d'acceptations ou Rembours de Banque.** — **Crédits confirmés.** — Dans les affaires d'importation, il arrive fréquemment que les clients ne sont pas suffisamment connus des fournisseurs pour que ceux-ci se risquent à expédier leur marchandise.

Aussi, afin de donner toute garantie à leurs correspondants et aussi pour obtenir des conditions plus avantageuses, les clients sollicitent de leur banquier un *Crédit d'acceptations*. Le vendeur tire alors directement sur le banquier une traite documentaire à terme, que celui-ci accepte après assentiment du client.

Parfois, le banquier confirme lui-même au vendeur qu'il s'engage à accepter ou à payer les traites tirées sur lui jusqu'à concurrence d'un montant déterminé. C'est le **crédit confirmé** qui donne encore plus de sécurité au vendeur, car du moment que les papiers sont en règle, le banquier devra accepter, sans pouvoir alléguer, comme il pourrait le faire dans le cas du *rembours de banque*, que la provision n'a pas été faite par le client.

Le vendeur qui possède de telles garanties fera évidemment

des prix avantageux, car il pourra créer du papier *négociable* qui sera escompté au plein taux privé.

*
* *

Le service des comptes courants ouvre encore aux clients, suivant la nature des opérations traitées, d'autres comptes tels que *comptes d'encaissement, comptes ducroire,* etc., dont nous aurons à parler au cours de notre étude.

Les comptes que l'on désigne généralement sous l'appellation pure et simple de *Comptes courants* sont ceux ouverts aux clients qui entretiennent avec la Banque des relations suivies et multiples (versements et prélèvements d'espèces, escompte d'effets de commerce, virements, etc.). Ils sont subdivisés en comptes courants *ville,* comptes courants *pays* et comptes courants *étrangers.* Dans un chapitre spécial, nous avons étudié les différentes méthodes usitées pour la tenue et le règlement de ces comptes courants et d'intérêts et nous avons vu les conditions qui leur sont généralement appliquées.

En pratique, toute demande de crédit faite par un client à une banque est mûrement étudiée par la direction et le secrétariat qui l'examine sous le rapport des garanties offertes, et de l'intérêt que l'opération peut présenter pour la banque au point de vue du mouvement d'affaires que le compte procurera.

Tout crédit accordé donne lieu à la rédaction d'un contrat sous seing privé ou d'un acte authentique suivant la nature des garanties.

Ce contrat aussitôt signé est transmis au service du visa qui note le nom du client, le montant et les conditions du crédit accordé et passe l'écriture d'ordre suivante (le plus souvent sur le journal des opérations diverses) :

Crédits accordés
sur ....
    à **Crédités**
(pour le montant du crédit.)

Quant un crédit est résilié, l'écriture ci-dessus est contrepassée ; de cette façon le solde de ces comptes renseignera toujours exactement le banquier sur le montant de ses engagements.

Si le banquier désire être renseigné sur le montant des crédits accordés suivant la nature des garanties, il lui suffira de subdiviser son compte général « crédits accordés » en comptes particuliers : avances sur titres, sur hypothèques, sur métaux précieux, crédit d'escompte, etc....

En ce qui concerne les comptes ouverts aux CORRESPON-DANTS du banquier, nous nous contenterons, dans ce chapitre du moins, de donner quelques détails relatifs aux trois comptes collectifs principaux ;

Agences.

Chaque agence possède son compte spécial ou tout au moins un sous-compte.

Pendant la durée de l'exercice, on traite le compte agence comme un compte courant ordinaire. A la clôture, il disparaît, la maison mère incorporant dans son inventaire l'actif et le passif de toutes les agences. Au commencement du nouvel exercice, la situation est rétablie par des articles inverses sauf en ce qui concerne les résultats qui restent acquis à l'administration centrale.

Correspondants

Ce compte collectif englobe les comptes ouvert aux banquiers, aux agents de change, à l'administration des Postes, etc..

En ce qui concerne les banquiers établis en pays étrangers, le même correspondant a souvent deux comptes distincts. Le premier est réservé aux opérations faites pour son compte par la Banques et est intitulé **Tel**, *son compte* ou **Tels**, *leur compte*. C'est le compte du banquier *commettant* tenu chez le banquier *commissionnaire*. Dans la pratique, on l'appelle **compte Vostro** ou **compte Loro**. Le second se rapporte aux opérations traitées par le correspondant pour compte de la Banque. Il est dénommé **Tel** ou **Tels** *notre compte* ou *mon compte* ; c'est le compte du banquier commissionnaire ouvert dans les livres du banquier commettant. On l'appelle généralement **compte Nostro**. Ce compte est toujours *provisoire*, attendu que c'est le banquier commissionnaire qui l'arrête définitivement en sa monnaie. En conséquence, le banquier commettant doit ménager tant au débit qu'au crédit de ce compte, une colonne intérieure où seront portées, en monnaie nationale du correspondant, les sommes renseignées par celui-ci. Ces colonnes intérieures sont intitulées ses lignes ou leurs lignes (S/L ou L/L) tandis que les autres ont comme entête M/L ou N/L.

Lors de la clôture du compte, il faudra passer un article de redressement pour *balancer* les colonnes extérieures (voir Comptes en commission, Service change).

Comptes en participation.

Ces comptes sont relatifs aux associations momentanées conclues entre plusieurs banquiers dans le but de spéculer sur les changes, monnaies, fonds publics, etc.

On ouvre un compte intitulé **Participation** (suivi des noms des participants). Ce compte intervient pour chacune des opérations et a pour contre-partie soit le compte particulier d'un des co-participants, soit un compte de valeur ou un compte de tiers si l'opération est faite par nous.

Si, à la clôture des opérations, le solde du compte **Participation** est créditeur, il indique un bénéfice à partager. On passe l'article:

Participation A.B.C.

aux suivants
à A. s/c à $^1/_3$
Bénéfice lui revenant
à B. s/c à $^1/_3$
Bénéfice lui revenant
à Pertes et Profits
Notre part de bénéfice

Quand il n'y a que deux intéressés, la comptabilité se tient généralement comme celle des correspondants ordinaires. (Voir Comptes à demi. Service change.)

COMPTABILITÉ

Chaque mois tous les comptes courants font l'objet d'une balance de vérification dont voici un modèle:

Balance des comptes de chèques au 31 octobre 1927

N° du Compte	Titulaires	TOTAUX		SOLDES	
		D	C	D	C
	Totaux	(1)	(2)	—	—

Les totaux du débit et du crédit doivent être égaux au débit et au crédit du compte collectif.

CHIFFRIER. — Afin d'éviter de longues et pénibles recherches lorsque ces balances indiquent des erreurs, il est utile de tenir un *chiffrier* où toutes les *sommes* inscrites aux comptes particuliers des clients seront reportées. Ce registre, qui ne contient que des chiffres, se tient sur deux pages en regard, divisées au débit comme au crédit en autant de colonnes qu'il y a de journaux originaires ; le total de chacun de ceux-ci se retrouvera dans les deux colonnes correspondantes du chiffrier, si tous les reports ont été bien faits. Chaque grand-livre originaire possédera son chiffrier, qui devra se trouver en concordance avec le compte collectif correspondant.

Dans le cas où plusieurs employés seraient affectés à la tenue d'une même catégorie de compte, les totaux des chiffriers tenus par chacun d'eux, seront reportés sur un seul chiffrier dont les résultats devront concorder avec ceux fournis par la comptabilité générale.

Les intérêts afférents à ces comptes s'arrêtent à la même époque et sont portés en augmentation ou en diminution du capital par l'article :

Pertes et Profits (Intérêts sur comptes) ;
Comptes courants ou de prêts ;
   à Taxe mobilière ;
   à Timbres fiscaux ;
   à comptes chèques, ou d'épargne ou à préavis 15 jours ;
   à Pertes et Profits (intérêts sur comptes ou commission
      sur comptes).

Pour permettre la passation de cet article, on arrêtera tous les comptes en intérêts puis on établira la balance définitive des comptes comme suit :

No	Titulaires	TOTAUX		SOLDES		A DÉBITER					A CRÉDITER	Totaux ou soldes définitifs	
		D.	C.	D.	C.	Intérêts Débits	Commissions	Timbres Fiscaux	Frais	Taxes Mobilier	Intérêts	- D.	C.
		a	b	c	d	e	f	g	h	i	j	k	l

Les colonnes a, b, c et d constituent la balance de vérification habituelle faite chaque mois qui devra être établie et juste avant de commencer les arrêtés de comptes.

Une fois les comptes arrêtés on reportera dans les colonnes ad hoc les sommes déterminées par l'arrêté.

Si les arrêtés sont faits à la date de la clôture des écritures, on inscrira dans les colonnes k et l les soldes à nouveau, si les arrêtés sont faits à un autre moment (fin de trimestre ou semestre) on inscrira dans ces colonnes les totaux « débit et crédit » de chaque compte.

Comme contrôle pour l'établissement des balances, on doit arriver aux résultats suivants : (chaque lettre désignant le total de la colonne au bas de laquelle elle se trouve) : $a-b=c-d$

$$(a+e+f+g+h+i)-(b+j)=k-l.$$

REGISTRES EXTRA-COMPTABLES

Les registres extra-comptables ne servent pas directement à la passation des écritures synthétiques, mais ils fournissent aux employés de la Banque des indications des plus utiles. Leur nombre et leur destination varient d'après l'importance de la Banque, d'après le genre de clientèle, d'après la nature des opérations traitées particulièrement, etc.

En ce qui concerne le service des comptes courants, nous nous contenterons de signaler le **Livre de positions** qui a pour but de fournir chaque jour le solde débiteur ou créditeur des comptes des clients et correspondants.

Il se tient en trois colonnes : la première pour les capitaux du débit, la deuxième pour ceux du crédit et la troisième, pour le solde que l'on fait précéder, suivant le cas, des lettres D ou C. Ce livre est de toute utilité pour les employés chargés de viser les chèques, dispositions, etc. (service du visa). Aussi souvent que possible, on s'assure qu'il existe une parfaite concordance entre la situation qui ressort de ce registre et celle accusée par les comptes courants.

SERVICE DU PORTEFEUILLE-EFFETS

I. — Escompte des effets de commerce

L'escompte des traites, billets, chèques, mandats, warrants est l'opération qui, dans les banques commerciales, donne lieu au mouvement le plus considérable et qui, en même temps, rend au commerce et à l'industrie les services les plus signalés. En effet, le commerçant peut ainsi accorder du crédit à ses clients tout en n'immobilisant pas ses capitaux qu'il renouvelle par l'escompte. En d'autres termes, le banquier, ou le capitaliste, se substitue au négociant dans tous les crédits que ce dernier consent.

Nous avons dit un mot de l'importance des transactions en escompte ; en voici les raisons :

La majeure partie des disponibilités d'une Banque de commerce, est constituée par des dépôts qui, ainsi que nous l'avons vu, sont exigibles à vue *(comptes chèques),* de quinze en quinze jours *(comptes de quinzaine)* ou à certaines échéances déterminées *(dépôts à terme).*

Or, pour servir un intérêt à ces divers déposants, la Banque doit faire fructifier ces capitaux, mais elle doit veiller à ce qu'ils soient facilement réalisables et ce, à bref délai, afin de pouvoir faire face aux demandes de retrait.

L'escompte répond parfaitement à ces deux conditions. Pour s'assurer des offres de *bon papier,* il suffira d'escompter à un taux légèrement inférieur à celui de la Banque régulatrice et d'autre part, lorsque la nécessité s'en fera sentir, le banquier pourra réaliser sans difficulté, pourvu qu'il fasse quelques concessions. Et en tous cas, ce papier lui offre toujours la ressource suprême, désastreuse peut-être, mais ressource quand même, de pouvoir être réescompté au taux officiel à la Banque Nationale et de fournir ainsi immédiatement les fonds devenus nécessaires.

De plus, si le banquier est prudent, s'il s'entoure de garanties suffisantes, l'étendue des droits que les lois confèrent aux porteurs d'effets de commerce et la sévérité des mœurs commerciales pour ceux qui ne font pas honneur à leur signature, rendent minimes les risques de pertes dans ce genre de placement.

*
* *

Les conditions applicables à l'escompte des effets de commerce sont renseignées dans des tarifs spéciaux remis aux personnes auxquelles la Banque accorde un crédit d'escompte. Les principales retenues sont :

a) *L'escompte* ou intérêt de la valeur nominale du jour de la négociation à celui de l'échéance.

La plupart des banques belges comprennent dans le calcul des intérêts le jour de l'achat et le jour du paiement. Elles se conforment ainsi à la règle suivie à la Banque Nationale. De plus pour le papier *brûlant*, c'est-à-dire à courte échéance, il est d'usage de fixer un minimum de jours d'escompte. A la Banque Nationale, ce minimum est de 10 jours.

Pour les effets payables dans les pays où il est accordé des *jours de grâce*, on tient compte de ce nombre de jours supplémentaires.

Le *taux* de l'escompte a ordinairement pour base le taux de la Banque régulatrice, augmenté de $^1/_2$ % ou de 1 % suivant la qualité du papier. Nous avons dit déjà, dans la partie de Change, que certains effets acceptés, tirés sur des Banques ou sur des firmes de premier ordre jouissent d'un taux de faveur appelé *taux nors banque*, qui se justifie par les avantages que présente pour le banquier ce genre de placement.

b) La *perte de place* ou indemnité que réclame le banquier pour se couvrir des frais occasionnés par l'encaissement de l'effet.

Les banques belges escomptent *au pair* (sans perte de place) ou moyennant une indemnité très faible, les effets payables dans leur localité ainsi que les effets *bancables*. On nomme ainsi les effets payables sur les places où la Banque Nationale possède une agence et qui remplissent les conditions pour pouvoir être escomptés à cet établissement, c'est-à-dire : 1° qui ont une cause commerciale, 2° qui sont timbrés, 3° qui sont créés à ordre, 4° dont l'échéance est au plus à 100 jours et au moins à 7 jours pour le service postal, 6 jours pour une localité ayant une agence et 5 jours pour Bruxelles, 5° qui sont garantis par trois signatures solvables (en province, la Banque escompte à deux signatures, l'aval du comptoir tenant lieu de la troisième). La Banque Nationale refuse les chèques, les effets portant la mention « *sans frais* », ceux dont le domicile du tiré n'est pas complètement indiqué ou dont l'échéance est renseignée en chiffres, ceux portant des ratures ou surcharges non approuvées par une seconde signature.

Pour les autres effets, appelés effets *déplacés*, les frais de perte de place sont fixés par les tarifs. Ils se calculent soit à tant pour cent ou pour mille, soit à tant par effet suivant l'éloignement du lieu du paiement. Parfois aussi, le banquier réclame pour ces effets un certain nombre de jours d'escompte supplémentaires, appelés jours de couverture, destinés à le couvrir du temps nécessaire à la rentrée des fonds.

c) *La commission* ou rémunération du service rendu par la Banque. Elle varie de 1 °/₀₀ à ¹/₄ %.

N. B. — Les retenues suivantes s'appliquent particulièrement aux effets payables à l'étranger :

d) *Les frais de timbres* que l'on devra acquitter dans le pays où les effets sont payables. Nous en avons parlé dans la première partie du livre.

e) *Les ports de lettres*, surtout lorsqu'il s'agit de traites documentaires qui voyagent sous plis recommandés.

f) *Les frais d'acceptation* lorsque celle-ci doit être demandée à l'étranger.

g) *Le change :*

Les effets exprimés en monnaie étrangère sont convertis d'après la cote des changes du jour de la négociation. Nous en avons vu de multiples exemples dans la première partie de l'ouvrage.

REMARQUE. — Il arrive que l'on crée sur l'étranger des effets dont le montant nominal est exprimé en francs.

Dans ce cas, afin d'éviter la *perte à la monnaie*, il est prudent d'indiquer sur l'effet : *Payable au cours du Paris à vue* ou *payable en francs effectifs.*

II. — Encaissement des effets de commerce

Les Banques se chargent de faire procéder à l'encaissement des effets qui leur sont remis à cette fin. Contrairement aux remises à *l'escompte*, les remises à *l'encaissement* ne transfèrent pas la propriété des effets aux banquiers. Les cédants en restent propriétaires jusqu'à l'époque du recouvrement et ce n'est qu'après l'encaissement effectif qu'ils peuvent en exiger la contre-valeur en espèces. C'est ce que l'on exprime en disant qu'ils sont crédités en *non-disponible*. Les effets remis à l'encaissement sont accompagnés de fiches qui, après l'échéance, rentrent au service du portefeuille avec la mention *payé, impayé* ou *protesté* suivant le sort des effets. On procède alors au décompte de la commission et des frais et le net est viré au compte ordinaire du déposant ou lui est réglé en espèces.

Remarquons que, en règle générale, toutes les remises faites par les clients qui jouissent d'un crédit d'escompte sont portées directement au crédit de leur compte ordinaire.

****

COMPTABILITÉ

a) **Principe**: Les effets doivent toujours entrer et sortir pour la même somme. Les effets sur *place* et sur *le pays* entrent et sortent pour leur valeur nominale. La différence entre celle-ci et la valeur d'achat ou de négociation se passe au compte P. et P. (Escompte et C^{ions}). Pour les effets sur *l'étranger,* nous avons vu que l'on évalue leur montant en monnaie nationale. La somme trouvée est inscrite sur l'effet et lorsque celui-ci sortira ce sera pour cette même somme. Toutefois, dans les livres auxiliaires, il est de rigueur d'indiquer, dans des colonnes intérieures, la valeur nominale en monnaie étrangère. S'il s'agit d'effets sur l'étranger remis à *l'encaissement,* on les évalue provisoirement à un change fixe et lorsque l'on créditera les clients en *disponible,* on tiendra compte de la différence entre ce change fixe et celui qu'il y aura lieu d'appliquer au moment de l'encaissement.

b) **Comptabilité originaire**: Les remises à l'escompte et les remises à l'encaissement, étant de nature absolument différentes devraient être enregistrées dans des livres distincts. Mais le peu d'importance des secondes fait que dans la plupart des banques on les inscrit dans les mêmes registres que les premières. Nous nous conformerons donc à cet usage.

1° *Entrée des effets.* — A leur entrée, les effets sont minutieusement examinés quant à leur régularité (libellés, signatures, montant du timbre), puis sont revêtus d'un numéro matricule et inscrits au « *livre d'entrée des effets* ».

Pour les effets présentés à l'escompte, on établit les *bordereaux d'escompte*.

Les effets simplement remis pour l'encaissement par nos correspondants font l'objet d'un *bordereau de remise* dont le produit est porté directement au crédit du compte du cédant, tandis que les effets remis à l'encaissement par les clients et dont le montant, déduction faite de l'agio, ne sera porté au crédit de leur compte qu'après encaissement, ils font l'objet d'un simple *accusé de réception*.

Les effets sont alors inscrits à l'*échéancier* puis classés par ordre d'échéance dans le portefeuille.

D'après les divers documents on établira alors la *feuille-journal entrée des effets* qui permettra au service de la comptabilité de passer l'article synthétique et au service des comptes courants de tenir à jour le *grand-livre des comptes particuliers*.

2° *Sortie des effets.* — Les effets sortent : 1° pour être réescomptés soit à la Banque régulatrice, soit à un autre établissement ; 2° pour être présentés à l'encaissement. Ils sont triés suivant leur destination, et inscrits au *livre de sortie des effets*.

Les effets payables sur place seront remis au service caisse qui les fera présenter au tiré par les garçons de recettes ; les autres seront envoyés aux agences, aux correspondants ou à la poste, qui se chargeront de l'encaissement. Tous ces effets seront accompagnés d'un *bordereau de remise* qui servira à l'établissement de la *feuille-journal sorties des effets*, dont l'utilité sera identique à celle de la *feuille entrée des effets*.

Les effets qui reviennent impayés sont accompagnés d'un *bulletin de frais*, ce bulletin mentionne les frais de protet éventuels, les frais de correspondance, intérêt de retard, etc...

Les effets impayés sont retournés aux cédants auxquels la

Banque réclame en sus des frais renseignés plus haut, les dépenses que le retour pourrait encore lui occasionner.

Pour un effet escompté qui rentre impayé, ou doit en réclamer le montant au cédant et dans le cas où celui-ci ne s'exécuterait pas, l'effet est remis au service du contentieux qui en poursuivra le recouvrement par toutes voies de droit.

Au point de vue comptable, les retours d'impayés sont généralement considérés comme des remises faites par les cessionnaires, et les retours aux cédants sont comptabilisés comme les sorties d'effets. Certains banquiers, cependant, tiennent un livre spécial des effets impayés.

REMARQUE : La plupart des grandes banques, vu le grand nombre d'effets passant par leurs mains, tiennent des livres spéciaux affectés aux effets sur place, sur le pays et sur l'étranger.

*\
*

Nous allons résoudre un exemple en établissant tous les documents et les livres nécessaires pour nous permettre d'exposer en détail le fonctionnement du service.

ENTRÉE DES EFFETS

Le 21 mai 1928, la *Banque de Liége* reçoit :

a) de son client Albert, les traites suivantes que nous escomptons :

1° Traite de 2.000 fr. au 31 mai s/Lambert, à Liége.
2° Traite de 3.000 fr. au 15 juin s/Charles, de Bruxelles.
3° Traite de 5.000 fr. au 30 juin s/Malherbe, à Chênée.
4° Traite de 4.000 fr. au 30 juin s/Demaison, à Hollogne.

Conditions : escompte 6 %, commission ¹/₈ % sur bordereau, timbre, 0,20 fr., perte de place suivant tarif d'encaissement.

b) de son client Renard les quittances suivantes pour l'encaissement ;

1° Quittance de 300 fr. au 31 mai sur Nassogne, de Liége.
2° Quittance de 500 fr. au 31 mai sur Vielvoye, à Liége.
3° Quittance de 800 fr. au 31 mai sur Henry, à Waremme.
Conditions suivant tarif d'encaissement.

c) de la Banque de Bruxelles, les effets suivants pour l'encaissements :

10 effets au 25 mai sur Liége pour 12.000 fr.

d) de la Banque d'Anvers, les effets impayés suivants :

1° Traite de 1.000 fr. s/Hubinon d'Anvers, frais de protet et de retour nous réclamés : 12 fr. (Effet nous remis par le client d'escompte Albert).

2° Une quittance de 1.500 fr. s/Derenne d'Anvers, frais tet et de retour nous réclamés : 12 fr. (Effet nous remis par client d'encaissement Renard.)

Tous ces effets sont vérifiés et trouvés réguliers : ils sont numérotés et inscrits dans le livre d'entrée des effets (voir p. 253).

Les effets remis à l'escompte par le client Albert font l'objet du bordereau d'escompte suivant :

BANQUE DE LIÉGE   Liége, le 21 Mai 1928.

Monsieur ALBERT

à Liége.

Nous avons l'honneur de vous accuser réception de votre remise de ce jour comprenant 4 effets dont nous portons le produit net soit fr. 13.890,35 au crédit de votre compte courant chez nous, valeur ce jour, suivant bordereau ci-dessous.

Veuillez agréer, Monsieur, etc.

BANQUE DE LIÉGE.

(s)

Lieu de paiement	Sommes	Echéance	Jours	Nombres	Pertes de Place	Observations
Liége	2000	Mai 31	11	220		timbre
Bruxelles	3000	Juin 15	26	780		
Chénée	5000	» 30	43	2250	2,50	
Sprimont	4000	» 30	50	2000	4,75	
	14.000			5250	7,25	
		102		Escompte 7 %		
		7,45	Pertes de Place et timbres			
	109,45					
	13.890,55					

Livre d'entrée des effets à recevoir

DATES	N⁰	NATURE	NOMS DES TIRÉS	LIEUX DE PAYEMENT	ÉCHÉANCES	CÉDANTS (noms du compte à créditer)	MONTANT par effets	MONTANT par bordereau	AGIO Esc. et Csions	AGIO P. de pl. et timbr.	Bonifications	SOMMES NETTES	Valeurs à appliquer	Observations
Mai 21	1001	T.	Lambert	Liége	Mai 21	Albert	2.000							
	1002	»	Charles	Bruxelles	Juin 15	»	3.000							
	1003	»	Malherbe	Chênée	» 30	»	5.000							
	1004	»	Demaison	Sprimont	» 30	»	4.000	14.000	102	7,45		13.890,55	21/5	
	1005	Q.	Nassogne	Liége	Mai 31	Renard	300							
	1006	»	Vielvoye	»	»	»	500							
	1007	»	Henry	Waremme	»	»	800	1.600				1.600,00		
	1008	T.	—	—	Mai 25	Bque de Blles								
	1009	Tsf	—	—	—	—								
	1010	Q.	—	—	—	—								
	1011	Ch.	—	—	—	—								
	1012	Td.	—	—	—	—								
	1013	»	—	—	—	—								
	1014	»	—	—	—	—								
	1015	»	—	—	—	—								
	1016	»	—	—	—	—	12.000	12.000		0,20		11.999,80		
	1017	»	Imp. Albert	Liége	Mai 15	Bque d'Avers	1.000				12,00			Retour n⁰
	1018	»	» Renard	»	»	»	1.500	2.500			0,75	2.512,75	Mai 15	» n⁰
							30.100	30.100	102	7,65	12,75	30.003,10		

Pour les effets de Renard remis à l'encaissement, on accuse simplement réception en indiquant le nombre d'effets et la somme totale de la remise.

Un bordereau par échéance, suivant modèle ci-dessous, est établi et conservé par la banque jusqu'à ce qu'elle soit fixée sur le sort des effets :

BORDEREAU des effets remis à l'encaissement par Monsieur Renard de Liége, le 21 Mai 1928,

Echéance : 31 Mai 1928.

N° (1)	Lieu de payement (2)	Sommes (3)	Effets		Frais (6)	Observations (7)
			Impayés (4)	Payés (5)		
1005	Liége	300		300		
1006	»	500	500		1,00	frais de retour.
1007	Waremme	800		800	0,50	p. de place
					0,20	timbre accusé récep.
		1.600	500	1100	1,70	
				1,70		
				1098,80		

dont nous créditons votre compte valeur 5 juin.

Les colonnes 1, 2 et 3 sont remplies le jour de la remise des effets et le compte « Encaissement » du client est crédité du montant nominal de la remise.

Les colonnes 4, 5, 6 et 7 sont annotées au fur et à mesure du retour des impayés ou des « avis d'encaissement ».

Pour pouvoir être fixé sur le sort des effets, on colle sur chacun d'eux un avis d'encaissement :

AVIS D'ENCAISSEMENT

Prière de nous faire savoir le plus tôt possible si l'effet

n°..........................de fr..........................

sur..........................à été $\left\{\begin{array}{l}\text{payé (}^1\text{)}\\[4pt]\text{impayé (}^1\text{)}\end{array}\right.$

BANQUE DE LIÈGE

(¹) Biffez la mention inutile.

Cet avis est retourné dûment annoté au service des effets, soit par le service de la caisse, soit par les correspondants ; ce service note alors sur le bordereau que l'effet est payé, en inscrivant le montant dans la colonne (5). Si l'effet est impayé, l'avis n'est pas enlevé et est retourné avec l'effet dont on inscrit le montant dans la colonne (4) du bordereau. Cet impayé est immédiatement retourné au client et son compte « Encaissement » est débité du montant brut (par la *feuille de sortie des effets*).

Quand le service est fixé sur le sort de tous les effets, inscrits sur le bordereau, celui-ci est envoyé au client après y avoir fait le décompte des frais.

On débite alors son *compte encaissement* du montant nominal des effets payés, par le crédit de son *compte ordinaire*, pour le montant net, et par le crédit du compte *Pertes et Profits* (pertes de place et timbre) pour le montant des frais.

Pour les remises des correspondants on établit un bordereau des effets avec le détail des pertes de place et timbres perçus. Le compte *Correspondants* est directement crédité du montant net. Pour les impayés renvoyés par les correspondants on accuse simplement réception.

D'après les différents bordereaux et accusés de réception, qui ont été pointés avec le livre d'entrée des effets, on établit la *feuille-journal d'entrée des effets :*

Feuille des effets à recevoir : Entrée du 21 mai 1928

Cédants (1)	Nombre Effets (2)	COMPTES A DÉBITER		COMPTES A CRÉDITER				
		Effets à recevoir (3)	Pertes et profits (4)	Comptes courants (5)	Encaissement (6)	Correspondants (7)	Divers (8)	Pertes et profits (9)
Albert	4	14.000		13.890,55				109,45
Renard	3	1.600			1.600			
Banque de Bruxelles	10	12.000				11.999,80		0,20
Banque d'Anvers	2	2.5000	12,75			2.512,75		
	19	30.100	12,75	12.890,55	1.600	14.512,55	—	109,65

Cette feuille permettra au service de la comptabilité de passer l'écriture synthétique :

Effets à recevoir	30.100 —	
Pertes et Profits	12 75	
à Comptes courants		12.890 55
à Comptes encaissements		1.600 —
à Correspondants		14.512 50
à Pertes et Profits		109 65

et au service des comptes courants de reporter aux comptes respectifs des clients et des correspondants, les sommes portées dans les colonnes 5, 6, 7 et 8.

SORTIE DES EFFETS

Le 21 mai 1928, les effets suivants sont sortis :

a) à la Banque Nationale pour le réescompte :
N° 10 Traite de 1.000 fr. au 30 juin s/Libert, Liége.
    12 Traite de 2.000 fr. au 30 juin s/Charlier, Bruxelles.
    15 Traite de 3.000 fr. au 31 juillet s/Chêne, Charleroi.
    39 Traite de 6.000 fr. au 31 juillet s/Mathieu, Verviers.

b) à la Caisse pour l'encaissement :

N° 86 Traite de 200 fr. au 23 mai s/Libert, à Liége.
    89 Traite de 300 fr. au 23 mai s/Maréchal, à Liége.
   108 Quittance de 1.000 fr. au 23 mai s/Charles, à Liége.
   127 Quittance de 305 fr. au 23 mai s/Pierre, à Liége.
   336 Chèque de 500 fr. au 23 mai s/Baudry, à Liége.
    40 Tsf. de 600 fr. au 23 mai s/Baudry, à Liége.

c) à la Banque de Bruxelles pour l'encaissement :

N° 11 Traite de 200 fr. au 25 mai s/Walhem, Bruxelles.
    24 Traite de 300 fr. au 25 mai s/Nicolas, Bruxelles.
   735 Traite sans frais de 600 fr. au 25 mai s/Ponsart, Bruxelles.
   894 Quittance de 400 fr. au 25 mai s/Konings, Bruxelles.
   325 Quittance de 2.200 fr. au 25 mai s/Leroy, Bruxelles.
   980 Quittance de 5.000 fr. au 25 mai s/Henrottin, Bruxelles.
    23 Traite de 300 fr. au 25 mai s/Soubre, Bruxelles.

d) Retour à Albert (client d'escompte) de 1.000 fr. impayé, frais payé 12 fr., frais de retour 1 fr.

Retour à Renard (client d'escompte) de 1.500 fr. impayé, frais 1 fr.

Les effets sont d'abord inscrits au *livre de sortie des effets :*

Livre de sortie des effets à recevoir

Dates	N° des effets	Nature des effets	Echéance des effets	Lieu de payement	Cessionnaires	Montants par effets	Montants du bordereau	Pertes et Profits Débit	Pertes et Profits Crédit	Montant net	Valeurs à appliquer	Observations
1928 Mai 21	10	T.	Juin 30	Liége	Bque Nationale	1000						
	12	»	Juin 30	Bruxelles	»	2000						
	15	»	Juillet 31	Charleroi	»	3000						
	39	»	Juillet 31	Verviers	»	6000	12.000	147,60		11.852,40	22/5	
	86	»	Mai 25	Liége	Enct. Caisse	200						
	89	»	»	»	»	300						
	103	Q.	»	»	»	1000						
	127	»	»	»	»	305						
	336	Ch.	»	»	»	500						
	40	Tsf.	»	»	»	600	2.905			2.905		
	11	T.	Mai 25	Bruxelles	Bque de Brux.	200						
	24	»	»	»		800						
	735		»	»		600						
	894		»	»		400						
	325		»	»		2200						
	980		»	»		5000						
	23		»			300	9.500			9.500		
	1017	T. Imp.		Anvers	Albert	1000			13	1.013	15/5	
	1018	Q. »	»	»	Renard	1500				1.500	15/5	
						26.905	26.905	147,60	13	26.770,40		

Pour les effets réescomptés, le *bordereau d'escompte* doit être établi par le cédant sur des formules ad hoc remises par la Banque Nationale.

Ce bordereau d'escompte établi donnera les résultats suivants :

Montant brut	12.000,—
Escompte	147,60
Montant net	11.852,40

Les effets remis au service de la caisse ou aux correspondants seront accompagnés d'un *bordereau de remise*.

Les correspondants nous accuseront réception de nos remises en déduisant du montant brut, les commissions et pertes de place qu'ils percevront.

Ces agios, après vérification, seront comptabilisés sur la *feuille des effets à recevoir Entrée* ou sur la *feuille des opérations diverses ou des Transferts*.

Les impayés seront renvoyés à nos cédants accompagnés du décompte des frais.

Tous ces documents seront pointés avec le livre de sortie et serviront à l'établissement de la *feuille des effets à recevoir Sortie*.

Feuille des effets à recevoir : Sortie du 21 mai 1928

Cessionnaires Noms des comptes à débiter	COMPTES A DEBITER						COMPTES A CRÉDITER		Nombre d'effets
	Courants	Encaissement	Correspondance	Banque Nationale	Divers	P. et P.	P. et P.	Effets à recevoir	
Banque Nationale				11.852.40		147,60		12.000	4
Banque de Bruxelles			9.500					9.500	7
Encaissement-Caisse					2.905			2.905	6
Albert	1.013						13	1.000	1
Renard		1.500						1.500	1
	1.013	1.500	95.00	11.852,40	2.905	147,60	13	26.905	19

Cette feuille permettra au service de la comptabilité de passer l'article synthétique :

Comptes courants	10.113 —	
Comptes correspondants	9.500 —	
Comptes encaissements	1.500 —	
Banque Nationale	11.853 40	
Encaissements caisse	2.905 —	
Pertes et Profits	147 60	
à Pertes et Profits		13 —
à Effets à recevoir		26.905 —

Note : On trouvera, dans l'étude du service des opérations de change, la comptabilité et l'exposé des opérations auxquelles donnent lieu l'escompte et l'encaissement des effets sur l'étranger.

REGISTRES EXTRA-COMPTABLES

1. **L'échéancier.** — Ce registre sert à classer les effets par échéances. On réserve à chaque échéance un ou plusieurs folios selon son importance et on y inscrit les numéros, sommes et lieux de paiement des effets. On ménage sur la droite deux colonnes d'émargement pour indiquer la date de sortie des effets ainsi que le nom du cessionnaire. Il suffit de noter les effets qui ne sont pas émargés pour obtenir le relevé de ceux qui doivent se trouver en portefeuille, et au plus tard le jour de l'échéance tous les effets inscrits au folio réservé à cette échéance, doivent être émargés. Ce relevé présente le grand avantage d'être classé dans l'ordre convenable pour le calcul du *réescompte* en fin d'exercice.

Dans les établissements où le mouvement d'effets est très important, on tient un *échéancier d'entrée* et un *échéancier de sortie*. Les effets sont inscrits sur les feuilles affectées à chaque échéance ; on récapitule chaque jour les totaux des entrées par échéance et l'addition doit donner un chiffre égal à celui du journal d'entrée.

L'échéancier de sortie se compose de pages similaires. Les effets qui sortent sont inscrits avec leur numéro matricule et le nom des destinataires sur les feuilles correspondant à leur échéance.

Au fur et à mesure qu'un échéance arrive, l'employé qui tient l'échéancier de sortie fait le total des sorties de cette échéance et s'assure de la concordance de ce chiffre avec celui que présente la même échéance à l'entrée. En cas de désaccord on fait le pointage.

2. **Les livres de risques.** — Afin de réduire autant que possible les risques inhérents à l'escompte des effets de commerce, les Banques pratiquent cette opération avec beaucoup de prudence. Lorsque, après avoir pris des renseignements minutieux, elles accordent un crédit d'escompte à la personne qui en a fait la demande, elles affectent à ce nouveau client un *livre de risques* ou d'*encours*.

L'**encours** d'un client est le montant des effets remis par lui et qui sont encore en circulation. Deux choses sont à considérer pour le banquier :

1° Le *montant de l'encours* pour lui indiquer si le client reste dans les limites du crédit d'escompte fixé ;

2° La *qualité de l'encours*.

Pour déterminer à tout moment le CHIFFRE TOTAL D'EN-COURS, le banquier tient pour chaque client un livre disposé comme suit :

M. Fraipont, négociant

Dates	Libellés	Entrées	Sorties	Encours

Lors de chacune des remises du client, on inscrit dans ce registre le montant nominal de la remise avec la date et le numéro du bordereau.

En même temps, les effets sont totalisés par échéance et reportés dans un autre registre où chacun des clients possède sa feuille spéciale. Cette feuille présente la forme d'un agenda ; elle est divisée en douze colonnes et une ou plusieurs lignes sont réservées à chaque échéance. Les effets y sont donc classés par échéances.

Au fur et à mesure, et ce 8 ou 10 jours après l'échéance, c'est-à-dire après le temps normal pour être assuré du paiement des effets, on inscrit dans la colonne « *sorties* » du livre général d'encours, le montant des effets échus. En soustrayant le total des sorties et celui des entrées, on obtient le montant de l'encours.

Pour se rendre compte de la QUALITÉ DE L'ENCOURS, quand il s'agit de risques importants, on tient pour chaque client un livre où il est réservé une feuille ou une partie de feuille à chacun des tirés habituels. Les effets y sont inscrits avec les indications mentionnées dans le modèle ci-dessous :

M. X..................... de ....

Dates d'Entrée	Sommes	Échéances	Accep :		Réclames	Impayés		Observations
			A.	N. A.		P.	S. F.	

Lorsque le tiré refuse d'accepter ou de payer, on indique le motif à côté. Enfin, dans la dernière colonne, on mentionne les renseignements obtenus sur ce tiré ou d'autres indications utiles.

On peut ainsi s'assurer si les clients ne s'engagent pas trop chez certains de leurs correspondants eu égard aux renseignements obtenus sur la solvabilité de ceux-ci. Ce registre permet aussi d'éviter dans une certaine mesure l'escompte du *papier de circulation* qui constitue le grand danger pour le banquier. Celui-ci se réserve bien le droit de faire présenter les effets à l'acceptation, mais certains préjugés font que cette formalité est souvent déclinée par les tirés. Il ne reste alors au banquier qu'à surveiller étroitement les effets qui lui sont remis. Il est d'ailleurs certains indices par lesquels se trahit souvent le papier de complaisance : de nombreux effets reviennent impayés ou sont remplacés quelques jours avant leur échéance par d'autres, tirés sur les mêmes personnes et d'un import sensiblement égal aux premiers ; les tirages sont souvent faits en sommes rondes sur des personnes non commerçantes où dont le commerce ne présente pas d'attaches avec celui des tireurs.

SERVICE DES OPÉRATIONS DE CHANGE

Nous avons longuement étudié dans la première partie de l'ouvrage la technique des opérations de change.

Le banquier se charge de l'exécution de ces opérations pour le compte de ses clients et pour son propre compte (spéculations).

En pratique toutes ces opérations se traitent par téléphone ou télégraphe et se liquident le plus souvent par simples virements, ou remises de chèques.

La comptabilisation des opérations au comptant se réduit donc à de simples écritures de transferts et seules les opérations à terme demandent un mot d'explication.

Nous avons vu que les marchés à terme ne se liquident qu'à une date ultérieure et fixée d'avance. Le jour de la conclusion du marché il s'agit donc de comptabiliser les *engagements* que l'on a pris d'exécuter l'opération conclue au jour fixé pour la liquidation.

Le montant de l'achat sera porté au débit du compte **change à payer** et le montant de la vente au crédit du compte **change à encaisser**.

La différence entre le montant de l'achat et celui de la vente se passe à « Pertes et Profits » (résultats sur change).

Le jour de la liquidation, c'est-à-dire lors de l'exécution effective des opérations, ces comptes seront respectivement crédités et débités.

Supposons, par exemple, que le 21 mai nous achetions en bourse à la Banque d'Outremer, 50.000 fr. français au 31 juillet, au cours de 140 fr., pour les céder à notre client Renard au cours de 140,10 fr. b. Nous passerons:

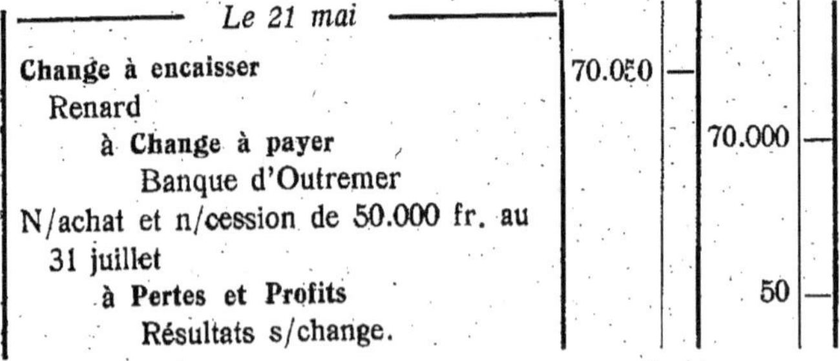

──── *Le 21 mai* ────		
Change à encaisser	70.050 —	
Renard		
à **Change à payer**		70.000 —
Banque d'Outremer		
N/achat et n/cession de 50.000 fr. au		
31 juillet		
à **Pertes et Profits**		50 —
Résultats s/change.		

— Le 31 juillet —		

Comptes courants
 Renard
     à **Change à encaisser**
     Renard
 pour liquidation opération du 21 mai
	70.050	70.050 —

— dito —		

Change à payer
   Banque d'Outremer
     à **Caisse**
 pour liquidation opération du 21 mai
	70.000 —	70.000 —

— dito [1] —		

Correspondants étrangers
 Virement de 50.000 fr. par Banque d'Ou-tremer
     à **Comptes courants**
         monnaies étrangères
     Renard
 mise à la disposition du client des devises cédées (50.000 fr. français)
	50.000 —	50.000 —

Escompte et encaissement des effets sur l'étranger

Entrée : Un jeu de livres est tenu spécialement pour les effets en monnaies étrangères. Le livre d'entrée présente la même réglure que le livre d'entrée des effets sur le pays, seulement la colonne « sommes » est subdivisée en plusieurs colonnes (une pour chacune des monnaies ordinairement employées). La contre-valeur en monnaie du pays est indiquée dans une dernière colonne.

Les autres livres ne présentent aucune différence si ce n'est une colonne supplémentaire, prévue pour y insérer le montant nominal en monnaies étrangères.

Les effets en monnaies étrangères pris à l'encaissement ne

---

[1] Les sommes exprimées en monnaies étrangères dans cet article sont, pour la comptabilité, converties en francs belges à un cours fixe dont le taux importe peu. Pour la facilité nous avons pris ici le change fixe de 1 fr. belge = 1 franc français.

présentent aucune difficulté quant à leur comptabilisation. A leur entrée, ils sont évalués et comptabilisés à un cours fixe, et le client est crédité en compte « *Encaissement* » du montant de cette évaluation.

Quand l'effet est encaissé, le client est crédité en compte ordinaire de la contrevaleur au cours du jour de la rentrée de l'avis d'encaissement.

EXEMPLE : Le 21 mai 1928, notre client Renard remet à l'encaissement un effet au 30 juin sur Amsterdam de 1.200 fl. P.-B., le cours fixe est de 10 fr. pour 1 fl.

D'après la feuille d'entrée des effets à recevoir on passera l'article : ·

Effets à recevoir	12.000 —	
à **Comptes** « **Encaissement** »		12.000 —

Le 25 juin cet effet est envoyé au correspondant pour l'encaissement et d'après la feuille de *sortie* des effets à recevoir *on passera* l'article :

Correspondants, 1.200 fl.	12.000 —	
à **Effets à recevoir**		12.000 —

Le 3 juillet on reçoit l'avis d'encaissement dûment annoté « payé ». Le cours d'achat du florin est de 1.440 fr. pour 100 fl.

On passe d'après la feuille des opérations diverses :

Comptes encaissement	12.000 —	
Correspondants étrangers	2.400 —	
à **Comptes courants**		14.400 —

L'escompte des effets en monnaies étrangères présente certain danger, par suite de l'instabilité des cours du change.

Il est évident que le banquier qui escompte ou, en d'autres termes, qui achète un effet payable en monnaies étrangères doit se garantir contre les risques du change, surtout en période troublée où les fluctuations des cours sont très conséquentes.

Pour cela le banquier peut réescompter immédiatement ces effets ou vendre *à terme* un montant égal à la valeur nominale des effets.

La résolution d'un exemple fera mieux comprendre la marche et la comptabilisation de pareilles opérations :

Le 21 mai, le client Albert présente à l'escompte un effet de 1.000 fl. au 30 juin sur Amsterdam.

Le client Leblanc un effet de 150 £ au 31 juillet sur Londres.

Dès la première heure, ces effets sont portés au *livre d'entrée des effets sur l'étranger*, dans lequel on n'inscrit d'abord que la valeur nominale des effets.

On dresse alors un bordereau récapitulatif renseignant le montant total des effets entrés par espèces de monnaies et par échéance :

<table>
<tr><td colspan="5" align="center">EFFETS EN MONNAIES ÉTRANGÈRES
Entrée du 21 mai 1926.</td></tr>
<tr><td>Dates d'échéances
(1)</td><td>Mon. Étrang.
(2)</td><td>Montants
(3)</td><td>Cours à appliquer
(4)</td><td>Observations
(5)</td></tr>
<tr><td>Juin 30</td><td>fl. P. B.</td><td>1000</td><td>1445</td><td></td></tr>
<tr><td>Juillet 15</td><td>£ st.</td><td>1550</td><td>175</td><td></td></tr>
</table>

Cette feuille est transmise au service des opérations de change qui se charge de vendre à terme, c'est-à-dire aux dates d'échéances, les montants renseignés.

Au fur et à mesure qu'une opération est traitée, le service indique le cours qui permettra au service de l'escompte de compléter son livre d'entrée et d'établir les bordereaux d'escompte.

Le bordereau d'escompte du client Albert s'établira comme suit :

```
1.000 fl. à 14,45, soit fr. b.              14.450,—
     Escompte à 4 %, 48,15
     Frais divers      20,—                      68,15
     Produit net                             14.381,85
```

et celui du client Leblanc :

150 £ à 175, soit fr. b.		26.250,—
Escompte 5 %, 269,80		
Frais divers 50,—		319,80
Produit net		25.930,20

REMARQUE : Ces effets sont portés aux fiches d'encours et à l'échéancier tout comme les effets sur le pays.

Ces opérations donneront lieu aux écritures suivantes :

1° *Sur la feuille d'entrée des effets à recevoir :*

Effets à recevoir		40.700	—	
à **Comptes courants**			40.312	05
à **Pertes et Profits**			388	95

2° Sur la *feuille des opérations de change* (voir service du change) en supposant que le cours de vente des monnaies soit de 14,49 fr. pour les florins et de 175,25 pour les livres et que notre contrepartie en bourse soit la Banque de Bruxelles :

Change à recevoir		40.777	50	
Banque de Bruxelles				
a **Change à payer**			40.700	—
effets en portefeuille				
à **Pertes et Profits**			77	50
résultats sur change				

Sortie. — Ces effets sont remis à nos correspondants étrangers et nous débitons dans nos livres leur compte « Nostro ».

La marche à suivre est la même que pour les effets sur le pays et donnera lieu à l'article suivant :

Correspondants
à **Effets à recevoir**

Les effets doivent être comptabilisées à la sortie pour le même montant qu'à l'entrée ; pour y arriver on applique sur l'effet, lors de l'entrée, une fiche indiquant le cours de conversion et le montant en francs belges.

Dans l'exemple qui nous intéresse, le 30 juin, on doit liquider l'opération à terme traitée le 21 mai relative à la vente des 1.000 fl. P.-B.

Le service des opérations de change devra donc fournir à la Banque de Bruxelles 1.000 fl. et celle-ci lui en versera la contre-valeur, soit 14.490 fr. b.

Ces opérations s'effectuent ordinairement par simples virements.

Nous donnerons l'ordre à notre correspondant de verser 1.000 fl. au crédit du compte de la Banque de Bruxelles chez son propre correspondant et on passera :

——— 30 juin ———		
Change à payer	14.450 —	
Effets du portefeuille		
à Correspondants étrang. : 1.000 fl.		14.450 —
Notre virement en exécution du		
marché du 21 mai		

——— 30 juin ———		
Caisse	14.490 —	
à **Change à recevoir**		14.490 —
Banque de Bruxelles		
Versement de la Banque de Bru-		
xelles en couverture du mar-		
ché du 21 mai		

Tout est fini si l'effet est payé à l'échéance : notre correspondant aura encaissé la valeur de l'effet et l'aura versée au crédit du compte de notre contrepartie. Mais supposons que l'effet nous revienne impayé.

Le 21 mai nous avons vendu 1.000 fl. livrables le 30 juin.

Ces florins, que nous comptions obtenir par l'encaissement d'un effet nous font défaut et pour liquider l'opération nous devons les racheter au cours du jour :

Suivant la même marche que précédemment, l'effet rentre impayé le 5 juillet, le service de l'escompte prévient le service du change qui achète les 1.000 fl. comptant au cours de 14,42, les fait verser chez notre correspondant et passe l'écriture :

——— 5 juillet ———		
Correspondants étrangers	14.420 —	
à **Change comptant**		14.420 —

N/achat de 1.000 fl. à 14,42.

Le service de l'escompte en possession de l'effet et des renseignements nécessaires, passera l'écriture (par sa feuille « Entrée ») :

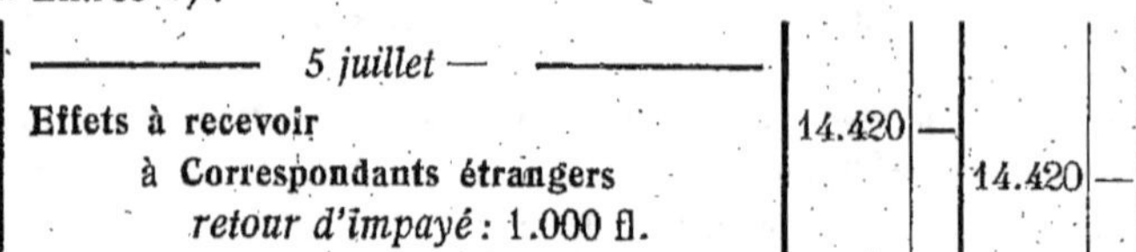

——————— 5 juillet — ———————		
Effets à recevoir	14.420 —	
à Correspondants étrangers		14.420 —
retour d'impayé : 1.000 fl.		

puis le retournera au client et passera l'écriture (par sa feuille « Sorties ») :

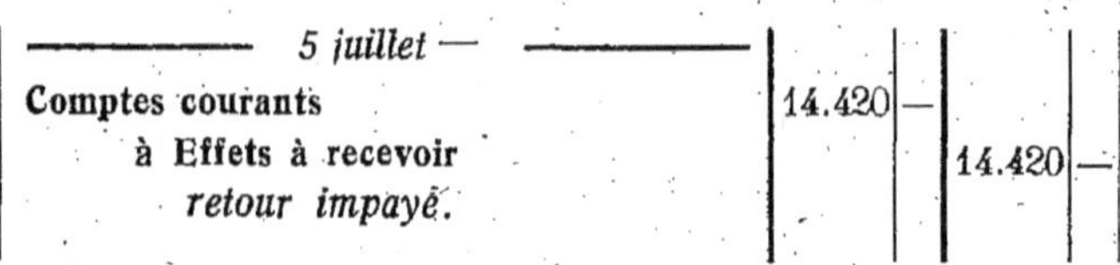

——————— 5 juillet — ———————		
Comptes courants	14.420 —	
à Effets à recevoir		14.420 —
retour impayé.		

****

Résolvons à présent un exemple complet des opérations de change d'une journée.

Le 21 mai :

1° acheté pour le clent Albert 2.000 fl. ; on lui remet un chèque sur notre correspondant à Amsterdam.

2° vendu pour compte du client Leblanc, 100 £ qu'il possède en compte chez nous.

3° acheté pour compte de notre client Renard, 50.000 fr. français au 31 juillet.

4° vendu au 30 juin 1.000 fl. et au 31 juillet 150 £, contrevaleur des effets sur l'étranger escomptés.

5° *spéculation sur les changes* en compte à $^1/_2$ avec notre correspondant de Londres et la Westminster Bank.

Après établissement de la cote de Londres chiffrée à Bruxelles suivante :

Bruxelles.., ...   175,—
Londres   175,10
Amsterdam (rem. dét.) ...   175,20

On achète à Bruxelles 1.000 £ à 175, on donne ordre à la Westminster Bank d'acheter à Londres des florins pour 1.000 £ au cours de 12,14 ; elle en obtient 12.140 qu'elle vire au crédit de notre compte chez l'Amsterdamsche Bank à Amsterdam. On vend ces florins à Bruxelles au cours de 14,44 fr., ce qui procure 175.300 fr.

Au fur et à mesure de l'exécution de ces opérations elles sont inscrites sur le *livre des opérations de change exécutées* :

<table>
<tr><td colspan="3" align="center">OPÉRATIONS DU 21 MAI 1928</td></tr>
<tr><td>N°</td><td align="center">LIBELLÉS</td><td>Sommes</td></tr>
<tr><td>1)</td><td>Acheté à Banque de Bruxelles : Virement Amsterdamsche Bank 2.000 fl. à 14.43 à payer par caisse.</td><td>28.860—</td></tr>
<tr><td></td><td>Vendu à Albert : chèque sur Amsterdamsche Bank 2.000 fl. à 1.445, à débiter en compte courant.</td><td>28.900—</td></tr>
<tr><td>2)</td><td>Vendu à Banque d'Anvers n/virement de Westminster Bank cpte Nostro : 100 £ à 175, à recevoir par caisse.</td><td>17.500—</td></tr>
<tr><td></td><td>Acheté à Leblanc en cpte £ : £ 100 à 174,90, à créditer sur compte courant.</td><td>17.490—</td></tr>
<tr><td>3)</td><td>Acheté au 31 juillet à Banque Générale Belge, fr. fr. 50.000 à 140.</td><td>70.000—</td></tr>
<tr><td></td><td>Vendu au 31 juillet à Renard 50.000 fr. fr. à 140,10 (à passer à Pertes et Profits 50 fr.)</td><td>70.050—</td></tr>
<tr><td>4)</td><td>Vendu à Banque de Bruxelles au 30 juin 1.000 fl. à 1.449, effet escompté au cours de 1.445 fr.</td><td>14.490—</td></tr>
<tr><td></td><td>Vendu au 31 juillet à Banque de Bruxelles, £ 150 à 175,25, effet escompté au cours de 175.</td><td>26.287,50</td></tr>
<tr><td>5)</td><td>Acheté à Banque de Bruxelles : Virement chez Westminster Bank compte à 1/2 1.000 £ st. à 175 à payer par caisse.</td><td>175.000—</td></tr>
<tr><td></td><td>Acheté à Westminster Bank virement chez Amsterdamsche Bank Nostro, fl. 12.140 à 12,14 (cours de Londres), a créditer Westm. Bank s/cpte à 1/2.</td><td>175.300—</td></tr>
<tr><td></td><td>Vendu à la Société Générale : virement de l'Amsterdamsche Bank fl. 12.140 à 14,44, à recevoir par caisse.</td><td>175.300—</td></tr>
</table>

D'après ce livre sont faits les avis de débit ou crédit aux clients et aux correspondants, les ordres de virements, les chèques, les avis de dispositions, les confirmations d'ordres téléphoniques ou télégraphiques en un mot toute la correspondance du service, et d'après ces documents on établit le journal auxiliaire des opérations de change exécutées (voir pages 272 et 273).

Remarque : Après chaque opération il est prudent, pour connaître constamment la position exacte en monnaies étrangères de tenir un livre des positions des comptes de chacun de nos correspondants étrangers « Nostro », d'où sera extrait le solde au fur et à mesure de l'exécution des ordres.

La feuille : *Journal des opérations de change* permettra au service de la comptabilité de passer l'article synthétique :

Correspondants	379.160	—		
Comptes courants	46.390	—		
Change au comptant	192.800	—		
Comptes courants				
(Monnaies étrangères)	15.000	—		
Change à terme	110.827	50		
à Correspondants			412.000	—
à Comptes courants			17.490	—
à Change au comptant			203.860	—
à Profits et Pertes			110.700	—
à Change à terme			127	50

COMPTES COURANTS EN MONNAIES ÉTRANGÈRES

Fréquemment, les Banques sont en relations suivies avec des maisons de places étrangères. Elles peuvent ainsi opérer le recouvrement d'effets, délivrer à leurs clients des chèques et des lettres de crédit, faire des arbitrages divers et spéculer sur les changes, les valeurs mobilières, etc. Ces opérations peuvent être traitées soit en *commission*, soit en *participation*.

I. — Comptes en commission

Nous avons vu (page 243), que l'on ouvre deux comptes aux correspondants étrangers. L'un intitulé **Tel, son compte**, est réservé aux opérations faites par nous à titre de *commissionnaire*, pour compte du correspondant ; l'autre, intitulé **Tel, notre compte**, enregistre les opérations traitées par le correspondant pour notre compte.

Le banquier *commissionnaire* dresse et arrête le compte de son commettant, sans s'occuper de la monnaie de ce dernier. Il tient donc un compte courant ordinaire dans sa propre monnaie.

Le banquier *commettant*, au contraire, doit, s'il veut pouvoir contrôler les écritures de son commissionnaire, tenir son compte en deux monnaies. A cet effet, il réserve au débit et au crédit, en plus de ses propres colonnes intitulées *Nos lignes*, des colonnes intérieures *(Ses lignes)*, destinées à recevoir les sommes exprimées dans la monnaie du correspondant.

L'évaluation de ces dernières en monnaie nationale peut se faire au *cours du jour* ou à un *cours moyen* fixe et arrondi dans le but de faciliter les conversions. Quel que soit du reste le système employé, il faudra, lors de l'arrêté, passer un article rec-

| COMPTES A DÉBITER | | | | | Monnaies étrang. | F du Compte | Libellés | Noms des comptes à débiter |
Corresp.	Comptes courants	Change comptant	Divers	Pertes et Profits				
28.860					fl. 2.000		Vt de Banq. Brux.	Amsterdam Bank
	28.900				» »		Remise ch. s/Adam	Albert
		17.500			—		à régl. p.B. d'Anv.	Change Comptant
			15.000		£ 100		s/cession	Leblanc Compte £.
	17.490				£ 100		Transfert Leblanc	Westminster Bank
			70.050		fl. 50.000		n/cession au 31/7	Change à recevoir Renard
			14.490		fl. 1.000		n/cession au 30/6	Change à recevoir Bque de Bruxe.
			26.287,50		£ 150		» » 31/7	Change à recevoir Bque de Bruxel.
175.000					£ 1000		Vt de Ban. de Brux.	Westminster bank Compte 1/2
175.300					fl. 12.140		Vt de Westm. Bank	A'damsche Bank
		175.300			fl. 12.140		à régler par Socié-Générale	Change Comptant
379.160	46.390	192.800	125.827,50					

DE CHANGE: DU 21 MAI 1923

| Noms des Comptes à créditer | Libellés | F du Compte | Monnaies étrang. | COMPTES A CRÉDITER | | | | |
				Corresp.	Comptes courants	Change Comptant	Divers	Pertes et Profits
Change Comptant	à régler à Banque de Bruxelles		fl. 2.000			28.860		
A'damsche Bank	n/ch. o/Albert		fl. 2.000	28.900				
Westminster »	n/ch/o/Bque d'Anv.		£. 100	17.500				
Westm. Bank(clint)	Transfert £.		£. 100	15.000				
Leblanc	s/cession £. 100				17.490			
Change à payer Bque Gén. Belge	n/achat 50.000 ff. au 31/7		ff. 50.000				70.000	50
Change à payer portefeuille effets	s/cession au 30/6		fl. 1.000				14.450	40
Change à payer portefeuille effets	» au 31/7		£. 150				26.250	37,50
Change Comptant	à régler à Banque de Bruxelles		£. 1.000			175.000		
West. Bank.comp.1/2	s/cession fl. 12.140		£. 1.000	175.300				
Amsterdam Bank	Vt o/Sté Générale		fl 12.140	175.300				
TOTAUX				412.000	17.490	203.860	110.700	127,50

tificatif destiné à *boucler* les colonnes extérieures. Il est cependant préférable d'adopter le *cours du jour* car, de cette façon, les comptes des correspondants représentent autant de comptes de « marchandises » florins, marks, livres,, etc., qui entrent au prix de revient et sortent au prix de réalisation. On obtient ainsi, lors de l'arrêté, le résultat *réel* des opérations traitées, tandis qu'en opérant par le système du *cours moyen,* le résultat accusé par le compte est fictif et dépend avant tout du change fixe choisi.

Dans ces sortes de comptes, les remises sont généralement escomptées et les taux sont presque toujours réciproques et assez faibles. Ordinairement les comptes *Nostro* sont débiteurs ; quand exceptionnellement ils deviennent créditeurs par suite d'un paiement effectué par le correspondant, alors qu'il n'y avait pas provision ou que celle-ci n'était pas parvenue, l'avance momentanée est souvent productive d'un intérêt plus élevé que le taux ordinaire du compte.

Données. — La Banque de Liége (commettant) traite avec la Rotterdamsche Bank (commissionnaire) les opérations suivantes :

3 janvier 1924. La Banque de Liége adresse à son correspondant une traite de 785 £, qu'il le prie de réaliser.

5 janvier. La Rott. Bank informe qu'elle a vendu la remise ci-dessus et qu'elle crédite la Banque de Liége de 9.100 fl. *valeur du jour.*

15 janvier. La Banque de Liége dispose sur son correspondant en un chèque de 7.200 fl., qu'elle négocie à son client C au cours de 885,50.

17 janvier. La Rott. Bank paie le chèque de 7.200 fl. et en débite la Banque de Liége *valeur du jour.*

3 février. La Banque de Liége adresse à son correspondant une remise de 13.000 fl.

5 février. La Banque de Liége reçoit le bordereau de sa remise dont le produit net s'élève à 12.914 fl. *valeur 4 février.*

15 février. La Rotterdamsche Bank adresse à la Banque de Liége une remise de 17.600 fr. et la débite de 1.750,50 fl. *valeur 15 février.*

16 février. La Banque de Liége reçoit la remise ci-dessus et le bordereau qui l'accompagne.

18 mars. La Banque de Liége donne ordre à la Rotterdamsche Bank d'acheter 6.500 Kr. danoises et de les adresser à Copenhague pour le compte de la Société X.

19 mars. La Rott. Bank achète les couronnes et débite la Banque de Liége de 2.814 fl. *valeur 19 mars.*

31 mars. La Rott. Bank arrête le compte au taux réciproque de 4 % commission $^1/_2$ $^0/_{00}$ sur la plus forte colonne. Ports de lettres 1,80 fl. La Banque de Liége passe les agios et reporte à nouveau le solde définitif au cours du jour 864.

Compte tenu par la *Rotterdamsche Bank* (commissionnaire).

BANQUE DE LIÉGE, *son compte* arrêté le 31 mars 1924, à la ROTTERDAMSCHE BANK.

Dates	LIBELLÉS	Capitaux (Fl.)	Echéances	Jours	Nombres	Dates	LIBELLÉS	Capitaux (Fl.)	Echéances	Jours	Nombres
1924						1924					
Janv. 17	S/chèque	7.200 —	Janv. 17	12	864	Janv. 5	S/remise 785 £	9.100 —	Janv. 5		Epoque
Févr. 15	N/remise	1.750 50	Févr 15	41	718	Févr. 5	S/remise	12.914 —	Fév. 6	30	3874
Mars 19	N/achat 6.500 kr. dan.	2.814 —	Mars 19	74	2082	Mars 31	Balance de nombres				8604
» 31	Bᵉ des capitaux 10.249,50		Mars 31	86	8814	»	Intérêts 4 % s/balance	95 60			
»	Commission	11 —									
»	Ports de lettres	1 80									
»	Solde créditeur	10.332 30									
		22.109 60			12478			22.109 60			12478
						Avril 1	A nouveau	10.332 30	Mars 31		Epoque

Compte tenu par la *Banque de Liége* (commettant).

LA ROTTERDAMSCHE BANK, *notre compte* arrêté au 31 mars 1924.

Dates		LIBELLÉS	Valeurs	Leurs Lignes (Fl.)		Change	Nos Lignes		Dates		LIBELLÉS	Valeurs	Leurs Lignes (Fl.)		Change	Nos Lignes	
1924									1924								
Janv.	3	N/remise 785 £	5/1	9.100	—	905	82.355	—	Janv.	15	N/Chèque ordre C.	17/1	7.200	—	885,5	63.756	—
Févr.	3	N/remise	4/2	13.000	—	876	113.888	—	Févr.	4	Décompte s/remise	4/2	86	—	876	753	36
Mars	31	Intérêts s/Balance 95,60							»	15	L/remise	15/2	1.750	50		17.512	50
		Comm. 11							Mars	19	L/achat de 6.500 kr. dan.	19/3	2.814	—	870	24.481	80
		Ports lett. 1,80 12,80		82	80	864	715	39	»	31	Solde débiteur		10.332	30	864	89.271	07
									»	31	Perte au change					1.183	66
				22.182	80		196.958	39					22.182	80		196.958	39
Avril	1	Solde à nouveau	31/3	10.332	30		89.271	07									

Observations. — 1. Pour porter, dans nos lignes, la somme relative au premier article du débit, nous avons attendu que le correspondant nous communiquât la somme exacte encaissée, somme que nous avons convertie au cours 905. On aurait pu, dès le jour de la remise, indiquer une valeur approximative d'après le cours du Londres en Belgique.

2. Les colonnes intitulées « Leurs Lignes » et « Valeurs » sont remplies d'après les indications fournies par le commissionnaire. Elles permettront de contrôler l'exactitude de l'extrait de compte qui nous sera envoyé.

3. Certaines banques complètent les comptes « *Nostro* » en y ajoutant des colonnes réservées aux *jours* et aux *nombres*; ceux-ci sont naturellement calculés sur les sommes en monnaies étrangères. On a de cette façon la reproduction complète mais en sens inverse du compte dressé par le correspondant; en vérifiant attentivement l'extrait nous adressé, on peut se dispenser de ce travail superflu.

Marche à suivre pour la clôture de « Notre compte ». — Après s'être assuré de l'exactitude du compte dressé par le commissionnaire, on convertit au *cours du jour* de l'arrêté, les intérêts, diminués ou augmentés (selon qu'ils sont créditeurs ou débiteurs) de la commission et des frais. Le solde définitif est également converti au *même cours* et enfin on tire le *solde* des colonnes extérieures, lequel représente un bénéfice ou une perte suivant qu'il est créditeur ou débiteur.

*
* *

La somme de 1.183,66 fr. représente bien une perte car d'après nos lignes le compte accuse un solde en notre faveur de 90.454,73 fr. Or, le commissionnaire reconnaît nous devoir au 31 mars 10.332,30 fl. Si nous tirons sur lui une traite de cet import, la négociation de l'effet au cours du jour (864) nous rapportera 89.271,07 fr., soit donc une perte de 1.183,66 fr.

Reprenons les opérations traitées dans l'exemple du service de change et supposons que pendant le courant du deuxième trimestre nous n'avons traité avec l'Amsterdamsche que les opérations renseignées à la feuille du 21 mai 1928.

Le compte courant « Nostro » de l'Amsterdamsche Bank dans nos livres s'établira comme suit :

D.   AMSTERDAMSCHE BANK, *notre compte*

Dates	Libellés	Valeurs	Leurs lignes	Change	Nos lignes
21 Mai	Virement Bque de Brux.	23/5	2.000	1.443	28.860
21 Mai	» Westm. Bank.	23/5	12.140	—	175.300
30 Juin	Bénéfice au change			—	40
			14.140	1.443	204.200

arrêté le 30 juin 1928.   *C.*

Dates	Libellés	Valeurs	Leurs lignes	Change	Nos lignes
21 Mai	n/ch. o/Albert	23/5	2.000	1.445	28.900
»	Vᵗ o/ Société Générale	23/5	12.140		175.300
			14.140		204.200

et on passera l'écriture de régularisation (à la feuille des opérations diverses) :

Correspondants   40

    Amsterdamsche Bank « Nostro »

       à Pertes et Profits   40

          résultats sur opér. change.

Comme on le voit, le compte pertes et profits est crédité de 40 fr., qui est d'ailleurs le bénéfice qu'on a réalisé sur l'achat des 2.000 fl. pour compte du client *Albert.*

II. — Comptes en participation

Nous avons vu en quoi consistent les comptes en participation : deux ou plusieurs banquiers concluent une association momentanée dans le but de spéculer sur les changes, les métaux précieux, les valeurs mobilières et, lors de l'arrêté des comptes, les participants partagent le bénéfice ou subissent la perte en commun.

Ces spéculations donnent un bénéfice relativement minime, eu égard surtout aux énormes capitaux qu'il faut y consacrer; aussi les comptes en participation deviennent-ils de plus en plus rares.

Nous nous bornerons à traiter le compte à demi de la Westminster Bank établi d'après les opérations spéculatives du 21 mai (voir feuille des opérations de change) et en tenant compte de l'opération suivante effectuée d'ordre de notre correspondant pour compte à demi.

Le 10 juin, la Westminster Bank avise la Banque de Liége avoir consacré 5.000 £ à l'achat de fr. franç. au cours de 124, soit 620.000 fr. franç. et la prie de les vendre au cours Bruxelles s/Paris, soit 141, et d'en consacrer le produit à l'achat de £ au cours de Bruxelles s/Londres, soit 177,68, que la Banque de Liége fera verser chez son correspondant.

A la date du 10 juin, la Banque de Liége (service du change) passera les écritures suivantes :

Change au comptant   874.200,—
    à Correspondants   874.200,—
        Westminster Bank s/compte à demi.
N/cession de 620.000 fr. franç. mis à n/disposition par la Westminster Bank en contre-valeur de 5.000 £.

———

Correspondants   874.200,—
Westminster Bank s/compte à demi
    à Change au Comptant   874,200.—
N/achat de 5.010 £ virées chez Westminster Bank.

Dans ces genres d'opérations chacun des participants dresse son compte sans s'inquiéter de celui de l'autre partie. Ces arrêtés provisoires sont vérifiés réciproquement; ensuite la Banque chargée du règlement dresse l'arrêté définitif.

Ce qui a été dit, pour les comptes en commission quant à l'évaluation en monnaie nationale, des sommes exprimées en monnaies étrangères s'applique également aux comptes en participation.

Compte à demi arrêtés provisoire et définitif dressés par la Banque de Liége.

Westminster Bank à Londres,								
Dates		LIBELLÉS	Valeurs	Leurs lignes	Nos lignes		Echéanc.	Jours	Nombres
Mai	21	n/virement de Bque Brux.	23/5	£. 1000	175.000	—	Mai 20	50	87.500
Juin	10	Virément »	11/6	£. 5010	874.200	—	Juin 9	70	671.940
		Bal. prov. Cap. 300					Juin 30	91	273
		Intérêts 5 °/₀ s. B. N.			288	30			20.867
		Soldes provisoires			11	70			
				5010	949 500	00			720.580
Juin	30	Solde provis.		8.11.11					
		Benefice total			1515	95			
				8.11.11	1515	95			
Juillet	1	Solde à nouveau	30/6	4 5.4	746	28			

son compte à 1/2 arrêté au 30 Juin 1928.								
Date		LIBELLÉS	Valeurs	Leurs lignes	Nos lignes		Echéanc.	Jours	Nombres
Mai	21	v/cession 12140 fl. P. B.	20/5	£. 1000	175.300	—	Mai 22	52	91.156
Juin	10	n/cession de ffs. 620.000	9/6	£. 5010	874.200	—	Juin 11	72	629.424
		Intérêts		£. » 1.8.1					
		Soldes provisoires		» 8.11.11					
				5010	949.500	—			720.680
Juin	30	Solde provisoire			11	70			
		1/2 du bénéfice		£. 4.6.7	757	97			
		Soldes définitifs		4.5.4	746	28			
				8.11.11	1.515	95			

Marche à suivre pour dresser l'arrêté définitif

Les deux participants ayant reconnu réciproquement l'exactitude de leurs arrêtés provisoires, la Banque de Liége évalue au cours du jour (175) le solde accusé par la Westminster Bank, soit donc £ 8.11.11 × 175 = 1.504,25.

En comparant cette somme au solde de ses lignes, elle conclut que les opérations ont produit un bénéfice de 1.504,25 fr. + 11,70 fr., soit 1.515,95 fr.

En effet, si au 30 juin la Westminster Bank faisait une remise à la Banque de Liége de 8.11.11 pour soldé de compte, celle-ci, en la réalisant, récupérerait 1.504,25 fr., soit donc un boni de 1.515,95 fr. sur le solde accusé par son arrêté provisoire.

Ce bénéfice sera partagé également entre les deux participants.

La part revenant à la Westminster Bank, évaluée au cours du jour, se chiffre par £ $\dfrac{757,97}{175}$ = £ 4.6.7.

COMPTABILITÉ

Nous avons dit que lorsqu'il n'y a que deux participants, on n'ouvre généralement pas de compte spécial **Participation**, mais afin de distinguer les opérations traitées à demi des autres relations qui peuvent exister avec le même correspondant, on se sert du compte : **Tel, son compte à demi.**

Compte à demi arrêté provisoire dressé par la Westminster Bank

Banque de Liége, à Liége, son compte à demi arrêté au 30 Juin 1928.											
Dates		LIBELLÉS	Sommes	Valeurs	Jours	Nombres	Dates		LIBELLÉS	Sommes	Valeurs	Jours	Nombres
Mai	21	n/cession 12.140 fl. P. B.	1.000	Mai 20	50	50.000	Mai	21	v/cession	1.000	Mai 23	53	53.000
Juin	10	n/cession de fr.fr. 620.000	5.000	Juin 9	70	350.000	Juin	10	v/virement	5.010	Juin 9	72	360.720
		Bal. prov. de cap. 10		Juin 30	91	910							
		Intérêts 4 %/o s/Bal des N.	1.8.1										
		Solde Créditeur provisoire	8.11.11			12.810							
			5010.0.0			413.720				5.010			413.720
							Juillet	1	A nouveau	8-11-11	Juin 30		Epoque

La comptabilisation des opérations qui ont donné lieu aux inscriptions aux comptes pendant la durée du semestre a été faite. (Voir Feuille des opérations de change et page 279).

Nous nous bornerons donc à comptabiliser les arrêtés provisoire et définitif.

———————————————— 30 juin ————————————————

Correspondants   288,30
   Westminster Bank s/compte à demi
     à **Pertes et Profits**   288,30
        Intérêts et commissions

———————————————— dito ————————————————

Correspondants   1.515,95
   Westminster Bank s/compte à demi
     à **Pertes et Profits**   1.515,95
        Résultats s/change

———————————————— dito ————————————————

Pertes et Profits   757,97
Résultat s/change
     à **Correspondants**   757,97
        Westminster Bank s/ compte à demi
Ristourne de la moitié du bénéfice.

————————————————————————————————

REMARQUE : Ces deux derniers articles pourraient se réduire en un seul.

————————————————————————————————

Correspondants   757,97
   Westminster Bank s/compte à demi
     à **Pertes et Profits**   757,97
        Résultat s/change
N/bénéfice sur ce compte.

————————————————————————————————

SERVICE DES OPÉRATIONS DE BOURSE

I. — Achats et Ventes de Valeurs mobilières

1° Pour le compte de leurs clients

Les Banques se chargent de l'exécution des ordres de bourse de leurs clients. Elles opèrent elles-mêmes par l'entremise du délégué, membre de leur personnel ou, le plus souvent, elles transmettent les ordres à des agents de change qui leur prennent un courtage réduit.

Les banquiers prélèvent le même courtage que celui réclamé par les agents de change de la place à leur clientèle.

2° Pour leur propre compte

Les banquiers se trouvant à la source d'une foule de renseignements sont souvent mieux placés que d'autres pour opérer avec fruit à la Bourse des valeurs.

Ils emploient une partie de leurs disponibilités à acheter des titres d'une réalisation assez facile et d'un bon rapport. Parfois aussi, ils se livrent, en respectant toutefois les limites de leurs statuts, à des spéculations susceptibles de leur procurer un bénéfice appréciable. Selon les circonstances, ils opèrent au marché du comptant ou à celui du terme.

Enfin, nous avons vu que les dépôts en *Compte de quinzaine* étaient destinés à *reporter* des haussiers tandis que les titres qu'ils possèdent en portefeuille leur permettent de rendre le même service aux baissiers.

COMPTABILITÉ

La comptabilité du banquier opérant comme intermédiaire et pour son propre compte sera identique à celle tenu par l'agent de change. Nous renverrons donc à cette partie de l'ouvrage [1].

*
**

---

[1] Certaines banques ouvrent un compte **Ordres de Bourse** qui reçoit toujours la contre-partie des sommes portées soit au débit soit au crédit des clients et des correspondants. Son solde indique le bénéfice réalisé sur les opérations et est viré à un compte de résultats.

II. — Emissions de Valeurs mobilières

a) Emissions des titres sociaux

Beaucoup de Banques étant constituées sous forme de sociétés par actions et le plus souvent de sociétés anonymes, elles ont à émettre d'abord leurs titres sociaux : actions, parts de fondateurs, actions d'apport, obligations, etc. Les écritures relatives à ces émissions ressortent de manuels traitant spécialement de la comptabilité des sociétés. Nous n'empiéterons donc pas sur leur domaine.

Mais, parmi les obligations émises par les banquiers, il en est d'une nature spéciale, que l'on désigne sous l'appellation d'*obligations à échéance fixe*. Ces titres sont émis à n'importe quel moment de l'année sur la simple demande des particuliers désireux de s'en procurer. Ils sont remboursables 5 ou 10 ans après leur date d'émission et sont munis de coupons payables de semestre en semestre, ou d'année en année, à dater du jour de l'émission.

Les obligations à échéance fixe sont émises au pair au au-dessus du pair. Rarement le taux d'émission est inférieur au nominal.

COMPTABILITÉ

Les émissions sont récapitulées chaque jour d'après des feuilles synthétiques. On tient, sous la forme d'un compte courant et d'intérêts, le compte **Obligations** qui est :

crédité du nominal des titres émis par le débit de **Caisse** ou du compte courant des acheteurs ;

débité du nominal des obligations au jour de leur échéance, par le crédit du compte « **Obligations à rembourser** », ce compte sera débité lors du remboursement par le crédit de caisse ou du compte courant des porteurs. Il est à noter qu'en règle générale, ces obligations ne portent plus intérêt à partir de leur échéance.

Lorsque l'émission a lieu au-dessus du pair, la différence est portée à un compte **Prime à l'émission**. Cette somme constitue un bénéfice net qui pourra être viré à **Pertes et Profits** En cas d'émission au-dessous du pair, on crée un compte **Prime** de **remboursement** dont le montant constitue une perte qui devra être amortie.

En fin d'exercice, le compte courant des obligations est arrêté au taux de l'intérêt servi à ces titres et l'on détermine ainsi le montant des intérêts dus sur les obligations non remboursées. Cette somme est portée au crédit du compte **Intérêts dus sur obligations**, lequel est débité au fur et à mesure que les coupons sont payés.

REMARQUE. — Certaines Banques émettent des **Bons de caisse** qui remplissent le même rôle que les obligations dont nous venons de parler, mais pour des termes plus courts (un ou deux ans, parfois quelques mois seulement). Ces bons sont ordinairement dépourvus de coupons, l'intérêt étant payé en une seule fois, lors du remboursement ou anticipativement. La comptabilité relative aux bons de caisse est indentique à celle que l'on tient pour les obligations à échéance fixe.

b) Emissions pour le compte de tiers

Les Etats et les administrations publiques qui doivent émettre un emprunt, de même que les sociétés commerciales ou industrielles qui désirent faire une émission d'actions ou d'obligations, ont généralement recours à l'intermédiaire de banquiers dont les aptitudes spéciales et les relations nombreuses et variées permettent d'espérer la réussite de l'émission. En rémunération de leurs services, les banquiers perçoivent pour chaque titre placé une commission qui varie avec les difficultés du placement, la cherté des titres, leur qualité, etc.

Parfois, les Banques garantissent l'émission. Dans ce cas, elles doivent, après un certain laps de temps fixé dans le contrat, souscrire pour leur propre compte les titres non placés dans le public. L'opération se transforme alors en une *participation financière* dont nous aurons à parler ci-après.

COMPTABILITÉ

Pour chaque émission dont se charge la Banque on ouvre un compte spécial intitulé, par exemple : **Emission Société X**. Les souscripteurs remplissent des *bulletins de souscription* qui

sont conservés pour être remis à la société émettrice. Les versements effectués sur les titres souscrits sont reçus en échange de
récépissés dont on conserve un double à la Banque.

Chaque jour, d'après les feuilles synthétiques, le compte
Emission Société X. est :

crédité de tous les versements effectués sur les titres souscrits soit par le débit de **Caisse**, soit par le débit des comptes
courants des souscripteurs ;

débité de la commission prélevée par la Banque sur chaque
titre placé ainsi que tous les frais relatifs à l'émission.

Lorsque l'émission est clôturée, le solde du compte représente donc le disponible de la société X..., qui est réglé en
espèces ou viré en compte courant.

III. — Participations financières

Il arrive fréquemment que la totalité ou la majeure partie
d'une émision de titres est prise ferme par un consortium de
banquiers. Le but de ceux-ci est d'assurer le placement des titres
dans leur clientèle respective et ce, aux mêmes conditions à con-
venir entre eux. Ils s'entendent également sur les mesures à
prendre pour soutenir les cours, ainsi que sur les conditions à
faire aux sous-participants, aux agents de change, etc. Cette façon de procéder est souvent plus avantageuse que l'émission à
la commission.

COMPTABILITÉ

On ouvre le compte collectif **Participations financières** qui
correspond à un grand-livre auxiliaire dans lequel chaque participation possède son compte spécial. Ce compte est *débité* du
prix global des achats et des frais, *crédité* du produit net des
ventes.

On peut également ouvrir le compte **Participations-ventes**
dont le rôle sera de conserver au débit de **Participations financières** un solde égal à l'existant évalué au prix de revient. A cet
effet, il sera *crédité* des ventes et *débité* pour le prix de revient
des titres sortis. Son solde indiquera le bénéfice réalisé.

Les titres faisant l'objet des participations sont inscrits dans
un registre, qui se tient comme celui des Titres en portefeuille.

REMARQUE : Certains banquiers ne font aucune distinction entre les participations financières et les achats et ventes de titres pour leur propre compte. Elles utilisent donc dans les deux cas le compte **Titres en portefeuille** et se contentent d'ouvrir à chaque participation un compte spécial dans le *Grand-livre des titres en portefeuille*.

SERVICE DES TITRES

C'est à ce service qu'incombe la garde des titres des clients et de la banque.

La comptabilité matière que nous avons longuement étudiée dans la deuxième partie de cet ouvrage et où nous renvoyons le lecteur, sera donc tenue par le service des titres.

C'est là que s'établiront les comptes titres des correspondants et des clients, les fiches valeurs, le grand-livre des titres en portefeuille et le livre des reports dont nous avons parlé antérieurement.

Les banquiers conservent dans leurs coffres forts des titres dont ils n'ont pas la propriété et qui proviennent :

a) des dépôts de leurs clients (garde des valeurs) ;

b) des garanties remises pour les prêts et avances sur nantissement ;

c) des cautionnements (administrateurs, commissaires, etc.).

En règle générale, ces différents dépôts sont journalisés par des écritures d'ordre analogues à celle-ci :

Titres en nantissement
    ou **Titres en dépôts**   110.000
        à **Déposants**   110.000
Réception des titres en dépôt.

Les banques se chargent d'encaisser pour le compte des déposants les coupons des titres dont elles ont la garde, de vérifier les listes des tirages et des titres frappés d'opposition, de prévenir les déposants chaque fois qu'une formalité relative aux titres doit être remplie (souscription, échanges, recouponnement, etc.), en un mot, de surveiller le portefeuille de ses clients en lieu et place de ceux-ci.

En rémunération, la banque perçoit une légère commission appelée droit de garde, dont le montant est viré au crédit du compte « Pertes et Profits ».

SERVICE DES COUPONS

a) Escompte des coupons

Les banquiers escomptent les coupons des titres à revenu fixe. Cette opération présente beaucoup d'analogie avec l'escompte des effets de commerce, mais ici les risques sont beaucoup moindres. On calcule sur la valeur nominale des coupons remis, l'escompte pendant le nombre de jours qui restent à courir jusqu'à l'échéance (plus 2 à 6 jours de couverture suivant l'éloignement du lieu de paiement). La Banque prélève en outre une faible commission. Ajoutons que pour certaines valeurs il y a lieu de tenir compte de l'impôt sur le revenu.

b) Paiement des coupons échus et des titres remboursables.

Moyennant une faible rémunération et la retenue de l'impôt lorsqu'il y a lieu, les Banques paient à leurs guichets les coupons échus de même que les titres désignés par le sort pour être remboursés, à condition bien entendu qu'ils ne soient pas périmés. Il arrive aussi que certaines sociétés les chargent de régler les coupons adhérents à leurs titres; c'est ce que l'on désigne sous le nom de *coupons domiciliés*.

Enfin, les banquiers ont également à payer les coupons de leurs titres sociaux.

COMPTABILITÉ

a) ENTRÉE DES COUPONS. — L'escompte des coupons et le paiement des coupons échus peuvent faire l'objet de deux comptabilités distinctes; mais en général, la première de ces opérations ayant assez peu d'importance, toutes les entrées de coupons, qu'ils soient présentés avant ou après leur échéance, sont inscrites dans un même livre originaire dont la réglure pourra affecter la forme ci-après :

LIVRE D'ENTRÉE DES COUPONS

Dates	Cédants	N°. du bordereau	Désignations des coupons	Prix unitaire	Prix total	Taxe mobilière 6 % sur coupons étrangers	Commissions	Montant net à payer

Le remettant doit remplir un *bordereau* spécial pour chaque espèce de coupons. Il y renseigne la nature, les numéros, le montant et l'échéance des coupons, ainsi que son nom et son adresse. Les décomptes sont calculés par l'employé; celui-ci remet, s'il y a lieu, un *bon à payer* qui permettra d'obtenir, à la caisse, le montant net du bordereau.

Le contenu de ces bordereaux est récapitulé dans le registre ci-dessus.

Chaque jour les indications de ce livre seront résumées sur la « feuille Journal d'entrée des coupons ». Suivant la nature des coupons remis, le montant nominal global est inscrit dans la colonne :

Coupons à payer : pour les coupons relatifs aux titres sociaux ;

Coupons domiciliés : lorsqu'il s'agit de coupons payés pour le compte d'une administration publique ou d'une société dont la banque assume le service financier ;

Coupons à recevoir pour tous les coupons ne rentrant pas dans les deux catégories ci-dessus.

ENTRÉES DES COUPONS du

Cédants	Comptes à Débiter			Comptes à Créditer					
	Coupons à recevoir	Coupons domicilié	Coupons à payer	Correspondants	Comptes courants	Coupons payés	Divers	Taxe mobilière	pertes et profits

qui au journal centralisateur donnera lieu à l'article :

Coupons à recevoir
Entrées de ce jour d'après feuilles synthétiques

Coupons domiciliés
Idem.

Coupons à payer
Idem.

> à **Coupons payés**
> Net à verser à la caisse
>
> à **Comptes courants**
> Net porté en compte
>
> à **Correspondants**
> Net porté en compte
>
> à **Taxe mobilière**
> Retenues diverses
>
> à **Pertes et Profits**
> Escompte, commissions.

Le compte **Coupons payés** sera soldé chaque jour par l'article résumant les sorties de caisse.

b) CLASSEMENT DES COUPONS. — Les coupons à recevoir doivent être classés avec le plus grand soin, par nature et par ordre d'échéances. Il faut en effet que la Banque les fasse encaisser aussitôt que possible afin de ne pas subir de perte d'intérêt. Les coupons à payer et les coupons domiciliés doivent être annulés à l'emporte-pièce.

c) SORTIE DES COUPONS. — Les coupons domiciliés sont remis journellement à titre de contrôle, aux sociétés débitrices en même temps que l'état de payement fait pour leur compte et de l'avis du débit.

Parmi les coupons à recevoir, il en est qui pourront être présentés au paiement par les soins de la Banque elle-même, d'autres le seront par l'intermédiaire de correspondants qui l'en créditeront.

Les coupons avant d'être remis aux correspondants, aux services d'encaissements ou aux sociétés débitrices, seront inscrits dans le « *livre de sortie des coupons* », qui renseignera la date de sortie, le numéro du bordereau d'entrée, le nom du cessionnaire, le nombre, la nature et le prix des coupons et le montant total de la remise par cessionnaire.

Les inscriptions de ce livre seront résumées chaque jour à la feuille « Journal auxiliaire des sorties de coupons » dont on trouvera la réglure ci-dessous :

SORTIES DES COUPONS du

Cessionnaires	Comptes à Débiter				Comptes à Créditer	
	Correspondants	Comptes courants	Coupons à encaisser	Divers	Coupons à recevoir	Coupons domiciliés

Cette feuille se traduit au journal centralisateur par l'article :

Correspondants (n/remise)
Clients (pour les coupons domiciliés renvoyés aux sociétés débitrices)
Coupons à encaisser remis à n/service d'encaissement.
     à **Coupons à recevoir**
       Sorties de ce jour.
     à **Coupons domiciliés**
       Sorties de ce jour.

La rentrée des fonds provenant de l'encaissement des coupons donnera lieu à l'article :

Caisse   à **Coupons à encaisser**

et de cette façon le solde de ce dernier compte représentera la valeur des coupons en instance d'encaissement.

Comme pour les effets à recevoir, les coupons impayés seront considérés au point de vue comptable, comme une remise de coupons faite par le cessionnaire; ils seront renvoyés au cédant et portés au débit de son compte.

———

REMARQUE : Pour les coupons afférents aux titres de sociétés belges, la taxe mobilière est retenue et payée au fisc par les sociétés ; par conséquent, le banquier n'a pas à intervenir dans cette question et les coupons sont entrés et sortis de ses livres pour la valeur nette.

Pour les coupons étrangers il incombe aux intermédiaires belges de retenir la taxe mobilière de 6 % frappant ces coupons et de la verser au fisc. Il en résulte que lors de l'entrée de ces coupons, il doit être tenu compte du montant de la taxe qui sera retenue aux clients et portée au crédit du compte « Taxe mobilière ». Lors du payement de la taxe, ce compte sera débité par le journal des opérations de caisse.

L'arrêté royal du 14 juillet 1924, impose aux agents de change et banquiers payant les coupons étrangers, la tenue d'un registre dont la réglure est prévue par la loi.

SERVICE DE LA CAISSE

L'extrême importance de ce service fait qu'on l'entoure des plus grandes précautions. Il est isolé des autres services et afin d'éviter l'encombrement, on ménage un certain nombre de guichets ayant chacun leurs attributions spéciales. Chaque caissier tient un livre de caisse sur lequel il inscrit toutes ses opérations au fur et à mesure qu'elles se présentent.

Toute recette ou toute dépense sont appuyées d'une pièce justificative, et s'il y a lieu, indiquées aussitôt que possible au livre des positions. A la fin de la journée, il est dressé pour chaque guichet un état détaillé du contenu de la caisse.

Les livres de caisse peuvent affecter la forme ci-après dans lequel nous avons annoté à titre d'exemple quelques opérations.

RECETTES

DEPENSES

Dates	Noms des comptes à créditer	LIBELLÉS	Sommes		Dates	Noms des comptes à Débitér	LIBELLÉS	Sommes	
1928					1928				
21 Mai	Albert	s/versement Cpte Cour.	2.000	—	Mai 21	Leroy F.	Rembours. s/dépôt 1 an	1.000	—
	Leblanc	» Cpte E par.	500	—	»	Intérêts s/dépôt PP.	Intérêts s/dépôt Leroy	60	—
	Dubois Jules	» Cpte Dépots 6 m.	3.000	—		Change comptant	n/régl. à Bque de Brux.	28.860	—
	Taxe mobilière	retenue s/int. dép. Leroy	9	90		» »	» » »	175.000	—
	Change comptant	régl. d. o/Bque d'Anvers	17.500	—	»	Fx. Gén. appoint.	n/payement à Beckers	1.000	—
	» »	» d. o/Sté Générale	175.300	—		» pension du pers.	n/participation	50	—
	Pension du person.	pour pension Beckers	80	—		Timbres fiscaux	n/achat	700	—
	Taxe professionnelle	retenue s/appointements	20	—		Monnaie étrangère	n/cession fl. 1000 à 14.35.	1.435	—
	Encaissement effets	effets n°........	1.200	—		Coupons payés	n/payements bord. n°....	360	—
	Timbre fiscaux	récupéré	970	—		» »	» » n°....	280	—
	Monnaies étrangères	n/achat 100 £. à 174.50	17.450	—		« »	» » n°....	830	—
	» »	» 50 fl. à 14.32	716	—	»	Albert Cpte Cour.	s/domiciliation	2.000	—
	Coupons à encaisser	n/encaissements chez Bque Générale	7.000	—		Renard	s/chèque	1.000	—
		Total de recettes	224.845	90			Total des dépenses	212.175	—
		En caisse du 20 mai	88.000	—			En caisse	100.270	90
			312.845	90				312.845	90

Dans les banques quelque peu importantes, des guichets différents étant réservés pour les entrées et pour les sorties de caisse, il en résulte que les livres tenus par chaque employé ne contiennent que les indications renseignées sur la page de gauche ou sur celle de droite du registre ci-dessus.

A la fin de la journée, les pièces de caisse sont classées de façon à pouvoir renseigner sur les feuilles Journal Recettes et Journal Dépenses (voir modèles pages 297 et 298), les entrées et sorties d'espèces en groupant par catégories les comptes à créditer et ceux à débiter.

Ces feuilles transmises à la comptabilité synthétique donneront lieu aux écritures :

Caisse   224.885,90

    à Comptes courants   2.000,—
    à Caisse d'Epargne   500,—
    à Dépôts à terme   3.000,—
    à Transferts entre services financiers   201.000,—
    à Monnaies Etrangères   18.166,—
    à Timbres fiscaux   70,—
    à Taxe mobilière   9,90
    à Pension du personnel   80,—
    à Taxes professionnelles   20,—

Recettes de la journée.

———

Comptes courants   2.000,—
Comptes de chèques   1.000,—
Dépôts à terme   1.000,—
Transferts entre services financiers   205.330,—
Monnaies Etrangères   1.435,—
Frais généraux   1.050,—
Pertes et Profits   60,—
Timbres fiscaux   700,—
    à Caisse   212.575,—

Dépenses de la journée.

JOURNAL DE CAISSE : Recettes du 21 mai 1928

N° de la pièce de Caisse	Noms des Comptes à Créditer	LIBELLÉS	Sommes		COMPTES A CRÉDITER							
					Comptes courants	Comptes chèques	Caisse d'Eparg.	Dépôts à termes	Transferts entre Services financiers	Monnaies étrang.	Timbres fiscaux	Divers
362	Albert	s/versement	2.000	—	2.000							
3	Leblanc	»	500	—			500					
4	Dubois	» : 6 mois	3.000	—				3000				
5	Taxe mobilière	retenue s/Intér. dép. Leroy	9	90								9,90
6	Change comptant	vers. Banque d-Anvers	17.500	—					17.500			
7	Change comptant	» Société Générale	175.300	—					175.300			
8	Pension du personnel	réteuue s/pension	80	—								80
9	Taxes professionnel.	» s/taxe : Beckers	20	—								20
370	Encaissements effets		1.200	—					1.200			
1	Timbres fiscaux	timbres récupérés par caisse	70	—							70	
2	Monnaies étrangères	n/achat 100 £. à 174.50	17.450	—						17.450		
3	» »	» 50 fl. P.B. à 14 32	716	—						716		
»	Coupons à encaisser	n/enc. chez Bque Brux.	7.000	—					7.000			
			224.845	90	2.000		500	3000	201.000	18.166	70	109,90

JOURNAL DE CAISSE: Dépenses du 21 mai 1928

COMPTES A DÉBITER								Sommes		N⁰ˢ pièces de Caisse	Noms des Comptes à Créditer	LIBELLÉS
Comptes courants	Comptes des Chèques	Caisse d'éparg.	Dépôts à termes	Transferts entre services financiers	Monnaies etrang.	Frais généraux	Divers					
			1.000					1.000	—	3216	Leroy	rembours. dépôt 1 an
							60	60	—	6	P. P. intérêts s/Dep.	payément intérêts Leroy
				28.860				28.860	—	7	Change Comptant	n/payement Bque Brux.
				175.000				175.000	—	8	» »	» » »
						1.000		1.000	—	9	Appointements	payéments Beckers
						50		50	—	—	Pension du personnel	n/participation
							700	700	—	3220	Timbres fiscaux	n/achat
					1.435			1.435	—	1	Monnaies étrangères florins	n/cession 100 fl. à 14.35
			1.470					1.470	—	2	Coupons payés	n/payement de ce jour
2.000								2.000	—	3	Albert	s/domiciliation
	1.000							1.000	—	4	Renard	s/chèque o/Lebrun
2.000	1.000		1.000	205.330	1.435	1.050	760	212.575	—			

SERVICE DES OPÉRATIONS ACCESSOIRES ET DES TRANSFERTS

N. B. — Nous réunissons ici toutes les opérations accessoires qui ne rentrent pas nécessairement dans les attributions de l'un des services signalés plus haut. Elles peuvent faire l'objet d'un service spécial ou être réparties entre les autres services en en chargeant particulièrement ceux d'entre eux qui ont le moins de besogne.

———

Délivrance de chèques et de lettres de crédit

Les clients qui ont des fonds déposés en banque peuvent obtenir des chèques et des lettres de crédit sur le pays ou sur l'étranger.

Au moyen des *lettres de crédit*, les personnes devant se rendre dans des pays étrangers peuvent toucher chez les correspondants du banquier renseignés sur la lettre, les sommes qui leur sont nécessaires. On évite ainsi le transport de numéraire. Les sommes sont versées à l'accrédité par les correspondants, contre quittance double. De plus elles sont inscrites au dos de la lettre, afin que l'on puisse voir si le crédit n'est pas épuisé.

Les correspondants se remboursent en compte courant ou par traites sur le banquier accréditeur. Les sommes versées donnent lieu à la perception d'une commission de 1 $^o/_{oo}$ à $^1/_2$ %.

COMPTABILITÉ

Supposons que le banquier délivre à son client Albert un chèque sur son correspondant de Paris, de 1.000 fr. français et une lettre de crédit sur la France de 6.000 fr. français.

Les francs français ont été cédé à 141 fr.

On passera les articles :

Comptes courants *Albert*　　　　　　　　1.410

　　　　à **Correspondants**　　　　　　　　　　1.410

N/remise chèque sur Paris 1.000 fr. franç.

———

Comptes courants *Albert*   8.640
    à Lettres de crédit   8.460
N/remise d'une lettre de crédit sur la France.
   de 6.000 fr. franç. à 141

———

N. B. — Aussitôt les documents délivrés, le banquier doit se couvrir en achetant immédiatement les monnaies étrangères qu'il a cédées.

Au fur et à mesure que le banquier reçoit de ses correspondants les doubles des quittances signées par Albert, il passe:

Lettres de crédit
Pertes et Profits (Commissions de fr. franç.)
    à Correspondants
à valoir s/lettre de crédit N° ... (Albert).

Si le client épuise complètement sa lettre de crédit, l'opération est clôturée, par contre s'il remet sa lettre encore provisionnée pour une partie du montant initial, le banquier rachètera au client le montant disponible au cours du jour et passera les écritures:

Lettres de crédit
    à Comptes courants *Albert*
      X fr. franç. à 140,50.
    à Pertes et Profits (résultats sur changes)

Ducroire

Par cette opération, le banquier garantit par lettre la bonne fin d'une traite tirée sur un de ses clients. Il perçoit une commission variant de $^1/_4$ à $^1/_2$ %. Souvent le tireur d'une telle traite la négocie au banquier qui s'est porté garant du paiement; c'est ce que l'on appelle en Banque l'*escompte à forfait*.

COMPTABILITÉ

Supposons qu'un banquier garantisse la bonne fin d'une traite de 2.000 fr. tirée sur D. Il passera au journal synthétique:

Clients ducroire.	2000	
D		2000
à Ducroire		
garantie donnée pour le compte du débité		

Clients	10	
D		
à Courtages et commissions		10
Commission de ducroire $^1/_2$ %		

A l'échéance, si le tiré paie, le premier article est contre-passé pour annulation et la commission seule reste portée au compte courant de D. Si laBanque doit payer la traite, on passe

Ducroire	2000	
à Caisse		
paiement traite D.		2000

et les 2.000 fr. portés, lors de la garantie, au débit du compte **Clients Ducroire** sont virés au débit du compte ordinaire du client.

Rentes prêtées

Les entreprises importantes pour compte d'administrations publiques ou d'établissements privés sont souvent mises en adjudication et l'adjudicataire doit déposer une caution plus ou moins forte. Les Banques fournissent cette caution pour le compte de leurs clients moyennant une commission trimestrielle de $^1/_4$ à $^1/_2$ %.

DEBIT — **JOURNAL DES OPÉRATIONS DIVERSES du 21 mai 1928** — **CREDIT**

DÉBIT — COMPTES A DÉBITER

Comptes courants	Comptes des chèq.	Comptes corresp.	Divers (clients)	Chèques postaux	Pertes et profits	Frais généraux	Divers	Noms des Comptes à débiter	LIBELLÉS
1.410								Albert	n/ch. fr. 1000 à 14 fr
8.460								Albert	n/lettre de crédit fr, 6000 à 14 fr.
	10		2.000					Lebrun : Ducroire	Ducroire traite au 30/6
	2.000							» »	Commis. de Ducroire
								Renard	Transfert
				3.000				—	s/versement
				2.000				—	s/virement
				500				—	versement de X
					100			Int. s/Cpte chèq.	arrêté de comptes
								—	Timbres fiscaux
	20							Renaut	Com. taxe mob. et tim.
							70.000	Crédits accordés	à Marcel Doneux
9.870	2.030	—	.2000	5.500	100	—	70.000		

CRÉDIT — COMPTES A CRÉDITER

Noms des Comptes à Créditer	Comptes courants	Comptes des chèques	Comptes correspondants	Divers (clients)	Chèques postaux	Pertes et profits	Taxes mobilières	Divers
Soc. Génér. Paris			1.410					
Lettre de crédit								8.460
Ducroire								2.000
—						10		-
Albert	2.000							
Lenoir		3.000						
Albert	2.000							
Lebrun Ep.				500				
Renaut		100						
—						2.50	16.50	
Crédités								70.000
	4.000	3.100	1.410	500	—	12.50	16.50	80.460

COMPTABILITÉ

Les valeurs (ordinairement des fonds publics) remises à titre de caution sortent du portefeuille au prix de revient et sont portées au débit du compte **Rentes prêtées**. La commission est inscrite au débit du compte courant du client pour lequel l'opération est faite.

Un grand-livre auxiliaire détaille les divers dépositaires de rentes prêtées.

Virements

Le virement est une opération par laquelle on porte au crédit du compte d'un client une certaine somme que l'on inscrit en même temps au débit du compte d'un autre client. Cette façon d'opérer les règlements entre clients d'une même Banque est rapide et ne nécessite aucun mouvement d'espèces. Elle se fait d'après les *bons de virement* adressés au banquier par les débiteurs.

Cette opération est ordinairement gratuite, mais la Banque bénéficie de deux jours d'intérêt du fait que, suivant l'usage généralement adopté, le virement est porté valeur la *veille* au compte du débiteur, tandis qu'il est inscrit valeur du *lendemain* à celui du créancier.

Location de Coffres-forts

La plupart des Banques font installer dans leurs souterrains des coffres-forts à l'abri du vol et de l'incendie. Ces coffres sont loués au public et les clefs sont remises aux locataires qui restent seuls responsables de la perte de celles-ci. Le loyer varie d'après les dimensions du coffre.

Service financier des Sociétés

Beaucoup de sociétés se déchargent entièrement sur la Banque de leur service financier; encaissement de toutes les créances, paiement des traites, coupons, obligations sorties, titres amortis et tous services matériels relatifs aux titres.

Services divers

Enfin, à la demande de leurs clients, les Banques fournissent des renseignements financiers sur la situation des États, des villes, des banques, des entreprises commerciales et industrielles, vérifient les listes de tirage, reçoivent en dépôt les actions des sociétés en vue de leurs assemblées générales, etc.

Au Crédit Lyonnais, les renseignements financiers, recueillis par une armée d'employés et pouvant être fournis à la clientèle, ne remplissent pas moins de 40.000 volumes.

Toutes ces opérations, auxquelles nous ajouterons les écritures découlant de l'arrêté des comptes courants, chèques, épargne, préavis 15 jours, etc., sont comptabilisées sur les *feuilles journal des opérations diverses*, dont nous donnons un modèle pages 302 et 303, avec la comptabilisation de quelques opérations.

SERVICE DU CONTENTIEUX

Le service du contentieux est chargé de l'établissement, de la conservation et du classement de toutes les pièces qui peuvent intéresser les actions en justice présentes, passées ou futures.

Les employés de ce service examinent minutieusement la nature et la valeur des gages donnés en garantie d'avances, rédigent les contrats qui y sont relatifs, suivent les opérations des faillites dans lesquelles la Banque est intéressée, assistent aux assemblées des créanciers et produisent les pièces réclamées par les curateurs, font le nécessaire pour recouvrer la valeur des effets et coupons en souffrance, règlent et arrêtent les comptes avec les notaires, huissiers, avoués et avocats.

SERVICE DE LA COMPTABILITÉ GÉNÉRALE

Ainsi que nous l'avons vu, ce service centralise dans les livres synthétiques toutes les opérations traitées par la banque.

Chaque jour après la fermeture des guichets, les différents journaux auxiliaires dressés par chacun des services arrivent à la comptabilité générale ou elles doivent donner lieu à la rédaction des articles récapitulatifs dans lesquels interviennent seuls les comptes généraux et collectifs et dont nous avons parlé au cours de notre étude.

Toutefois cette façon de centraliser les écritures est assez longue : la passation des articles au journal synthétique, le report au grand-livre des comptes généraux et, enfin, l'établissement de la balance des comptes demandent assez bien de temps avant de pouvoir établir la situation journalière de la banque.

On remédie à cet inconvénient en centralisant dans un tableau unique, dit « *Balance carrée* », toutes les écritures de la journée envisagée et des journées précédentes, de façon à ne passer qu'un seul article par mois, ou même par an, au journal centralisateur.

La Balance carrée du 21 mai s'établira comme suit, d'après les différents journaux auxiliaires que nous avons établis dans le cours de l'ouvrage. (Nous avons considéré que le journal des ordres de bourse exécutés par l'agent de change était le journal du service Ordres de bourse de la Banque.)

La Balance carrée reprend dans une colonne centrale *tous* les comptes généraux subdivisés en rubriques : Immobilisations, Service financier, Comptes personnels, Comptes d'ordre et Comptes de résultats.

Il est prévu, de plus, tant au débit (à gauche) qu'au crédit (à droite), une colonne pour chacun des services établissant un journal auxiliaire et dans laquelle les totaux des comptes généraux sont reportés et inscrits en regard de ces comptes.

La balance carrée telle qu'elle est dressée ci-dessus, donne la situation de chaque compte après chaque journée.

Dans ce but on reporte à côté des chiffres de la journée, ceux de toutes les journées précédentes de l'exercice et dans une troisième colonne le total général de chaque compte à la fin de la journée envisagée et, par conséquent, le reflet exact de la situation active et passive de la Banque.

Si cependant on procédait de cette façon pendant une année entière, les sommes à porter dans les colonnes « totaux précédents » et « totaux généraux » deviendraient tellement importantes que l'établissement de la balance carrée serait très fastidieux.

Aussi afin d'éviter cet inconvénient, on passe au journal centralisateur d'après la balance carrée du dernier jour de chaque mois, un article synthétique résumant toutes les opérations du mois précédent, article qui sera reporté au grand-livre des comptes généraux.

De cette façon, la balance carrée ne comportera jamais que les sommes relatives aux opérations d'un mois et la situation de la banque à une date déterminée s'obtiendra en ajoutant aux chiffres de la balance des comptes généraux dressée le dernier jour du mois précédent, ceux fournis par la balance carrée de la journée envisagée.

Comptes Pertes et Profits et Frais Généraux

Dans l'exposé de la comptabilité, nous avons fait apparaître tous les résultats directement au compte général *Pertes et Profits*.

Il est cependant indispensable de ventiler ces résultats dans un registre extra-comptable qui comprendra les rubriques suivantes.

Intérêts.	Résultats sur opérations du portefeuille titres.
Escomptes.	
Commissions sur comptes.	Résultats sur opérations de reports.
Commissions d'escomptes.	Revenus du portefeuille titres.
Commissions sur coupons.	Pertes de place.
Commissions diverses.	Droits de garde.
Courtage sur ordre de Bourse.	Location de coffres-forts.
Résultats sur opérations de change.	Rentrées diverses.

Dans le même ordre d'idées le compte *Frais généraux* sera ventilé en :

Appointements du personnel.	Abonnements.
Assurances.	Taxes et impositions.
Port de lettres et télégrammes.	Entretien des immeubles.
Téléphones.	Entretien du matériel.
Fournitures de bureau.	Publicité et propagande.
Eclairage et chauffage.	Aménagement.
Indemnités et honoraires.	Frais d'administration.
Bienfaisances.	Frais de procédure.

DÉBIT

Balance Carrée du 21 mai 1928.

CRÉDIT

DÉBIT — JOURNAUX AUXILIAIRES / TOTAUX

Comptes	Caisse	Coupons	Change	Effets à recevoir	Ordres de Bourse	Divers	de la journée	Précédents	Généraux
SERVICE FINANCIER									
Immobilisations								56.415 80	56.415 80
Banque Nationale (1)				11.852 40			11.852 40	4.507.431 45	4.519.283 85
Caisse (2)	281.945 90						281.845 90	3.766.930 90	3.974.845 90
Coupons à recevoir (3)							100.000 51	100.000 51	100.000 51
Coupons domiciliés (4)							56.000	56.000	56.000
Coupons (nos) (5)									
Effets à recevoir (6)			56.100				56.100	4.991.615 77	5.051.715 77
Effets à payer (7)								70.000	70.000
Titres en portefeuille (8)					525.000		525.000	73.083 75	598.083 75
Marché à terme (9)					300.000		300.000	1.000.000	1.300.000
Succursales et agences (10)							278.713 86	278.713 86	278.713 86
Correspondants (11)			379.140	9.500	512.907 56		931.047 50	12.128.908 30	13.089.806 80
Monnaies étrangères (12)	1.435						1.435	169.285 40	170.720 40
Timbres fiscaux (13)	700						760	5.350	6.050
Chèques postaux (14)						5.500	5.550	865.120	870.620
Totaux	226.980 90		379.160	51.452 40	1.397.967 50	5.500	2.069.100 80	25.858.077 10	27.919.137 90
COMPTES PERSONNELS									
Comptes Courants (1)	2.000		49.300	1.013	89.300 05	9.850	126.033 05	4.445.321 88	4.573.954 93
Chèques (2)	1.060		15.000			2.030	18.030	1.305.000 93	1.323.039 10
Épargne (3)							157.270 70	157.270 70	157.270 70
Quinzaine (4)							370.000	370.000	370.000
Dépôts à terme (5)	1.000						1.000	468.617 85	469.617 85
Clients d'En. (6)				1.500			1.500	101.972 14	103.472 14
Liquidation Corresp. (7)					2.819.000		2.919.000	6.515.732 63	8.761.732 63
Clients (8)					742.801		742.801	4.201.500	4.944.301
Reports (9)					2.057.500		2.057.500		2.057.500
Comptes d'acceptations (10)						2.000	2.000		2.000
Change à recevoir (11)			110.527 50				110.527 50	319.492 77	450.325 27
Change à payer (12)									
Taxe mobilière (13)							2.500		2.500
Taxe professionnelle (14)									
Pension du personnel (15)									
Totaux	4.000		172.817 50	2.513	5.688.601 05	13.900	5.861.291 55	17.937.422 90	23.818.714 45
COMPTES D'ORDRE									
Transferts entre serv. fd. (1)	205.390		192.800	2.905			401.035	3.030.000	3.401.035
Crédits accordés (2)						70.000	70.000	600.000	670.000
Crédités (3)									
Titres en dépôt (4)							79.500	79.500	79.500
Déposants (5)									
Lettre de crédit (6)									
Acceptations et lettres (7)									
Totaux	205.390		192.800	2.905		70.000	471.035	3.679.500	4.150.535
Comptes de Résultats									
Pertes et Profits	60			147 60 / 12 75		100	320 35	45.372 33	45.693 68
Frais Généraux	1.050						1.050	36.974 58	37.624 58
Totaux	1.110			160 35		100	1.370 35	81.147 92	83.318 27
Totaux Généraux	437.420 90		744.177 50	57.030 75	7.086.028 56	50.500	8.414.167 75	47.606.022 92	56.022.189 67

CRÉDIT — TOTAUX / JOURNAUX AUXILIAIRES

Comptes	Généraux	Précédents	de la journée	Divers	Ordres de Bourse	Effets à recevoir	Change	Coupons	Caisse
SERVICE FINANCIER									
Immobilisations	56.611 90	56.611 90							
Banque Nationale (1)	4.790.389 35	4.990.389 30							
Caisse (2)	3.762.335	3.940.000	212.575						212.575
Coupons à recevoir (3)	100.000	100.000							
Coupons domiciliés (4)	53.850	53.850							
Coupons (nos) (5)									
Effets à recevoir (6)	2.797.735 51	2.770.831 54	26.905				26.905		
Effets à payer (7)	70.000	70.000							
Titres en portefeuille (8)	312.374	312.374	500.000		500.000				
Marché à terme (9)	1.000.000	1.000.000							
Succursales et agences (10)	479.743 89	479.743 68							
Correspondants (11)	10.046.736 24	9.083.760 04	1.041.947 20	1.410	504.021 05	14.612 55	412.090		
Monnaies étrangères (12)	158.845 79	140.679 84	18.166						18.166
Timbres fiscaux (13)	5.874 50	5.120	754 50	1	683 50				70
Chèques postaux (14)	870.300	870.300							
Totaux	25.737.454 76	23.982.107 06	1.760.347 70	1.411	1.094.708 15	41.417 65	412.090		230.811
COMPTES PERSONNELS									
Comptes Courants (1)	6.024.089 19	5.914.694 07	109.395 06	4.000	72.014 50	13.800 55	17.490		1.000
Chèques (2)	1.569.185 80	1.566.025 80	3.100	3.100					300
Épargne (3)	158.270 70	157.270 70	1.000	500					
Quinzaine (4)	373.000	373.000							
Dépôts à terme (5)	588.226 85	585.226 85	3.000	3.000					3.000
Clients d'En. (6)	117.239 89	115.989 89	1.000						
Liquidation Corresp. (7)	8.861.973 18	4.941.417 18	2.560.500		2.380.500				
Clients (8)	7.807.452 03	6.571.719 12	635.733 50		635.733 50				
Reports (9)	2.099.250		2.099.250		2.099.250				
Comptes d'acceptations (10)									
Change à recevoir (11)									
Change à payer (12)	451.732 74	340.532 74	110.700				110.700		
Taxe mobilière (13)	2.526 40	2.500	26 40	16 30					9 90
Taxe professionnelle (14)	20		20						20
Pension du personnel (15)	80		80						80
Totaux	25.732.501 60	19.788.096 60	6.144.401 93	7.616 50	5.987.498	15.496 65	128.180		5.009 90
COMPTES D'ORDRE									
Transferts entre serv. fd. (1)	3.404.860	3.000.000	401.860				203.860		201.000
Crédits accordés (2)									
Crédités (3)	670.000	600.000	70.000	70.000					
Titres en dépôt (4)									
Déposants (5)	79.500	79.500					110.700		
Lettre de crédit (6)	8.400		8.400	8.400					
Acceptations et lettres (7)	2.000		2.000	2.000					
Totaux	4.164.820	3.679.500	485.320	80.400			203.860		201.000
Comptes de Résultats									
Pertes et Profits	185.350 01	154.874 80	1.035 06	12 50	3.822 40	109 00 / 13	127 50		
Frais Généraux	1.432 50	1.432 50							
Totaux	155.792 41	152.707 80	4.085 05	12 00	3.822 40	122 65	127 50		
Totaux Généraux	56.022.189 67	47.606.022 92	8.414.167 70	89.500	7.086.028 56	57.030 75	744.177 50		437.420 90

Opérations de fin d'exercice

A la fin de l'année sociale, on doit dresser le bilan relatant la situation active et passive de la Banque. A cette occasion il y a lieu d'effectuer diverses opérations préliminaires que nous allons résumer succinctement.

1° FAIRE L'INVENTAIRE EXTRA-COMPTABLE :

a) **des effets en portefeuille.** — Suivant le principe que nous avons énoncé relativement à la comptabilité de ce service, les effets sont inscrits pour la même somme à l'entrée et à la sortie. Il en résulte que le montant global des effets restant en portefeuille doit correspondre au solde du compte **Effets à recevoir.** Si cette concordance n'existe pas, c'est qu'il s'est produit des erreurs que l'on s'efforcera de retrouver en faisant le pointage du relevé des effets avec les postes non sortis à l'échéancier. Les écritures rectificatives dépendront du résultat de ces recherches.

b) **des titres en portefeuille.** — Souvent ces titres sont évalués au cours du jour. Cette façon de procéder est très logique lorsqu'il s'agit de valeurs de placement dont le cours est peu sujet à variations importantes et se règle plus ou moins sur le revenu qu'elles produisent. C'est le cas pour les fonds d'Etat, les obligations de provinces et de villes et aussi pour la plupart des obligations de sociétés. Mais, lorsqu'il s'agit d'actions industrielles sur le cours desquelles la spéculation joue un grand rôle, nous croyons qu'il serait très imprudent de se baser uniquement sur la cote pour procéder à leur évaluation. Ce système pourrait amener certains établissements à provoquer au besoin une forte hausse sur les titres qu'ils possèdent, afin de pouvoir faire ressortir au bilan des bénéfices qui feraient croire à la prospérité de l'entreprise. Ce serait là un procédé peu honnête.

En toutes circonstances, il convient de s'inspirer du cours de la Bourse, mais il faut le faire avec prudence et s'assurer autant que possible que la hausse ou la baisse qui s'est produite est justifiée et susceptible de perdurer. En cas de hausse surtout, il faut enregistrer le boni en laissant une marge suffisante pour parer à une baisse éventuelle.

Les titres reçus en dépôt, en nantissement ou en cautionnement sont en général relevés pour la valeur leur attribuée à l'entrée. Cependant, nous avons vu que, lorsque par suite de la baisse des cours on estime que certains nantissements ne sont plus suffisants, les emprunteurs sont invités à suppléer à l'insuffisance de leur gage par une nouvelle remise de titres.

c) **des lingots et monnaies étrangères.** — Les métaux précieux se trouvant dans les coffres sont évalués au prix de revient ou d'après les derniers cours cotés. Ceux-ci sont, en temps normal, beaucoup plus stables que les cours des valeurs boursières; c'est pourquoi on peut, sans grand danger, adopter le second mode d'évaluation.

2° CALCULER :

a) **le réescompte.** — A leur entrée, les *effets* sont évalués d'après leur montant nominal et lors de l'inventaire, ils figurent pour cette même somme. Or, ces effets n'étant pas exigibles à la date où l'on dresse le bilan, il en résulte que ce poste de l'actif est exagéré. On le rectifie en portant au passif le montant global de l'escompte que l'on aurait à payer si l'on devait négocier tous les effets du portefeuille. L'échéancier d'entrée permet de faire ce calcul sans grande difficulté.

Le même travail s'impose en ce qui concerne les *coupons à recevoir* et les *warrants* ainsi que pour les *prêts* dont la durée est prévue et sur lesquels l'intérêt a été retenu anticipativement.

Cette rectification d'actif se traduit par l'article ci-dessous qui est généralement contre-passé au commencement de l'exercice suivant.

Pertes et Profits *Escomptes et Intérêts*

à Réescompte

pour rectification des comptes d'effets, de coupons, de
    warrants et de prêts.

REMARQUE. — On peut également créer un compte spécial pour le réescompte de chacune des valeurs sus-mentionnées.

b) **le prorata des intérêts à recevoir.** — En ce qui concerne les titres à revenu fixe, on calcule la valeur des intérêts courus depuis la dernière échéance jusqu'à la date du bilan. La somme ainsi trouvée est portée au crédit du compte *Revenus du portefeuille* par l'article :

Prorata d'intérêts à recevoir

à **Pertes et Profits**
Revenus du portefeuille

Montant des intérêts courus sur nos titres

Cet article est contre-passé au commencement de l'exercice suivant.

c) le **prorata des intérêts à payer**. — Ce compte, qui doit figurer au passif du bilan, englobe tous les intérêts dus à des tiers mais qui seront payés postérieurement, à certaines échéances fixées.

Il y a lieu de calculer ce prorata :

1° *pour les dépôts à terme*. — Nous avons vu que les intérêts de ces dépôts sont exigibles d'année en année à partir de l'origine des placements. En conséquence, à l'époque du bilan, le montant des intérêts courus mais non encore échus se calculera et se comptabilisera comme nous l'avons vu précédemment.

2° *Pour les coupons d'obligations à long terme*. — Lorsque la date du paiement de ces coupons ne coïncide pas avec la date de clôture de l'exercice, il faut calculer la valeur des intérêts courus et la porter également au compte **Prorata d'intérêts à payer**.

En ce qui concerne les *Obligations à échéance fixe*, nous avons vu que l'on arrête le compte courant qui y est relatif et que les intérêts échus sont virés au compte **Intérêts dus sur obligations**.

3° *pour les comptes d'épargne*. — Lorsque l'époque des arrêtés de ces comptes ne coïncide pas avec celle du bilan, il faut également calculer le prorata.

3° RÉGLER LES COMPTES COURANTS. —

Nous avons vu au début de l'ouvrage, les différentes façons de tenir et d'arrêter des comptes courants et au chapitre « Service des comptes courants », la façon de comptabiliser les intérêts, commissions, taxes mobilières, timbres fiscaux, frais, etc... Nous y renvoyons le lecteur.

Disons seulement que lorsqu'il s'agit d'arrêter un compte *collectif,* il ne suffit pas d'établir la différence entre l'actif et le passif ; il faut porter au *crédit* le total des soldes *débiteurs* des comptes particuliers ouverts dans le grand-livre auxiliaire qui développe ce compte collectif et au *débit* le total des soldes *créditeurs* des autres comptes particuliers du même livre. Ainsi, par exemple, le compte **Correspondants** devra présenter à l'actif du bilan le total des soldes des comptes personnels des correspondants débiteurs ; au passif, il figurera pour une somme égale au total des soldes créditeurs, ces totaux nous seront donnés par la balance de vérification des comptes particuliers des correspondants.

4° PASSER LES ARTICLES nécessaires quant au débiteurs **douteux** et **insolvables.**

5° FAIRE les **amortissements** d'usage.

6° SOLDER par **Pertes et Profits** le compte Frais généraux.

Clearing-Houses et Chambres de Compensation

Le système des règlements par différences, tel que nous l'avons étudié à propos des liquidations bi-mensuelles de la Bourse de Bruxelles, a été inauguré par les banquiers de Londres. Dès l'année 1755, les principales maisons de banque londoniennes créèrent le Clearing-House dans le but de régler leurs dettes réciproques par voie de compensation et d'éviter ainsi les ennuis et risques considérables inhérents au maniement et au transport de sommes importantes. Actuellement une trentaine de banquiers (*clearers*) font partie du Clearing-House. On y règle chaque jour sans mouvement d'espèces plus d'un demi-milliard de créances.

Les principaux centres du Continent ont créé à l'instar des clearing-houses, des Chambres de compensation dont le fonctionnement est partout sensiblement le même. La Chambre de compensation de Paris a été créée en 1872; celle de Bruxelles a été inaugurée en juillet 1908.

Fonctionnement de la Chambre de Compensation de Bruxelles

La Chambre de compensation de Bruxelles comprend un certain nombre de membres participants directs. Chacun d'eux peut devenir l'agent d'une firme non associée pour effectuer les compensations de celle-ci, à la condition d'en soumettre préalablement la demande au Comité de direction.

La Chambre a pour objet l'encaissement obligatoire, par son entremise, de toutes les dispositions payables le jour même, sur toutes les banques participant directement ou indirectement. Ces dispositions consistent en chèques, domiciliations, acceptations, mandats, reçus pour versements, notes de change, etc. Sont présentés facultativement : les dispositions sur la Banque Nationale de Belgique, les coupons et les obligations remboursables.

La Banque Nationale est chargée de la direction de la Chambre, ainsi que du contrôle et de la surveillance des opérations. Elle fournit gratuitement le local, l'éclairage et le chauffage. Les frais généraux d'imprimés, etc., sont supportés par tous les participants proportionnellement au nombre de pièces compensées et au montant de celles-ci.

Les réunions ont lieu à 10 $^3/_4$ h. et à 2 $^1/_4$ h. Les 15 et fin de mois, une réunion supplémentaire a lieu à 9 $^1/_2$ h. Les samedis et veille ou lendemain de jours fériés, la dernière réunion a lieu à 1 heure.

A chacune des firmes affiliées, il est réservé, au local de la Chambre, un box portant un numéro d'ordre et le nom de la banque. Les délégués de chaque établissement occupent ces box aux heures des réunions. Tous, sans exception, doivent être présents avant le commencement des opérations.

Détail des opérations successives

A. TRAVAIL PRÉPARATOIRE AU SIÈGE DES BANQUES PARTICIPANTES. — Les effets à présenter sont acquittés et revêtus de l'estampille « Compensation » suivie du nom du participant. Ils sont triés de façon à former une liasse distincte pour chacune des banques débitrices.

La composition de chaque liasse est renseignée sur un bordereau destiné à être remis en même temps que les effets au délégué de la banque débitrice. Les quittances de décharge sont également préparées.

Les totaux de ces bordereaux et l'indication du nombre de pièces sont portés dans la colonne « DOIT » de la feuille de liquidation en face du nom des intéressés.

	Chambre de Compensation de Bruxelles.	Bruxelles, le 12 mars 192... 11 h. 5'.
	BORDEREAU DE LIVRAISON de J. Mathieu et fils N° 14 à Banque d'Outremer N° 5	
1	Chèque	8.000 —
2	»	7.000 —
3	»	12.000 —
4	Domiciliation	9.500 —
5	Reçu	6.000 —
6	Acceptation	3.750 —
7	Chèque	19.200 —
8	»	3.600 —
9	»	4.200 —
	Total	73.300 —

Chambre de Compensation de Bruxelles.

Reçu

Reçu de MM. J. Mathieu et fils neuf pièces pour la compensation N° 14 se montant à Fr. 73.300 (septante-trois mille trois cents).

Bruxelles, le 12 mars 192... 11 h. 15'.

Le Délégué Pour la Banque d'Outremer, (s) WEBER.

B. — PREMIÈRE RÉUNION AU LOCAL DE LA CHAMBRE

Les délégués échangent les liasses et bordereaux, font le pointage des effets qui leur sont remis et signent les quittances de décharge.

Le montant des bordereaux reçus est inscrit à l' « Avoir »
de la feuille de liquidation.

<table>
<tr><td colspan="6">Chambre de Compensation de Bruxelles.   Bruxelles le 12 mars 192..</td></tr>
<tr><td colspan="6" align="center">FEUILLE DE LIQUIDATION</td></tr>
<tr><td colspan="6" align="center">de J. Mathieu et fils   N° 14</td></tr>
<tr><td>Nombre de Pièces</td><td>DOIT</td><td>NOMS</td><td></td><td>Nombre de Pièces</td><td>AVOIR</td></tr>
<tr><td>4</td><td>12.500 —</td><td>1</td><td>Josse Allard</td><td></td><td></td></tr>
<tr><td>9</td><td>73.300 —</td><td>5</td><td>Banque d'Outremer</td><td></td><td></td></tr>
<tr><td></td><td></td><td>8</td><td>Cassel et Cie</td><td>6</td><td>59.100 —</td></tr>
<tr><td>8</td><td>62.700 —</td><td>11</td><td>Crédit général de Belgique</td><td>3</td><td>8.750 —</td></tr>
<tr><td></td><td></td><td>14</td><td>J. Mathieu et fils</td><td></td><td></td></tr>
<tr><td></td><td></td><td>18</td><td>Sociétégénérale de Belgique</td><td>6</td><td>13.900 —</td></tr>
<tr><td>10</td><td>23.400 —</td><td>19</td><td>Union du Crédit de Brux.</td><td>7</td><td>35.300 —</td></tr>
<tr><td>5</td><td>19.800 —</td><td>25</td><td>Banque Nationale</td><td></td><td></td></tr>
<tr><td>36</td><td>191.700 —
117.050 —</td><td></td><td></td><td>22</td><td>117.050 —</td></tr>
<tr><td></td><td>7 ...</td><td colspan="2" align="center">Solde créditeur   Solde débiteur</td><td></td><td></td></tr>
</table>

Vu :
Le délégué de la banque Nationale de Belgique.
Le délégué,
(s) MÉLARD.

C. Retour au siège des banques participantes. — Les effets reçus sont examinés minutieusement (régularité, provision, préavis, etc.).

Les motifs de refus des effets contestés sont consignés sur des fiches et le montant de ces effets est indiqué sur les bordereaux et la feuille de liquidation en faisant précéder ces indications de la lettre R.

Si de nouveaux effets sont arrivés à la Banque, ils sont mis en liasses distinctes pour être présentés à la seconde réunion.

D. Deuxième réunion au local de la Chambre. — Les effets contestés de même que les effets *nouveaux* sont remis aux intéressés en remplissant les mêmes formalités qu'à la première réunion.

Quand des effets échangés à la dernière réunion inspirent des doutes aux délégués, ils sont envoyés à la Banque, afin de s'assurer de leur régularité. Lorsque le temps fait défaut, on s'entend pour les restituer, s'il y a lieu, à la première réunion du lendemain.

Chaque délégué établit une feuille de liquidation par soldes et rédige un avis de débit ou de crédit. Les pièces, dûment signées, sont remises au délégué de la Banque Nationale.

Ce dernier établit le contrôle en inscrivant les soldes trouvés sur une feuille de bilan. Les totaux des deux colonnes de cette feuille doivent être égaux. Il relève en même temps le montant de chaque remise et le nombre de pièces. Quand tout est en règle, le délégué de la Banque signe les feuilles de liquidation et les restitue aux intéressés qui les conservent. Les avis de débit et de crédit sont envoyés à la Banque Nationale pour les écritures à passer aux comptes courants.

Remarque. — Le règlement de la Chambre de compensation stipule que les participants doivent toujours avoir une provision suffisante à la Banque Nationale pour faire face aux soldes débiteurs provenant de la compensation. Si cette condition n'était pas remplie, le délégué de la Banque pourrait suspendre les opérations jusqu'à ce que le découvert soit versé par le participant en défaut. Toutefois, si celui-ci possède à la Banque un dépôt de titres suffisant, les opérations ne pourront être arrêtées; la Banque Nationale consentira une avance qui devra lui être remboursée le lendemain.

Chambre de Compensation **LIQUIDATION** du 12 mars 19...
de Bruxelles.

Prière à la Banque Nationale de Belgique de les comptes courants ci-après :		DEBITER		CREDITER	
Josse Allard	1	12.500	—		
Banque d'Outremer	5	73.300	—		
Cassel & Cie	8			59.100	—
Crédit Général de Belgique	11	53.950	—		
J. Mathieu & fils	14				
Société Générale de Belgique	18			13.900	—
Union du crédit de Bruxelles	19			11.900	—
Banque Nationale	25	19.800	—		
		159.550	—	84.900	—
				(1)	

Le délégué de la Banque.
Pr J. Mathieu & fils,
(s) MÉLARD.

AVIS DE CRÉDIT

Chambre de Compensation   Fr. 74.650
de Bruxelles.

La Banque Nationale de Belgique est priée de porter la somme de *septante-quatre mille six cent cinquante francs* au **Crédit** du compte courant de J. Mathieu et fils.

Le délégué,
(s) MÉLARD.

Bruxelles, le 12 mars 19...

---

[1] En ajoutant à cette somme, le solde 74.650, on obtient 159.550 pour balance.

COMPTABILITÉ

A. CHEZ LES PARTICIPANTS

Les effets remis chaque jour à la Chambre sont passés au débit du compte **Chambre de Compensation** par l'article :

Chambre de Compensation

                 à **Effets à recevoir**

     n/remises de ce jour

Ceux que nous recevons des autres participants donnent lieu à l'écriture

---

Effets compensés

             à **Chambre de Compensation**

    relevé suivant bordereaux.

Si, parmi ces derniers, il en est que nous ne pouvons accepter, par suite d'irrégularité quelconque, leur restitution aux cédants se traduira par un article inverse du précédent.

Enfin, lorsque des effets seront refusés par nos correspondants, nous passerons :

Effets à recevoir

              à **Chambre de Compensation**

    retours suivant bordereaux

Le compte **Chambre de Compensation** est soldé par **Banque Nationale** que nous débitons ou créditons ainsi d'une somme équivalente à celle renseignée sur l'avis de crédit ou de débit remis à son délégué. Dans l'exemple choisi plus haut, la Banque J. Mathieu et fils devrait passer pour solder ce compte :

--- 12 mars ---

Correspondants   74.650,—

    Banque Nationale

à **Chambre de Compensation**   74.650.—

pour solde, suivant note de crédit.

Après avoir procédé au dépouillement des effets qui ont été remis par les co-participants, on solde le compte **Effets compen=sés** par le débit de **Effets à payer, Acceptations, Ducroire, Comptes courants** (clients ou correspondants), **Effets à rece=voir.**

B. A LA BANQUE NATIONALE.

La Banque Nationale, étant elle-même un participant direct, aura à passer des écritures similaires à celles qui viennent d'être étudiées.

Pour clôturer les opérations, il suffira d'un seul article syn-thétique. Supposons que la feuille de liquidation générale puisse se résumer comme suit :

NOMS	SOLDES DÉBITEURS	SOLDES CRÉDITEURS
A.		74.650
B.	62.800	
C.	14.900	
D.		40.800
B. N.	37.750	
	115.450	115.450

La compensation s'opérera par l'écriture ci-dessous :

Les suivants		
aux suivants		
Compensation suivant feuille du		
Correspondants	77.700,—	
B. 62.800		
C. 14.900		
Chambre de Compensation	37.750,—	
pour solde		
à Correspondants		115.450,—
A. 74.650		
D. 40.800		

Lorsque la Banque Nationale sera créditrice, le compte **Chambre de Compensation** figurera au crédit de l'article.

CHAPITRE IV

ETUDE DE QUELQUES BANQUES D'UN TYPE SPECIAL

—

BANQUES POPULAIRES

But. — Les Banques populaires sont créées pour venir en aide aux classes laborieuses en leur fournissant le crédit qu'elles n'obtiennent pas dans les grandes Banques de commerce.

Classification. — Elles se subdivisent en deux catégories. Les premières, créées par RAIFFEISEN, sont destinées aux populations agricoles et connues sous le nom de *Banques agricoles, Caisses rurales, Caisse Raiffeisen*, Les secondes, dont le promoteur fut SCHULZE-DELITZSCH, s'adressent aux petits commerçants ou artisans de la ville et sont appelées *Banques populaires*.

Régime social. — En Belgique, les Banques populaires sont des sociétés coopératives ou des unions du crédit.

En France, elles sont constituées sous la forme de sociétés anonymes à capital variable.

Principes généraux. — Au début, les Banques populaires afin d'inspirer la confiance, que ne donnait pas leur capital trop minime, décrétèrent la responsabilité *solidaire* et *illimitée* des membres.

Mais de ce fait, les membres les plus fortunés couraient des risques individuels beaucoup plus considérables que les autres participants ; aussi, on s'entoura de certaines précautions :

1° *Sévérité dans le choix des membres :* les personnes honnêtes et laborieuses sont seules admises ; les indigents, qui n'auraient aucun risque individuel à courir, sont exclus.

2° *Champ d'action restreint,* afin que les participants puissent se connaître et au besoin se surveiller l'un l'autre.

3° *Discussion sérieuse des demandes de crédit et contrôle de l'usage des prêts :* la préférence est accordée aux demandes de prêts et de crédits destinés à favoriser le commerce et l'industrie (escompte d'effets de commerce, achat de marchandises, d'outillage, etc.).

Plus tard, dans beaucoup de banques populaires urbaines, on limita la responsabilité solidaire des membres à un certain nombre de fois la part souscrite, et même, en Belgique notamment, on la réduisit au montant de la souscription.

OPERATIONS

Sauf restrictions statutaires, les Banques populaires se livrent aux mêmes opérations que les grandes Banques de commerce, toutes proportions gardées évidemment. En outre, elles font des *prêts sur promesses* et elles vendent des *lots de ville* payables par versements mensuels.

Prêts sur promesses. — Les Banques populaires consentent à leurs membres des avances en échange desquelles elles leur font souscrire un billet à ordre ayant un, deux ou trois mois à courir. A l'échéance, cette promesse n'est payée que partiellement et un nouveau billet est souscrit pour le restant de la dette ; on procède de même à l'échéance de cette nouvelle promesse et ainsi de suite jusqu'au complet remboursement. Les promesses souscrites sont escomptées et l'emprunteur ne touche que le net du bordereau.

Ces billets à ordre ont l'avantage d'assurer la régularité du remboursement ; de plus, ils peuvent être réescomptés et procurer ainsi à la Banque les capitaux dont elle pourrait avoir besoin.

Vente d'obligations à primes. — Les Banques populaires vendent à leur clientèle des lots de villes payables en un certain nombre de mensualités (12 ou 24).

Dès le premier versement, le titre devient la propriété de l'acheteur. Celui-ci touche les intérêts et encaisse la *prime si* le sort le favorise. Toutefois, à titre de garantie, l'obligation vendue reste dans les coffres de la Banque jusqu'à complète libération.

Lors du premier versement, l'acheteur paie en sus, une taxe qui varie suivant le nombre de mensualités convenu (3,50 fr. à 10 fr.)

COMPTABILITÉ

La comptabilité des Banques populaires ne diffère de celle des grandes Banques de commerce qu'en ce qui concerne le mouvement des sociétaires et les deux opérations spéciales que nous avons signalées.

1° MOUVEMENT DES SOCIÉTAIRES. — Ce sont les écritures propres aux sociétés coopératives. Nous renverrons donc aux ouvrages traitant spécialement de la comptabilité des sociétés.

2° PRÊTS SUR PROMESSES. — Pour ce genre d'opération, on ouvre un compte **Promesses** qui fonctionne comme le compte **Effets à recevoir.**

Prenons un exemple :

Le 1er mars, la Banque consent à l'un de ses membres une avance de 2.000 fr. en échange d'une promesse à 30 jours. Cette promesse est escomptée aux conditions suivantes : 6 % l'an, commission 1 °/₀₀, timbre 2 fr.

——————————— 1er mars ———————————

Promesses   2.000

aux suivants
promesse n° 47 en échange de n/avance
    à **Caisse**   1.986,—
    versé à X.
    à **Intérêts et Escompte**   14,—
    agio.

——————————————————————

Le 1er avril, l'emprunteur rembourse 100 fr. et souscrit une nouvelle promesse à 30 jours. Calculons par conjointe le montant de cette deuxième promesse.

A la date du 1er avril, l'emprunteur nous doit 2.000 fr. — 100 fr., soit 1.900 fr. plus le timbre du nouvel effet (2 fr.), donc 1.902 fr.

X fr. à 30 jours = 1.902 fr. à vue.
994 fr. à vue   = 1.000 fr. à 30 j. (6 % pend. 30 j. + commission 1 °/₀₀).

$$X = \frac{1902 \times 1000}{994} = 1.913,48 \text{ fr.}$$

Nous remettons au client la première promesse acquittée et nous passons :

——————————— 1ᵉʳ avril ———————————

Caisse   100,—
 amortissement partiel
Promesses   1.913,48
 pʳ nº 54
                à **Promesses**   2.000,—
                pʳ nº 47 acquittée
                à **Intérêts et Escompte**   13,48
                agio.

——————————   ——————————

Si la première promesse ne se trouvait plus en notre possession soit que nous l'ayons endossée ou réescomptée, le dernier article se libellerait comme suit :

——————————— 1ᵉʳ avril ———————————

Promesses   1.913,48
                aux suivants
 pʳ nº 54 (renouvellement)
                à **Caisse**   1.900,—
                versé à X.
                à **Intérêts et Escompte**   13,48
                agio.

——————————   ——————————

On continuera de cette façon jusqu'à complet remboursement.

Remarque. — Lors de l'inventaire, il y a lieu de calculer
le réescompte sur les promesses.

3º VENTE D'OBLIGATIONS A PRIMES. — On ouvre le compte
Souscripteurs obligations à prime qui est :

débité, lors de la souscription par le crédit de **Titres réalisés**
pour le montant de l'obligation vendue;

crédité par le débit de **Caisse** à l'occasion de chaque versement mensuel.

La taxe payée par l'acheteur en sus du premier versement
est passée au crédit de **Pertes et Profits**.

——————————

Nous avons dit que les titres ainsi vendus restent à la Banque jusqu'à complète libération. Il faudra donc passer les articles :

1° Lors de la souscription :

Titres en dépôt

                     à Déposants
                        X.

Dépôt d'une obligation en garantie

2° à la remise du titre :

Déposants
    X.

                    à Titres en dépôt
Remise de l'obligation reprise au contrat n° 27.

BANQUES AGRICOLES

Les Banques agricoles sont fondées sur les mêmes principes que les Banques populaires. Leur capital est presque toujours insignifiant, les parts sociales étant fixées à 2 ou 3 fr.

Les bénéfices servent à distribuer aux sociétés un dividende qui ne peut ordinairement excéder 5 % ; le surplus est affecté à la constitution d'une réserve. Mais pour éviter que l'accroissement de cette réserve n'amène certains membres à provoquer la liquidation, on a imaginé la *réserve conditionnelle*[1]. Voici en quoi elle consiste : la Caisse Générale d'Epargne de l'Etat est autorisée à faire des prêts aux banques agricoles à conditon que celles-ci soient affiliées à une *Caisse centrale de crédit agricole*.

Les caisses *centrales* surveillent les opérations des caisses locales affiliées, consentent des prêts aux unes, reçoivent des dépôts des autres et garantissent les engagements des dites caisses locales envers la Caisse Générale d'Epargne. Cette dernière attribution leur est rétribuée par un double ducroire ; l'un, égal au douzième des intérêts dus par la caisse locale à la Caisse d'Epargne, est payé chaque année ; l'autre, double du précédent, n'est pas réglé en espèces, mais est affecté à la constitution d'une réserve inaliénable appelée *réserve conditionnelle*. Si une caisse

---

[1] La réserve conditionnelle a été imaginée par Monsieur Mahillon, alors directeur général de la Caisse d'Epargne de l'Etat.

locale entre en liquidation, modifie ses statuts sans autorisation ou se retire de la fédération, le montant de sa réserve conditionnelle retourne de droit à la *Caisse centrale* à laquelle elle était affiliée.

OPÉRATIONS

Le nombre des opérations traitées dans les Banques agricoles est assez restreint. Nous avons signalé déjà les rapports que ces caisses rurales entretiennent avec la Caisse centrale et la Caisse générale d'Epargne. En outre, elles reçoivent de leurs sociétaires des dépôts qui sont souvent mis en comptes d'épargne, et elles leur font des avances, généralement contre cautions personnelles.

L'escompte des effets de commerce est peu important dans les Banques agricoles; ceci résulte de ce que les agriculteurs n'ont guère l'habitude de régler leurs transactions au moyen de traites bien que ces transactions soient réputées opérations de commerce et que les effets qui en résultent soient conséquemment admissibles à la Banque Nationale.

BANQUES HYPOTHÉCAIRES

Celles-ci ont pour objet principal les prêts sur hypothèque. Pour contre-balancer les avances consenties, ces banques émettent des obligations, à long terme ou à échéance fixe, qui sont dénommées **Obligations foncières** parce qu'elles sont garanties par des biens-fonds.

Le terme éloigné du remboursement et les difficultés de réalisation des immeubles lorsque les emprunteurs ne remplissent pas leurs engagements, font que le prêt consenti est toujours sensiblement inférieur à la valeur du gage hypothécaire. Il varie également suivant la nature, la situation, la destination du gage.

En Belgique, la principale *banque hypothécaire* est le

Crédit foncier de Belgique

Cette société traite exclusivement les opérations de *crédit foncier*.

Les prêts qu'elle consent sont remboursables par annuités fixes. Le délai de remboursement varie de 5 à 60 ans, avec faculté pour l'emprunteur de se libérer avant l'expiration du terme fixé, moyennant une indemnité de remploi.

Parfois, mais c'est l'exception, la Société accorde des prêts remboursables en *une seule fois* dans un délai maximum de cinq ans.

Le montant des obligations émises ne doit jamais dépasser le capital dû par les emprunteurs hypothécaires et les fonds disponibles ne peuvent servir qu'à l'achat de fonds publics, ou d'immeubles nécessaires à l'installation des services de la Société.

BANQUES DE CIRCULATION

Les Banques d'émission ou de circulation sont celles qui émettent des *billets* payables à vue et au porteur en échange de dépôts qui leur sont confiés. Ces dépôts sont exigibles sur demande, mais si l'établissement qui les a reçus repose sur des bases solides, s'il inspire la plus entière confiance, les déposants se trouveront rarement dans la nécessité de se faire rembourser leurs billets, car ils pourront s'en servir comme moyen de paiement en les cédant par tradition à leurs créanciers. Ceux-ci préféreront même souvent cette *monnaie de papier* aux espèces métalliques moins faciles à manier et à transporter.

En règle générale donc, la majorité des billets n'est pas présentée au remboursement et c'est là ce qui permet aux Banques de circulation d'émettre des banknotes pour une somme de beaucoup supérieure à leur *encaisse métallique* et de se procurer ainsi des capitaux pour lesquels elles ne doivent pas payer d'intérêts et qui leur permettent de fournir, par l'escompte notamment, aux particuliers et aux autres banquiers, des fonds qui servent à soutenir et à encourager les entreprises industrielles et commerciales.

Il ne faudrait pas croire cependant, comme cela a été affirmé tant de fois, qu'une Banque peut émettre des billets indéfiniment. Le mouvement des affaires commerciales détermine la limite naturelle des émissions. Dans chaque pays, sur chaque marché, il faut une quantité à peu près invariable de monnaie qui suffit à régler les dettes résultant des échanges qui s'y font. Lorsque cette quantité est dépassée, l'excédent prend le chemin de l'étranger. — « Supposons qu'il s'agisse de l'établissement d'une Banque sur un marché quelconque où il n'en existe pas.

Le service des échanges emploie habituellement sur ce marché une certaine quantité de monnaie d'or et d'argent que nous exprimerons par le nombre 100. Les émissions de banque pourront-elles atteindre, pourront-elles surpasser ce nombre ?

Si l'on répandait tout à coup sur le marché une nouvelle somme de monnaie d'or et d'argent égale à 100, y resterait-elle ? En aucune façon. Nous avons supposé que le service des échanges n'employait qu'une somme égale à 100 ; les besoins de ce service n'ont pas augmenté ; partant, la demande reste la même et l'offre a doublé. Le prix de toutes les marchandises s'élèvera de telle sorte que les gens du dehors s'empresseront de venir vendre sur ce marché, où tout sera plus cher que sur le leur. En échange de leurs marchandises, ils emporteront de la monnaie jusqu'à ce que les cours aient repris leur niveau, c'est-à-dire jusqu'à ce que la monnaie qui aura été introduite sur le marché soit en totalité exportée ou employée à des usages industriels.

Au lieu de répandre de la monnaie d'or et d'argent, la Banque répand des billets. Les choses se passeront-elles autrement ? Non, sans doute. Ses émissions s'élèvent-elles à 30, 40, 50, le public les accepte volontiers parce qu'il trouve les billets plus commodes pour les échanges que des espèces ; la monnaie d'or et d'argent qui existe en excédent des besoins, jusqu'à concurrence de la somme des billets émis, entre dans les caisses de la Banque, et celle-ci peut continuer ses émissions.

Tout à coup le progrès de la circulation des billets s'arrête : plus la Banque en émet, plus on lui en présente au change. Non pas qu'on doute de son crédit ; mais la monnaie en circulation, espèce et papier, excède les besoins des échanges ; les prix s'élèvent, et le commerce tend à rétablir les niveau par l'exportation. Comme on ne peut exporter les billets, on se procure par le change de la monnaie métallique, dont l'exportation et l'emploi industriel sont toujours faciles.

Ce phénomène se produira bien avant que les émissions de billets aient atteint le chiffre de 100. Jamais, en effet, quelque acceptés qu'ils puissent être, les billets de banque ne remplacent la monnaie d'appoint. Si leur plus petite coupure est de 100 fr., il faut de la monnaie métallique pour effectuer tous les paiements inférieurs à cette somme ; si les plus petits billets sont de 25 fr.

ou même de 5 fr., les paiements inférieurs à 25 fr. et à 5 fr. devront être faits en espèces[1].

Il n'existe qu'un moyen de dépasser cette limite naturelle, c'est de décréter que les billets ne seront plus remboursés, qu'ils auront **cours forcé**. Dans certaines circonstances, notamment en cas de panique résultant d'événements politiques graves, les gouvernements sont souvent obligés de prêter leur appui aux banques d'émission en les dispensant provisoirement de rembourser leurs billets. Si, pendant ce laps de temps, les émissions ne sont pas excessives, la mesure n'a d'autre effet que de protéger l'encaisse métallique des banques ; mais trop souvent les gouvernements qui sont entrés dans le régime du **papier-monnaie** se laissent entraîner à multiplier les émissions au point que les billets se déprécient fortement en altérant ainsi de la façon la plus arbitraire la fortune des particuliers.

La faculté d'émettre des billets payables à vue et au porteur résulte généralement d'un privilège accordé par les gouvernements sous certaines garanties et en échange de certaines charges. Quant à la force libératoire des billets, on distingue plusieurs régimes : ils ont *cours facultatif* lorsque les créanciers ne sont pas obligés de les accepter en paiement ; dans le cas contraire, ils ont *cours légal* ou *cours forcé* selon que l'on peut ou non en obtenir le remboursement en espèces chez l'émetteur.

Banque Nationale de Belgique

En Belgique, le droit d'émettre des billets payables à vue et au porteur appartient, sans restriction aucune, aux particuliers ainsi qu'aux sociétés coopératives, en nom collectif et en commandite simple, mais les personnes comprises dans ces diverses catégories n'usent pas de cette faculté parce que probablement elles n'y trouvent pas d'intérêt ; les billets qu'elles pourraient émettre ayant peu de chance d'être acceptés.

Le droit d'émission n'est pas reconnu aux sociétés en commandite par actions et il ne peut être accordé aux sociétés anonymes qu'en vertu d'une loi spéciale.

Avant l'année 1850, quatre établissements émettaient des billets : la Société Générale, la Banque de Flandre (Gand), la

---

[1] J.-G. COURCELLE-SENEUIL. — *Les opérations de banque.* — Paris, Guillaumin et Cie.

Banque Liégeoise et la Banque de Belgique. A la suite de la crise financière qui sévit vers le milieu du XIXe siècle, le Parlement belge décida, par la loi du 5 mai 1850, d'instituer une seule banque d'émission sous le contrôle du Gouvernement. La Banque Nationale de Belgique n'est donc pas une banque d'Etat mais bien une institution privée qui *en fait* jouit du monopole de créer des *banknotes*. Elle ne possède pas le monopole légal absolu, car les pouvoirs législatifs pourraient accorder le même privilège à d'autres sociétés anonymes.

Les billets émis par la Banque revêtent les caractères suivants :

1° Ils sont remboursables à vue, au porteur et sans acquit.

2° Ils se transmettent de la main à la main.

3° Ils sont imprescriptibles et ne produisent pas d'intérêts.

4° Avant 1873, ils avaient cours *facultatif*. La loi du 28 juin 1873, dont un article stipule que les offres réelles peuvent être faites valablement en billets de la Banque Nationale, leur donna cours *légal*.

En août 1914, le Gouvernement fut obligé de décréter le *cours forcé* afin de protéger l'encaisse de la Banque. Ce régime subsista jusqu'au 26 octobre 1926, date de la stabilisation. Ainsi que nous l'avons vu, les billets sont actuellement remboursables en or, en argent à sa valeur-or ou en devises-or sur l'étranger au choix de la Banque.

En échange du privilège qui lui est accordé, la Banque Nationale doit faire gratuitement le service de caissier de l'Etat et celui de la Caisse Générale d'Epargne et de Retraite. De plus, elle doit faire ristourne à l'Etat du bénéfice résultant de la différence entre l'intérêt de 3 ¹/₂ % et le taux d'intérêt perçu par la Banque sur ses opérations tant intérieures qu'extérieures et lui bonifier une certaine quote-part des bénéfices ainsi qu'il est prévu dans le mode de répartition que nous donnons ci-après.

On verra également par l'examen du compte de Pertes et Profits, reproduit à la page 334, que la Banque est redevable envers l'Etat d'un droit de timbre sur la circulation fiduciaire et qu'elle doit lui attribuer une part dans les produits des devises conformément à la convention entre la Banque et l'Etat publiée au *Moniteur* du 25 octobre 1926 et qui stipule notamment :

ARTICLE PREMIER. — L'Etat s'engage à céder à la Banque Nationale le produit intégral de l'emprunt à contracter par lui à l'étranger pour effectuer la stabilisation du franc contre restitution, à due concurrence de bons du trésor, représentant sa dette envers la Banque (dette provenant en ordre principal de l'avance de la Banque faite à l'Etat pour le retrait des monnaies allemandes.)

ART. 4. — Le revenu du placement des valeurs sur l'étranger qui seront remises à la Banque par l'Etat conformément à l'article 1er ci-dessus est attribué au trésor. En outre la Banque renonce au profit de l'Etat, au revenu des valeurs sur l'étranger qui entreront en compte conformément à l'arrêté royal de stabilisation, pour l'établissement de la proportion entre l'encaisse et les engagements à vue.

La Banque retiendra une commission de 1 °/₀₀ par semestre sur le montant moyen des valeurs sur l'étranger.

Enfin, nous avons vu que, suivant l'arrêté royal relatif à la stabilisation, la Banque est tenue de maintenir une encaisse-or et devises-or égale à quarante pour cent du montant de ses engagements à vue avec au minimum trente pour cent d'or.

ADMINISTRATION

La Banque Nationale est une société anonyme au capital de 200 millions de francs. Les actions au nombre de 200.000 sont entièrement libérées. Elles sont nominatives ou au porteur et converties sans frais au gré du propriétaire.

La Banque est dirigée par un *Gouverneur* assisté d'un *Comité de direction*. Elle est administrée par un *Conseil de régence* et surveillée par un *Collège de censeurs*.

Le Gouverneur est nommé par le Roi. La nomination est faite pour cinq ans et peut être indéfiniment renouvelée. Le Comité de direction se compose de trois directeurs nommés pour six ans par l'Assemblée générale. Ils sont toujours rééligibles. De même que le Gouverneur, ils reçoivent une rétribution fixe, sans participation aux bénéfices. Le Conseil de régence se compose du gouverneur, des directeurs et de neuf régents nommés pour trois ans par l'Assemblée générale. Quant au Collège des censeurs, il comprend dix membres élus également pour trois ans par l'Assemblée générale.

Un Commissaire du gouvernement surveille toutes les opérations de la Banque. Il a le droit de prendre en tout temps connaissance de l'état des affaires et de vérifier les écritures et les caisses. Il relève du Ministre des Finances.

La Banque a son siège à Bruxelles, une succursale à Anvers et des agences réparties dans tout le royaume.

A Bruxelles et Anvers fonctionne un **Comité d'escompte**

chargé de l'examen des effets présentés à l'escompte ; il est libre de les accepter ou de les refuser.

Dans les principales agences fonctionne un **Comptoir d'escompte** dont les membres (au nombre de 2 à 5) ne font pas partie du personnel de la Banque. Ces comptoirs remplissent vis-à-vis de la Banque le rôle de *donneur d'aval*. En cas de non paiement d'effets avalisés par le comptoir, celui-ci doit les rembourser, quitte à exercer son recours contre le cédant.

La plupart des comptoirs sont constitués sous la forme de sociétés en nom collectif dont les membres touchent à titre de rémunération un tantième du produit de l'escompte.

OPÉRATIONS

Les statuts énumèrent *limitativement* les opérations auxquelles peut se livrer la Banque. Celles-ci consistent :

1° A escompter, acheter, céder des lettres de change et autres effets ayant pour objet des opérations de commerce et des bons du trésor. En ce qui concerne ces derniers, il ne peut jamais y en avoir en portefeuille pour plus de cent millions de francs.

Sont réputés opérations de commerce, pour l'application de cette disposition, les achats et ventes faits par des agriculteurs, ou à ceux-ci, de bétail, matériel agricole, engrais, semences, récoltes, etc., généralement, de marchandises et denrées se rapportant à l'exercice de leur industrie.

2° A réescompter à l'étranger les effets de son portefeuille ; à remettre ces effets en gage ; à garantir la bonne fin de ces effets en des opérations d'escompte et d'avances y relatives ; à acquérir des avoirs ou obtenir des crédits à l'étranger.

3° A faire le commerce des matières d'or et d'argent.

4° A faire des avances de fonds sur des budgets et des monnaies d'or et d'argent.

5° A se charger du recouvrement d'effets qui lui seront remis par des particuliers ou des établissements.

6° A recevoir des sommes en compte courant et, en dépôt, des titres, des métaux précieux et des monnaies d'or et d'argent ;

7° A faire des avances en compte courants ou à court terme sur dépôts d'effets publics nationaux ou d'autres valeurs garanties par l'Etat ou la Colonie, ainsi que sur les valeurs similaires du Grand-Duché de Luxembourg, dans les limites et aux condi tions à fixer périodiquement par l'administration de la Banque, conjointement avec le Collège des censeurs.

8° A délivrer gratuitement à Bruxelles, à Anvers et dans les agences des accréditifs payables dans un de ses établissements à désigner sur le titre.

La Banque est chargée :

a) du **Service du Caissier de l'Etat.** — Elle reçoit toutes les sommes en numéraire et autres valeurs qui lui sont présentées pour compte du Département des Finances.

Elle paie des dépenses générales de l'Etat et des provinces.

Elle reçoit les cautionnements pour garantie d'entreprises pour compte de l'Etat.

b) du **Service de la Caisse Générale d'Epargne et de Retraite.** — La Banque reçoit les versements sur livrets et effectue les remboursements.

Elle reçoit, pour la *Caisse de Retraite,* les versements destinés à la constitution de rentes viagères.

Elle ouvre et tient des comptes courants spéciaux pour le service des prêts en vue de la construction ou de l'achat de maisons ouvrières.

Les placements provisoires de la Caisse Générale d'Epargne et de Retraite se font par les soins et à l'intervention de la Banque.

Ces placements comprennent :

1° L'escompte des lettres de change et billets à ordre.

2° Les avances sur effets de commerce du pays et de l'Etranger.

3° Les avances sur valeurs désignées des Etats étrangers, de communes ou des provinces de la Belgique, actions ou obligations des sociétés belges.

COMPTABILITE

La Banque Nationale dresse son bilan deux fois par an au 25 juin et au 25 décembre.

L'examen du *Bilan* et du Compte de *Profits et Pertes* que nous donnons ci-après, renseignera suffisamment sur la comptabilité de cet établissement, laquelle, du reste, ne diffère pas essentiellement de celle que nous avons étudiée pour les Banques de commerce.

RÉPARTITON DES BÉNÉFICES

Les bénéfices annuels sont répartis de la manière suivante :

1° Aux actionnaires un premier dividende de 6 % (soit donc 3 % par semestre).

2° de l'excédent :

a) 10 % à la réserve;

b) 6 % au personnel ou à des institutions créées en sa faveur.

3° du surplus:

a) à l'Etat: trois cinquièmes;

b) aux actionnaires: deux cinquièmes à titre de second dividende, à moins que le Conseil de régence ne décide d'attribuer ces deux cinquièmes en totalité ou en partie à un fonds de réserve extraordinaire.

BANQUE NATIONALE

BILAN arrêté au

DE BELGIQUE

25 décembre 1927.

ACTIF

	Fr.	
Encaisse { Or		3.592.589.620,07
{ Traites et disponibilités or sur l'étranger		2.420.402.538,06
{ Billon et divers		4.988.999,47
Portefeuille effets sur la Belgique et sur l'étranger		2.809.532.249,37
Avances sur fonds publics belges		156.824.770,85
Bons du Trésor belge (solde de l'avance à l'Etat pour le retrait des monnaies allemandes) amortissables suivants arrêté royal du 25-10-1926		1.970.000.000,—
(¹) Fonds publics de la Banque		165.940.125,55
(²) Id. de la *réserve* de la banque		64.060.794,76
(³) Id. du *compte d'amortissement* des immeubles de service, matér. et mobil.		20.692.773,96
(³) Valeur des *institutions de prévoyance*		49.671.255,44
Immeubles de service		98.266.699,53
Matériel et mobilier		4.854.838,15
(⁴) Approvisionnements pour la fabrication des billets et des labeurs		3.206.527,90
(⁵) Intérêts acquis ou à recevoir		5.312.028,37
(⁶) Valeurs garanties ou à réaliser (art. 34 des statuts)		5.908.622,98
Effets déposés à l'encaissement en compte courant.		18.077.993,—
		11.391.329.837,46
COMTES D'ORDRE :		
Trésor public : Portefeuille et divers	1.314.865.728,30	
id. Dépôts en fonds publics	9.698.623.239,03	
id. Compte monnaies allemandes	7.634.578.490,62	
id. Dépôts de métal argent	217.377.502,60	
		18.865.444.960,55
Dépôts divers		9.737.353.997,25
Nantissements de prêts reçus pour compte de la Banque et de la Caisse d'épargne		83.305.293,89
Cautionnement divers		22.870.500,—
Caisse générale d'Epargne et de Retraite sous la garantie de l'Etat : valeurs diverses		667.362.946,85
Fr.		40.767.667.535,—

(¹) Ces fonds publics comprennent uniquement des rentes belges que la Banque possède en toute propriété.

(²) Les intérêts des Fonds d'Etat achetés en contre-valeur de la réserve sont incorporés dans les bénéfices généraux de la Banque.

(³) Ces deux comptes sont identiques au précédent, mais les revenus de ces deux portefeuilles sont portés au crédit des comptes dont ils représentent la contre-valeur.

(⁴) Ce compte représente la valeur des clichés, encres, papiers destinés à la fabrication des billets de banque et des divers imprimés nécessaires. Le coût de ces approvisionnements est passé au débit de *Frais Généraux d'administration* au fur et à mesure de leur emploi.

(⁵) Même rôle que le compte *Prorata d'intérêts à recevoir.*

(⁶) Même rôle que le compte *Immeubles à réaliser.*

PASSIF

	Fr.	
Capital		200.000.000,—
Fonds de réserve		65.283.598,65
Billets de banque : Emission à ce jour	10.814.756.850,—	
Billets dans les caisses	780.162.400,—	
Billets en circulation		10.034.594.450,—
Comptes courants : Trésor public	98.985.988,97	
Comptes courants particuliers.	799.132.152,22	
		898.118.141,19
Compte d'amortissement des immeubles de service, matériel et mobilier		22.702.272,64
(²) Institution de prévoyance		49.893.325,05
Déposants d'effets à l'encaissement en compte cour.		18.077.993.—
(¹) Intérêts et réescompte		14.841.443,62
(³) Redevances { Produit de l'escompte et des prêts excédant 3 1/2 p. c.	7.945.132,80	
à l'Etat { Droit de timbre sur la circulation fiduciaire	6.102.020,45	
{ Part de l'Etat dans le produits des devises	48.117.613,95	
{ Part de l'Etat dans les bénéfices (art. 38 des statuts)	11.192.307,69	
		73.357.074,87
Dividende à répartir pour le 2ᵉ semestre de 1927		13.461.538,46
		11.391.329.837,46
COMPTES D'ORDRE :		
Trésor public : Portefeuille et divers	1.314.865.728,30	
id. Dépôts en fonds publics	9.698.623.239,03	
id. Compte monnaies allemandes	7.634.578.490,62	
id. Dépôts de métal argent	217.377.502,60	
		18.865.444.960,55
Déposants : Dépôts divers		9.737.353.997,25
Déposants : Nantissements de prêts reçus pour compte de la Banque et de la Caisse d'épargne		83.305.293,89
Divers pour leurs cautionnements		22.870.500.—
Caisse générale d'Épargne et de Retraite sous la garantie de l'Etat : valeurs diverses		667.362.946,85
Fr.		40.767.667.535.—

(¹) Ce poste comprend le réescompte sur les effets et sur les prêts. On trouvera au débit du compte de Profits et Pertes les divers éléments dont est formée la somme portée ici.

(²) Caisse de retraite et de prévoyance.

(³) Voir page suivante les explications données par les mêmes postes figurant au débit du compte de Profits et Pertes.

BANQUE NATIONALE DE BELGIQUE

Compte de PROFITS ET PERTES du 2ᵐᵉ semestre 1927.

DOIT		Fr.	Fr.
(¹) A **Escompte** belge et étranger : réescompte au 25 décembre 1927 à Bruxelles à la succursale d'Anvers et dans les agences			14.775.684,10
(¹) A **prêts sur fonds publics** : réescompte au 25 décembre 1927 à Bruxelles à la succursale d'Anvers et dans les agences.			65.759,52
A **frais généraux d'administration** à Bruxelles à la succursale d'Anvers et dans les agences.			19.859.090,26
(²) A **institutions de prévoyance** : subside	1.439.300,—		
(³) A **Institutions de prévoyance** : Participation dans les bénéfices	222.069,59		1.661.369,59
A **Compte d'amortissement** des immeubles de service, matériel et mobilier			2.000.000,—
A **redevances** à l'État — Produit de l'escompte et de prêts excédant 3 1/2 p. c.	7.945.132,80		
A **redevances** à l'État — Droit de timbre sur la circulation fiduciaire (⁴)	6.102.020,45		
A **redevances** à l'État — Part de l'Etat dans les produits des devises (⁵)	48.117.613,93		
A **redevances** à l'État — Part de l'Etat dans les bénéfices (art. 38 des statuts)	11.192.307,69		73.357.074,87
A **fond de réserve** : part de la réserve dans les bénéfices			2.220.695,97
(³) A **participation du personnel** dans les bénéfices			1.110.347,99
A **dividendes aux actions** : 200.000 actions à 30 fr, 1ᵉʳ dividende de 6 p. c. l'an,	6.000.000,—		
A **dividendes aux actions** : 200.000 actions à 37 fr, 30 cent., 2ᵉ dividende	7.461.538,46		
Coupons de 67 fr. 30 cent. payable par 52 fr. 50 cent., net d'impôt			13.461.538,46
Fr.			128.511.560,76

AVOIR	Fr.
(¹) Par **escompte belge et étranger** : Produit brut à Bruxelles, à la succursale d'Anvers et dans les agences	104.259.203,05
Par **droit d'encaissement** : sur effets remis par les titulaires de comptes courants	234.165,36
Par **prêts sur fonds publics** : intérêts perçus	5.575.340,88
(²) Par **bénéfices** : sur réalisations de titres et intérêts reçus ou acquis sur fonds publics	9.100.634,34
Par **droit de garde** : sur dépôts	1.137.215,54
(³) Par **redevances et bonifications** : de l'Etat (art. 29 et 30 de l'arrêté royal du 26 octobre 1926.	8.108.727,86
Par **bénéfices divers**	92.700,58
Par **rentrées sur créances amorties** des exercices précédents	3.573,15
Fr.	128.511.560,76

(¹) Les deux premiers postes du débit montrent la répartition de la somme portée au passif du bilan à l'article : *Intérêts et réescompte*.

(²) Subside accordée aux institutions de prévoyance du personnel.

(³) Ce poste et celui désigné sous le nᵒ (⁴) proviennent de la répartition du bénéfice prévue par les statuts, sous le 2ᵒ litt. b.

(⁴) Le 1ᵉʳ et le 15 de chaque mois, la B. N. fait connaître le montant des billets en circulation. L'administration du timbre prend la moyenne de ces cotes bimensuelles pour établir l'allocation visée à cet article (0.60 p. m. art. 171 du code des taxes assimilées au timbre. *Moniteur* du 6 mars 1927).

(⁵) Ce poste représente le revenu des valeurs sur l'étranger qui doit être remis à l'état conformément à l'art. 4 de la convention entre la Banque et l'Etat. (Voir page 328.)

(¹) La somme portée à cet article comprend outre les retenues faites sur les bordereaux d'escompte, le montant du réescompte porté au bilan précédent, c'est-à-dire au 25 juin 1927. On voit que les deux colonnes du compte Escompte sont soldées séparément par Pertes et Profits.

(²) Le montant des intérêts à recevoir figure à l'actif du Bilan à l'article : intérêts acquis ou à recevoir.

(³) Montant de la bonification que l'Etat alloue à la banque pour frais d'émission calculée à raison de 0.25 p. c. par an sur la fraction de la circulation correspondant aux avances de l'Etat et du droit du timbre perçu sur les billets à concurrence du montant moyen de la circulation correspondant à l'encaisse-or, aux avoirs en devises et à la créance sur l'Etat. Ce montant est établi d'après les situations hebdomadaires publiées au *Moniteur*.

MONOGRAPHIE A RESOUDRE

BANQUE DE LIEGE

Bilan arrêté au 31 décembre 1927

ACTIF

Poste		Sous-total	Total
ACTIF IMMOBILISÉ			
Immeubles	700.000,—		
Coffres-forts	100.000,—		
Mobilier	45.000,—		
		845.000,—	
ACTIF RÉALISABLE			
Participat. financières	1.340.000,—		
Titres chez les tiers	120.000,—		
Rentes prêtées	90.000,—		
Titres en portefeuille	2.775.300,—		
Comptes courants	1.230.670,30		
Créances douteuses	70.080,—		
Clients ducroire	370.200,—		
		5.996.250,30	
ACTIF DISPONIBLE			
Lingots et monnaies étrangères	30.740,—		
Comptes courants d'avances sur titres	845.700,—		
Correspondants	763.420,50		
Effets en portefeuille	2.945.670,40		
Coupons à recevoir	70.600,—		
Caisse	970.427,35		
Prorata d'intérêts à recevoir	7.240,—		
		5.633.798,25	
COMPTES D'ORDRE			
Titres en dépôts	1.420.000,—		
Titres en nantissement	960.000,—		
		2.380.000,—	
			14.855.048,55

PASSIF

Poste		Sous-total	Total
PASSIF DE LA SOCIÉTÉ ENVERS ELLE-MÊME			
Capital (6.000 act. de 500 fr. entièr. lib.)	3.000.000,—		
Réserve	240.000,—		
Prévision pour créances douteuses	20.240,—		
Amortissement sur immeubles	195.000,—		
Amortissement sur coffres-forts	25.000,—		
			3.480.240,—
PASSIF EXIGIBLE			
Oblig. émises : échues	27 500		
1928 4 %	640.000		
1929 4 %	273.500		
1930 4 1/2 %	545.506		
1931 4 1/2 %	427.000		
1932 4 1/2 %	654.000		
		2 568.000,—	
Dépôts à terme		3.420.000,—	
Correspondants		470.235,45	
Comptes chèques		954.237,60	
Comptes d'épargne		640.320,—	
Effets à payer		17.400,—	
Ducroire		370.200,—	
Intérêts dus sur oblig.		23.720,00	
Prorata d'intérêts à payer sur dépôts		35.240,—	
Réescompte		14.300,—	
			8.513.671,05
Pertes et profits. Solde à répartir			481.137,50
COMPTES D'ORDRE			
Déposants. — Dépôts		1.420.000,—	
Déposants. — Nantissements		960.000,—	
			2.380.000,—
			14.855.048,55

3 janvier   Notre client d'escompte A nous fait les remises ci-après, valeur à l'échéance moyenne :
Sur Anvers   7.300 fr. au 15 août.
Sur Bruxelles 2.240 fr. au 1er septembre.
Sur Londres   200 £ vue change 34.85.
Sur Paris   10.600 fr. au 15 septembre change 28,10.
    Pertes et timbres 68 fr.

dito.   Escompté les effets ci-dessous, net payé comptant :
Sur Verviers   840 fr. au 30 courant.
Sur Namur   1.720 fr. au 25 courant.
Sur Paris   810 fr. au 5 février.
    Taux 6 %. Commission 1 $^0/_{00}$.

dito.   Reçu de notre correspondant Linsard, agent de change a Bruxelles, avis des exécutions suivantes. — Courtage à notre charge (1 $^0/_{00}$ pour les titres de la première rubrique de la cote, 2 $^0/_{00}$ pour les autres.) — Courtage réclamé à nos clients 3 et 5 $^0/_{00}$.
Pour notre compte. Achat au 15 c^t de 50 Héliopolis à 3.100.
Vente au 15 c^t de 100 Tanga à 502.
Pour compte de notre client X. Achat au 15 c^t de 25 Kaïping à 450.
Vente au 15 c^t de 50 Barcelona à 2.300 ou 20.

4 dito   Nous convenons de traiter quelques opérations en *compte à demi* avec la Banque John Best et C° de Londres. L'arrêté définitif sera dressé par nous chaque fin de mois au cours du jour Bruxelles sur Londres.
Nous leur adressons ce jour une remise de $ et nous les débitons 138.064,40 fr., *valeur 4 janvier.*

dito.   Jamin dépose ce jour 19.700 fr. remboursables dans 6 mois. Int. 4 %.

5 dito.   Notre correspondant John Best de Londres nous informe qu'il a réalisé les dollars pour £ 791/5 *valeur du jour.*

dito.   Escompté la traite suivante de notre client B. net porté net en compte, valeur au 6 c^t :
Sur Paris 10.400 fr. — agio 7,50 fr. change 28,08.

7 dito.   Avancé à C. 20.000 fr.
Il nous remet en garantie des rentes de l'Etat Belge pour une valeur approximative de 25.000 fr. Nous lui retenons anticipativement 3 m. d'int. à 5 $^1/_2$ % et une commission de $^1/_4$ %.

dito.   Payé des intérêts dus sur obligations 870 fr.

dito.   Payé chèque D ordre Pierre   1.900 fr.

8 dito.   Achat de titres en reports   8.000 fr.

9 dito.   John Best de Londres nous adresse une remise florins et nous débite de £ 900 *valeur 9 dito.*

10 dito.   Nous endossons la remise florins au Crédit Lyonnais qui nous crédite de 148.230 fr. *valeur 11 dito.*

10 dito.   Notre client E. nous remet à l'encaissement les effets ci-dessous :
Sur Gand 3.400 fr. au 22 courant.
Sur Liége 2.700 fr. au 20 février.
Sur Liége 7.000 fr. au 28 février.

dito.   L'assemblée générale décide de répartir le bénéfice comme suit :
5 % à la réserve légale,
à dividendes 8 % du capital,
Sur le surplus :
15 % pour la constitution d'un fonds de prévision,
10 % de tantième à l'administration,
5 % de gratification au personnel,
le reste à titre de second dividende.

11 dito.   Soldé les comptes prorata d'intérêts à recevoir et réescompte.

dito.   Reçu bordereau de Linsard. — Achat pour notre compte 10.000 fr. Rente Belge 3 % mai-novembre à 62,10 — livrables le 12.

12 dito.   *Réponse des primes* : les Barcelona font 2.200. Notre client X. consolide son marché.

13 dito.   Garanti la bonne fin d'une traite de 1.900 fr. pour notre client E. Commission $^1/_2$ %.

dito.   Payé la gratification au personnel et le tantième à l'administration.

14 dito.   Jour des *reports de Bourse.*
Héliopolis c/c 3.200. Nous vendons 25 titres et *levons* le reste.
Tanga c/c 500. Nous nous faisons reporter à fin c^t. R. 3 fr. par titre.
Barcelona c/c 2.180. X. rachète 50 titres à ce cours.
Kaïping c/c 430. X. se fait reporter à fin moyennant un R de 2 fr.

15 dito.   Remis : au banquier M. divers effets s/Gand   9.702 fr.
au banquier L. divers effets sur Bruxelles 1.789 fr.

16 dito.   Payé 25.000 fr. de dividendes.

dito.   Nous souscrivons à 500.000 fr. d'actions de la Banque Africaine et libérons de 20 % par un chèque sur Banque Nationale.

dito   Nous remettons une lettre de crédit de 7.000 fr. à notre client F. nous tenons compte d'une commission de 1 $^o/_{oo}$.

17 dito.   Garde de valeurs. — Reçu en dépôt de Fréson 35.000 fr. de titres.

18 dito.   Le Banquier M. nous renvoie un effet protesté 765 fr.
                  frais 3,75 fr.

    dito.   Retourné à Janson cet effet — frais de retour 0,50 fr.

    dito.   Garanti la bonne fin d'une traite de 4.500 fr. pour A.
                  Commission $^1/_2$ %.
                  Linsard nous informe que suivant notre ordre il a acheté
                      pour notre compte à fin c^t 25 Prince-Henri 2.990 *dont* 10.

19 dito.   La traite de E. dont nous avions garanti la bonne fin est
                      payée (voir 13 dito).

    dito.   Remis au service de l'encaissement des effets pour 11.170 fr.

20 dito.   Encaissé des effets pour 9.740 fr.
                  Les autres reviennent impayés — frais de protêt 9,20 fr.

21 dito.   Retourné aux cédants (J. et H.) les traites impayées, frais
                      supplémentaires 0,75 fr.

22 dito.   Acheté ferme à la société H. 2.000 obligations de 500 fr.
                      4 % janvier-juillet à 460 fr.; libéré de 10 % en espèces.

23 dito.   L'effet de 3.400 fr. nous remis par E. le 10 c^t est payé.

    dito.   Achat de timbres fiscaux 500 fr.

    dito.   Cédé au pair à la Banque Nagelmakers pour 200.000 fr.
                      d'action de la Banque Africaine à libérer de 20 %.
                  La Banque Nagelmakers nous remet à valoir un chèque de
                      15.000 fr. sur la Banque de Huy que nous endossons à
                      l'ordre de celle-ci, valeur en compte courant.

24 dito.   Reçu bordereau du changeur Linsard.
                  il a acheté pour notre client E. 10 actions Céramiques de
                      la Dyle à 530 fr. ;
                          pour notre client D. 2.000 fr. Congo Belge 4 %
                              février-août à 64 ;
                  il a vendu pour notre compte 6.000 fr. Rente Belge 3 %
                      mai-nov. à 62,25 (achetée le 11 c^t) ;
                          pour notre client B. 5 oblig. de 500 fr. Athus-
                              Grivegnée 5 % novembre à 428,75 ;
                          pour notre client G. 1.000 Kr. Emprunt danois
                              1894 3 % juin-déc. à 325.

25 dito.   V. qui nous a emprunté 30.000 fr. sur nantissement est
                      devenu insolvable. Il est poursuivi judiciairement et exé-
                      cuté. Les titres qu'il a déposés en garantie (évalués à
                      35.000 fr.) sont réalisés pour 27.900 fr. Nous payons
                      310 fr. pour frais judiciaires, somme que nous lui por-
                      tons en compte.

26 dito.   Acheté à la Bourse de Paris des valeurs pour la somme
                      globale de 50.000 fr. fr. tous frais compris.
                  Nous donnons ordre à l'Amsterdamsche Bank de couvrir

> Paris par du Londres chèque et de se rembourser en tirant sur nous à 3 mois.
> Les cours à vue sont Amsterdam s/Londres   12,08 $^5/_{16}$
>   Amsterdam s/Bruxelles   38,08
>   Paris s/Londres   124,08
> Courtage d'achat $^3/_4$ $^0/_{00}$ — Commission 1 $^0/_{00}$ — Int. 4 % l'an.

27 dito. — Liquidé des reports pour 8.090 fr.

28 dito. — Remis à la ville de Gand 20.000 fr. de titres comme caution pour notre client D. Commission $^3/_8$ %.

dito. — Réponse des primes. Les Prince-Henri cotant 2.900 nous abandonnons la prime.

29 dito. — Le banquier N. nous informe qu'il a payé la somme de 7.000 fr. à notre client F. auquel nous avions remis une lettre de crédit.

dito. — Restitué à Fréson les 65.000 fr. de titres nous confiés. Commission 1 $^1/_2$ $^0/_{00}$.

30 dito. — A. n'ayant pas acquitté la traite dons nous avions garanti la bonne fin, nous la payons (4.500 fr.).

dito. — Jour des *Reports de Bourse*:
Tanga c/c 475. — Nous rachetons 100 titres en liquidation courante.
Kaiping c/c 455. — Notre client X. vend 25 titres en liquidation courante.

dito. — Escompté des coupons pour 12.000 fr. Agio 350 fr.

dito. — Touché intérêts et dividendes sur nos titres 19.740 fr.

31 dito. — Soldé le compte **Reports**.

dito — Notre correspondant John Best de Londres nous adresse son arrêté provisoire — taux réciproque 4 % — correspondance 1 sh. 2 d. [1].
Nous arrêtons provisoirement son compte au taux de 5 % frais 16,75 fr. et nous dressons l'arrêté définitif au cours du jour 34,95.

Opérations de fin d'exercice.

A l'expiration de ce premier mois d'exercice, on devra dresser un nouveau bilan.

---

[1] Les comptes courants en monnaies anglaises sont généralement dressés par la méthode hambourgeoise. Les nombres s'obtiennent en opérant sur les sommes de £. Celles-ci sont majorées d'une unité, lorsque la fraction qui les accompagne est égale ou supérieure à 10 shillings.

Les nombres ne sont pas réduits. Les intérêts sont calculés à 5 % puis ramenés au taux réel par la méthode des parties aliquotes ou par règle de trois.

D'après l'inventaire, l'estimation des titres en portefeuille accuse une moins-value de 3.740 fr.

Les intérêts échus à ce jour sur ces titres s'élèvent à 8.920 fr.

Le réescompte est évalué comme suit :

sur les effets	12.380 fr.
sur les coupons	1.020 fr.
sur les prêts	7.930 fr.

Les intérêts dus sur les dépôts à terme s'élèvent actuellement à 36.480 fr.

Les intérêts dus sur les obligations s'élèvent actuellement à 30.970 fr.

Les intérêts sur comptes courants créditeurs s'élèvent à :

Clients	6.253,75 fr.
Correspondants	2.804,20 fr.

Les intérêts sur comptes courants créditeurs s'élèvent à :

Clients	4.230,78 fr.
Correspondants	1.975,30 fr.

TABLE DES MATIERES

CHAPITRE IV

Des voies de change

DEUXIEME PARTIE — BOURSE DES VALEURS

CHAPITRE PREMIER

Généralités

NÉGOCIATION DES VALEURS MOBILIÈRES

A) OPÉRATIONS FERMES

CHAPITRE II

Règlements et usages des principales Bourses de valeurs

BOURSE DE BRUXELLES

BOURSE D'ANVERS

Imp. G. THONE, Liège (Belgique) 11-28

www.ingramcontent.com/pod-product-compliance
Lightning Source LLC
LaVergne TN
LVHW010749060726
842527LV00002B/405